黄艷萍　張再興　編著

學苑出版社

# 肩水金關漢簡字形編

第貳冊

# 肩水金關漢簡字形編·卷三上

## 囂 0273

T37:974

T37:997

T37:1076A

T37:1081

## 器 0274

T21:131B

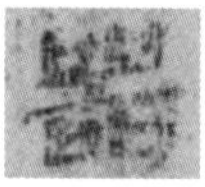
T21:227A

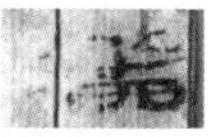
T22:037

T23:807

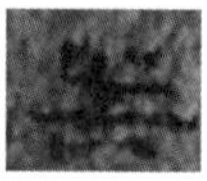
T24:152

T24:247A

T27:105

T30:034A

T31:127

T32:020

T37:524

T37:778

T37:1537A

T37:1538

T37:1541

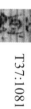

T37:1546

73EJF3:161

73EJF3:163

干

0275

T01:005

T01:073

T10:120A

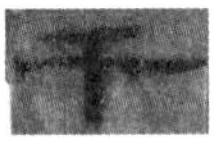
T15:016

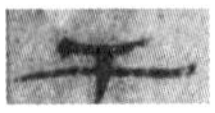
T23:145

T23:549

T23:731B

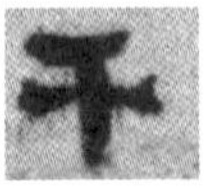
T30:180

T37:641

T37:905B

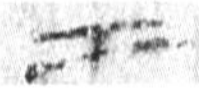
73EJC:363

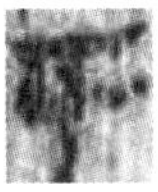
73EJC:484

商

0276

T10:206

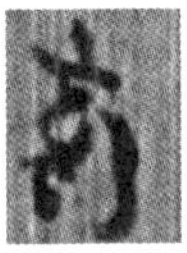
T10:299

T23:563

T30:113

T32:048

T37:1033

73EJF3:118A

73EJF3:169

73EJF3:561B

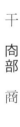

73EJD:19A

73EJD:22

73EJD:260B

## 句 0277

T07:023

T21:269

T24:041

T37:845

T37:985

T37:987

T37:1359

## 拘 0278

T01:001

73EJF3:430B+263B

## 鉤 0279

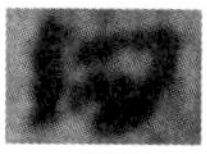
T07:019

## 古 0280

T08:083

T09:253

T21:066

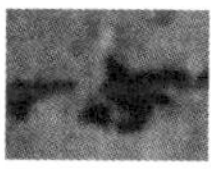
T28:107

T29:088B

73EJC:291

# 十

十

0281

T01:037

T01:110

T01:123

T02:018

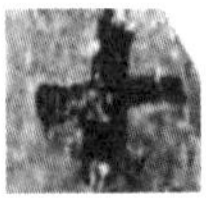
T03:001

T03:001

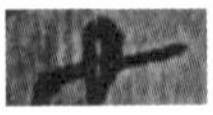
T03:030

T03:052

T03:056

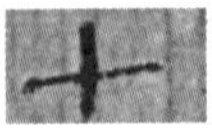
T03:071

T03:092

T03:094

T03:104

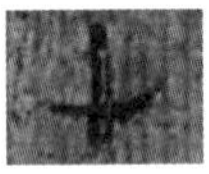
T03:113

T04:023B

T04:023B

T04:060

T04:131

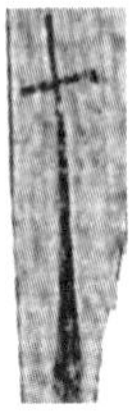
T05:098

T06:041A

T06:093

T06:193

T07:022A

T07:087

T07:088

T07:088

T07:089A

T08:008

T08:029

T08:065

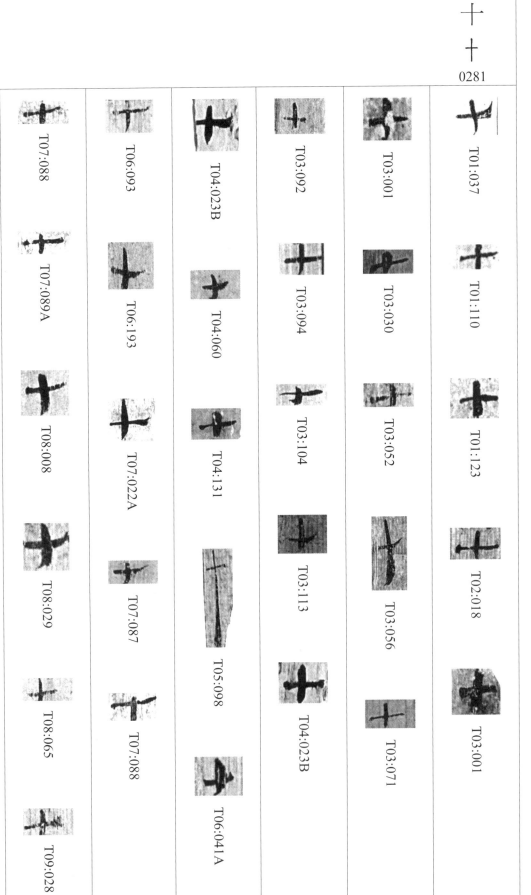

T09:028

十部　十

T09:041

T09:046

T09:049

T09:057

T09:084

T09:084

T09:097

T09:102B

T10:062

T10:064

T10:068

T10:071

T10:073

T10:073

T10:078

T10:079

T10:080

T10:082

T10:082

T10:106

T10:107

T10:116

T10:116

T10:119

T10:125

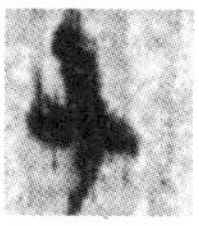
T10:126

T10:160

T10:161

T10:180

T10:180

## 十部

### 十

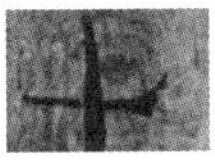
T10:216

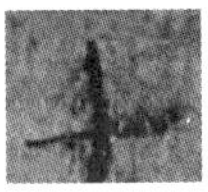
T10:216

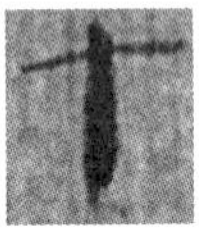
T10:279

T10:325

T10:341

T10:363

T10:369

T10:381

T11:004

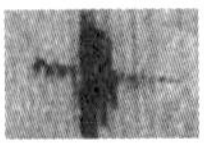
T11:014

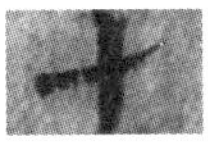
T14:012

T14:018

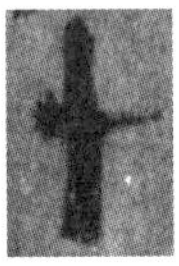
T21:006

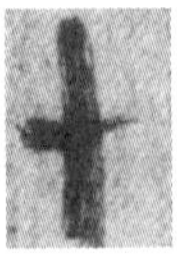
T21:010

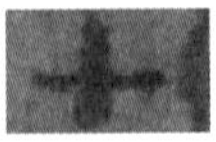
T21:096

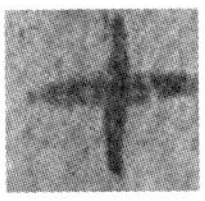
T21:097

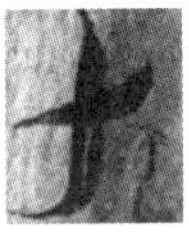
T21:153

T21:166

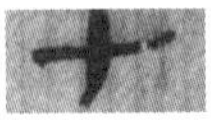
T21:188

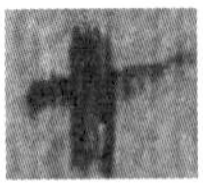
T21:189

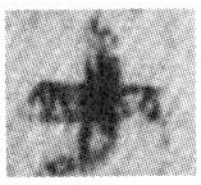
T21:201

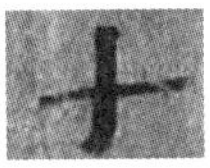
T21:215

T21:227B

T21:230

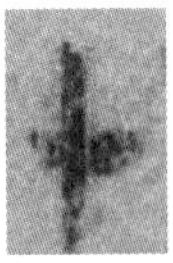
T21:277

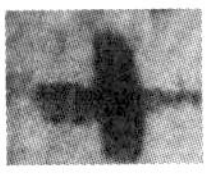
T21:284

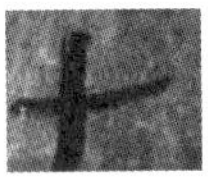
T21:355

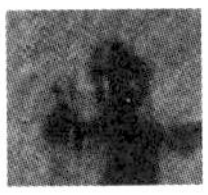
T21:418

T22:004

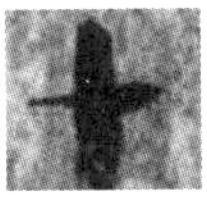
T22:008

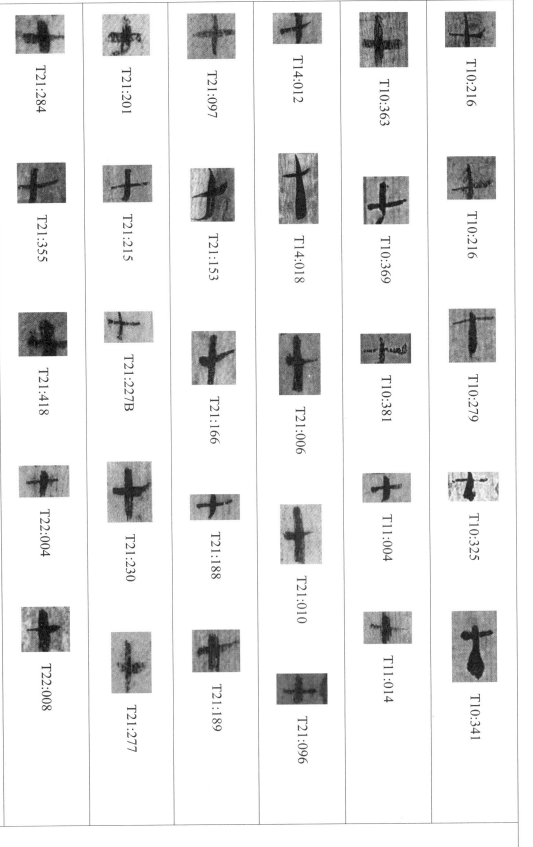

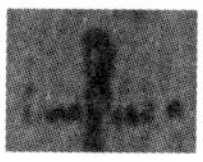
T22:022

T22:024

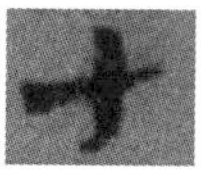
T22:033

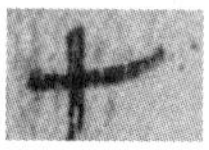
T22:035

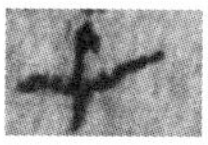
T22:035

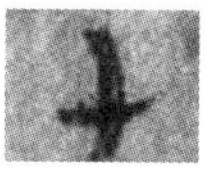
T22:099

T22:111A

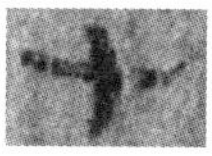
T22:111A

T22:141

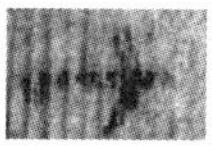
T23:031

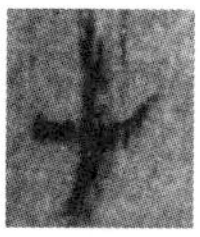
T23:039

T23:131

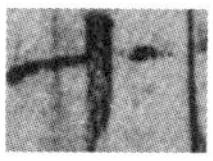
T23:145

T23:255

T23:257

T23:257

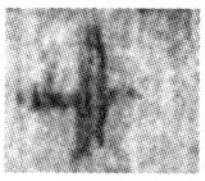
T23:263

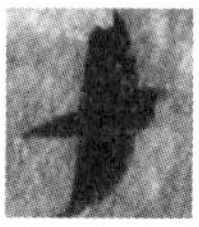
T23:273

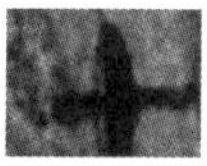
T23:284

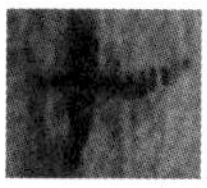
T23:295

T23:309

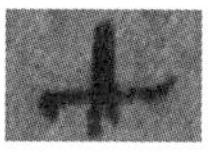
T23:349A

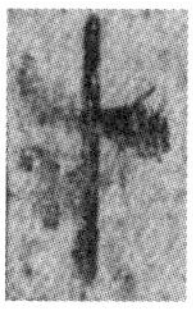
T23:389

T23:419

T23:481A

T23:481A

T23:481A

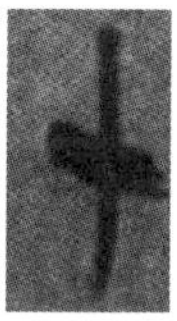
T23:481B

T23:533

T23:552

T23:555

T23:561

T23:565
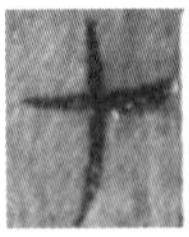
T23:583
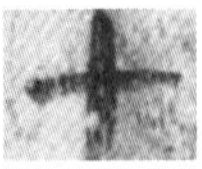
T23:584
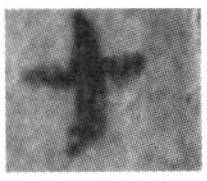
T23:703
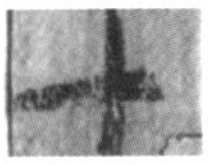
T23:749

T23:756
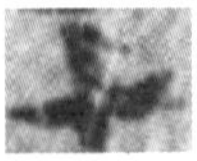
T23:768
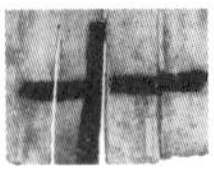
T23:852
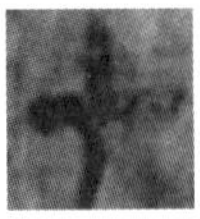
T23:873

T23:878

T23:896A
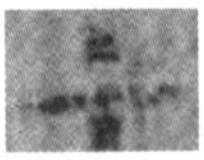
T23:905

T23:924
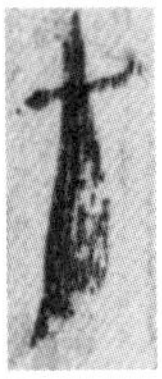
T23:937

T23:963

T23:963

T23:964
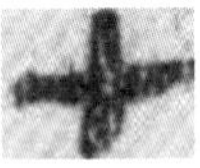
T23:964
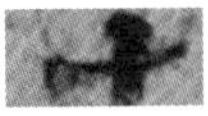
T23:979
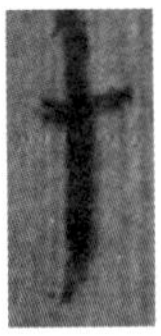
T23:985

T24:003
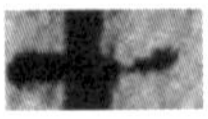
T24:003
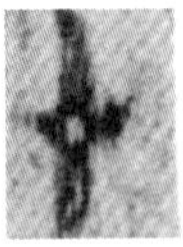
T24:004
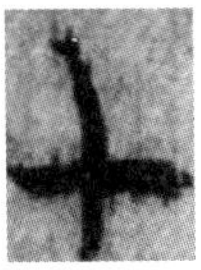
T24:006A
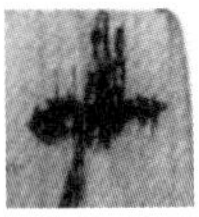
T24:065A
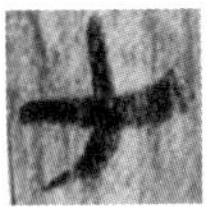
T24:067
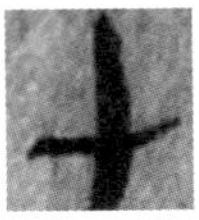
T24:096

T24:197

## 十部　十

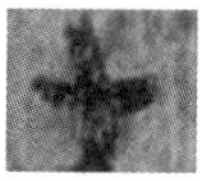
T24:205
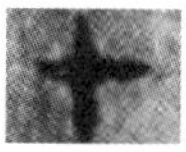
T24:212
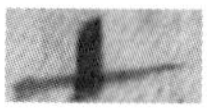
T24:235

T24:235
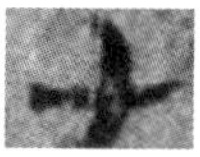
T24:259

T24:326

T24:446
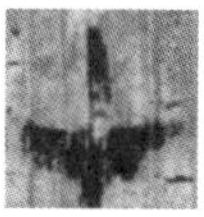
T24:527

T24:590

T24:591
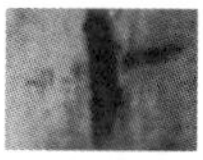
T24:623
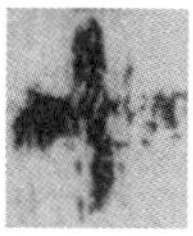
T24:636A

T24:757
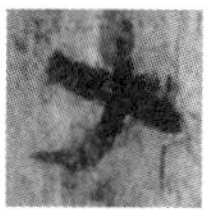
T24:980
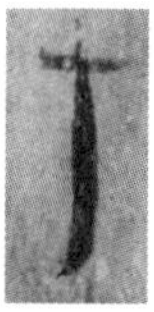
T24:985
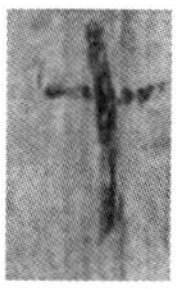
T25:056
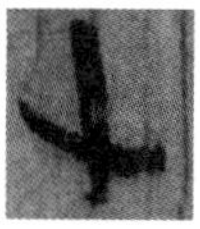
T25:069
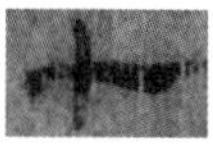
T25:093

T25:102
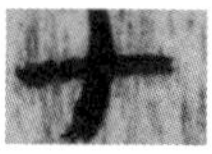
T25:112

T26:023
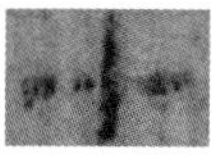
T26:023
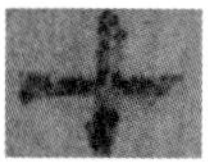
T26:023

T26:031
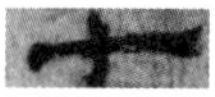
T26:035
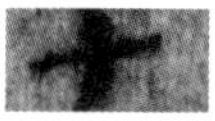
T26:036
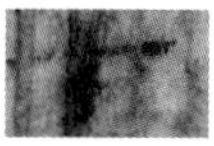
T26:051
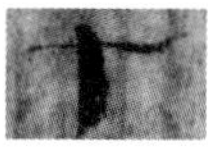
T26:051

T26:071

T26:087

T26:088A

T26:088A

| | | | | |
|---|---|---|---|---|
|  T26:088A | 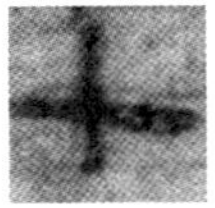 T26:088A | 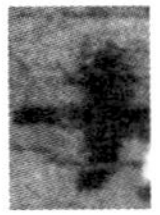 T26:091A | 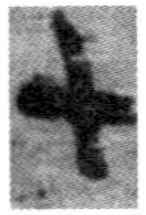 T26:115 | 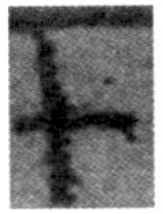 T26:120 |
| 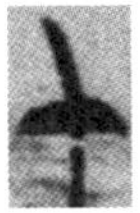 T26:123 |  T26:185 | 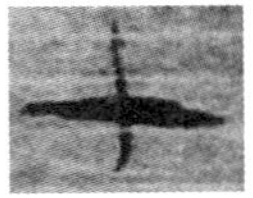 T26:185 |  T26:229A | 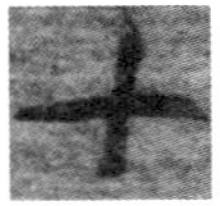 T26:239 |
| 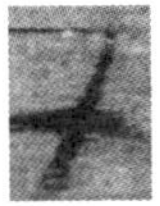 T26:268 | 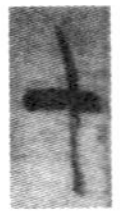 T27:001 | 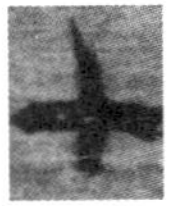 T27:017B | 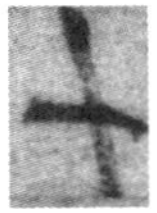 T27:028 | 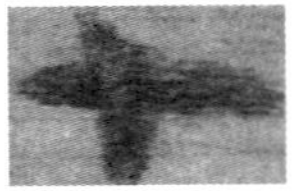 T27:068 |
|  T28:010 | 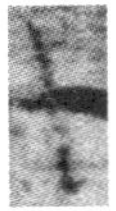 T28:024 |  T28:032 | 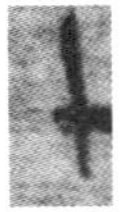 T28:128 |  T29:002 |
|  T29:014 | 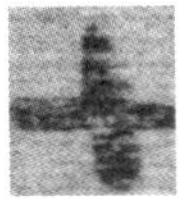 T29:017 |  T29:072 | 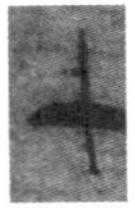 T29:097 |  T29:099 |
| 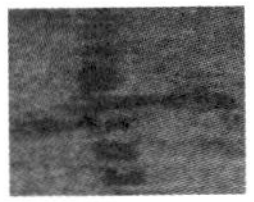 T29:114A | 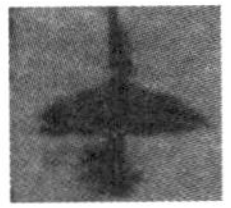 T29:118A |  T29:118A |  T29:118A |  T29:118B |

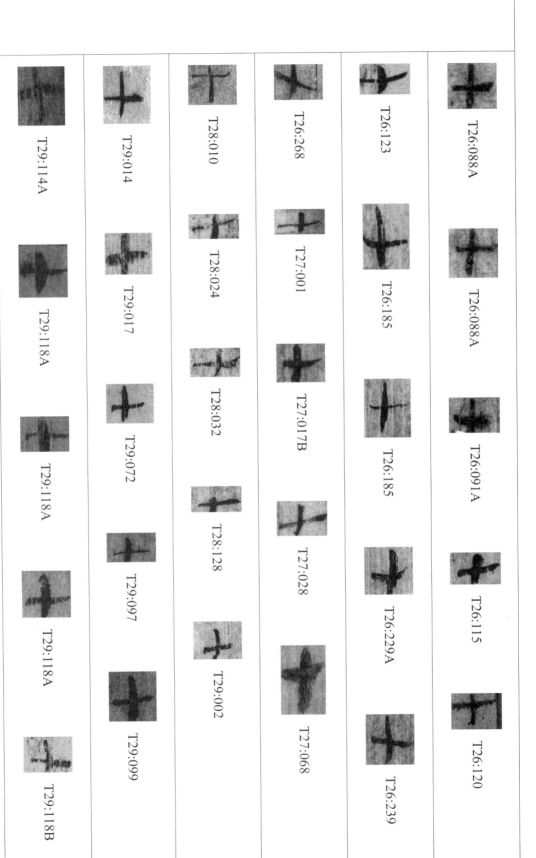

## 十部

### 十

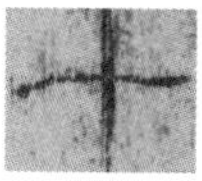
T29:125B

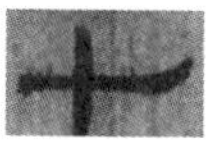
T30:002

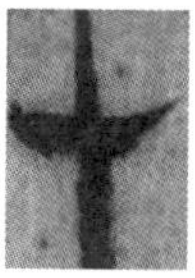
T30:005

T30:005

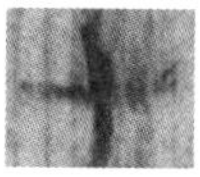
T30:009

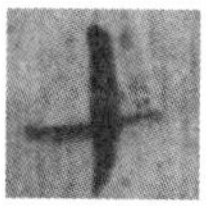
T30:017

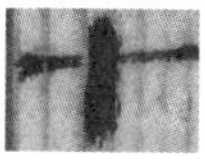
T30:018

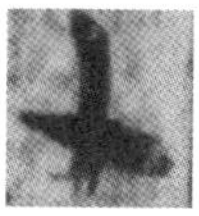
T30:020

T30:020

T30:023

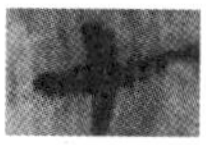
T30:032

T30:058

T30:062

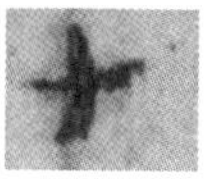
T30:062

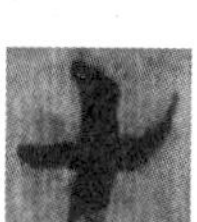
T30:065

T30:070

T30:094B

T30:102

T30:121

T30:121

T30:124+96+123

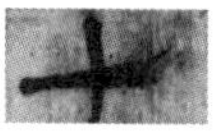
T30:136

T30:186

T30:190

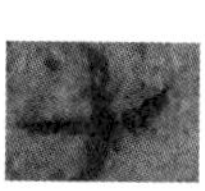
T30:266

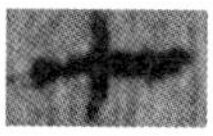
T31:066

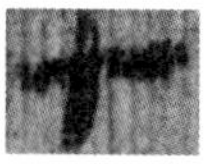
T31:066

T31:079

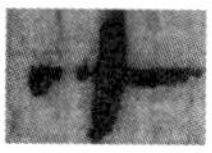
T31:092A

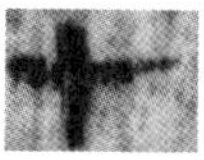
T31:096

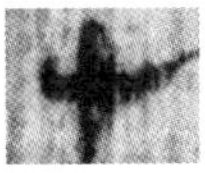
T31:096

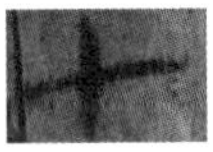
T31:101B

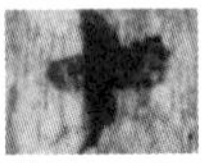
T31:114A

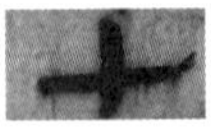
T31:137

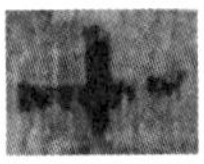
T31:148

T32:010

T32:010

T32:010

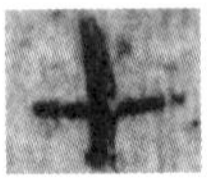
T32:010

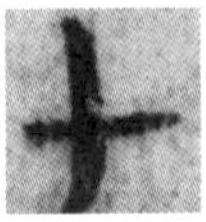
T32:010

T32:010

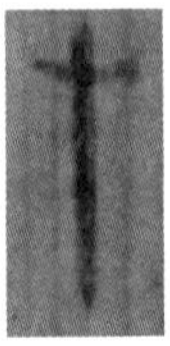
T32:032A

T33:059A

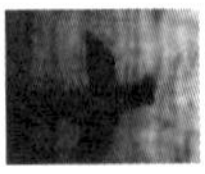
T33:059A

T33:088

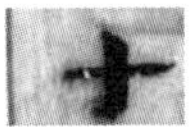
T33:088

T34:006A

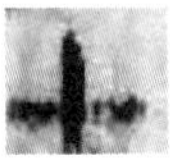
T34:006A

T35:002

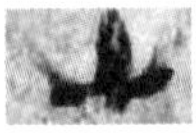
T37:003A

T37:006

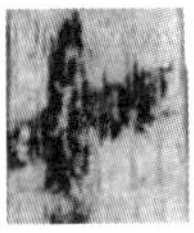
T37:013A

T37:013B

T37:016

T37:020

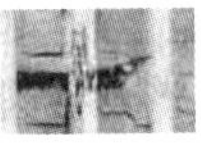
T37:037

T37:049B

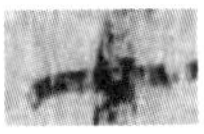
T37:051

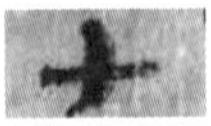
T37:058

T37:059

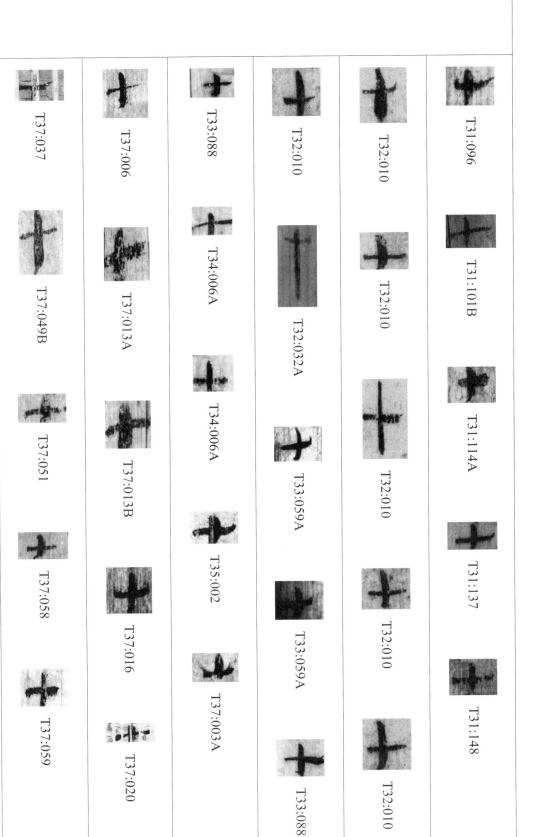

十部 十

T37:078
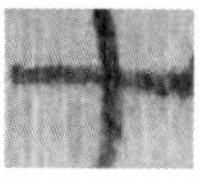
T37:081

T37:085
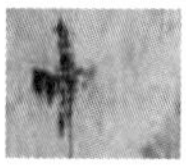
T37:085

T37:092

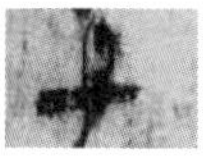
T37:102

T37:130
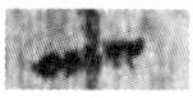
T37:133
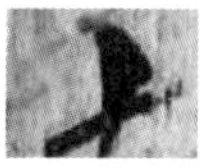
T37:161A

T37:176
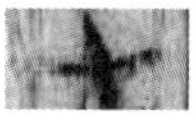
T37:177

T37:223
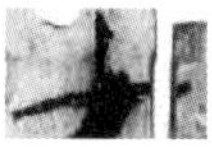
T37:230

T37:238

T37:245B

T37:279A

T37:353
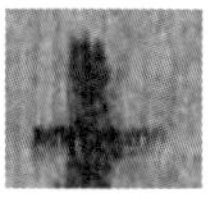
T37:365

T37:384

T37:414
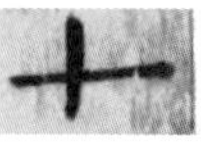
T37:478

T37:522A
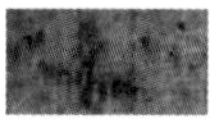
T37:522B
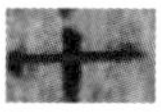
T37:524

T37:524

T37:526

T37:532
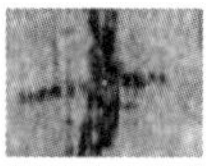
T37:572

T37:617

T37:618

T37:623

十部 十

T37:624

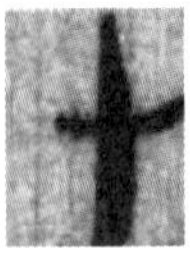
T37:636

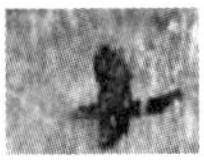
T37:645

T37:664

T37:664

T37:698

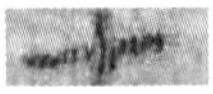
T37:701

T37:706

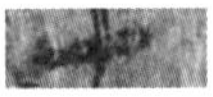
T37:710

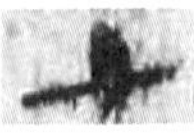
T37:712

T37:721

T37:724

T37:735

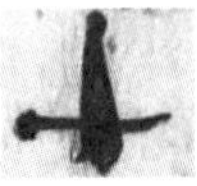
T37:739

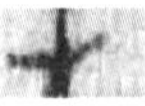
T37:742

T37:745

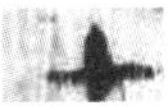
T37:745

T37:746

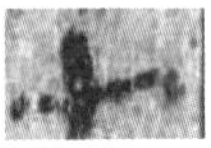
T37:754

T37:755

T37:755

T37:757

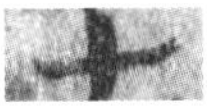
T37:758

T37:762

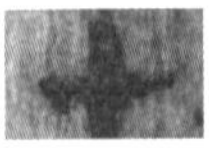
T37:762

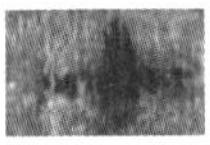
T37:762

T37:767

T37:768

T37:779

T37:779

T37:782

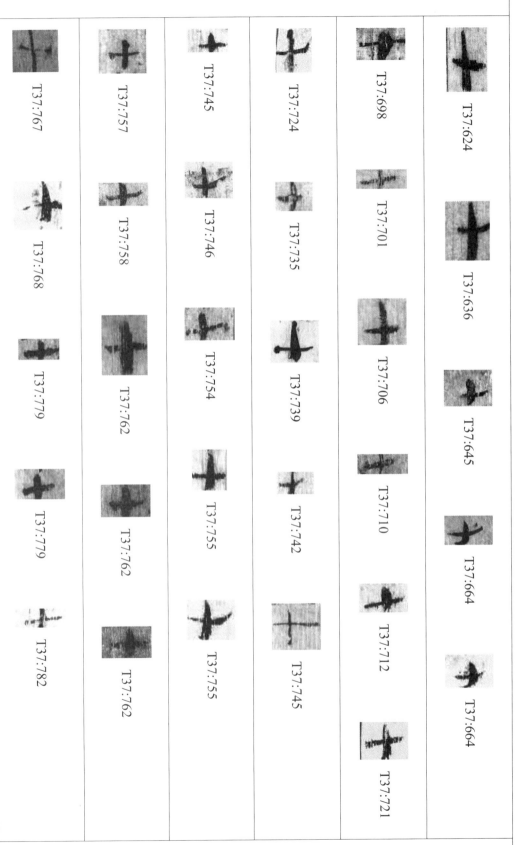

十部 十

T37:783A

T37:784A

T37:785

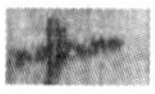
T37:796

T37:800A

T37:802

T37:808

T37:810

T37:814

T37:827

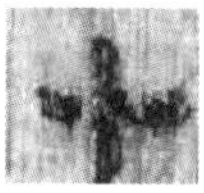
T37:830

T37:838

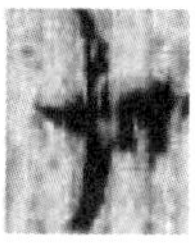
T37:855

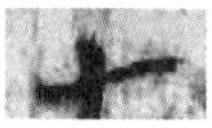
T37:856

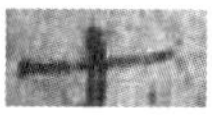
T37:871

T37:875

T37:915

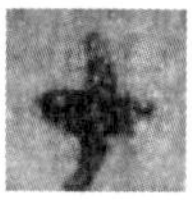
T37:915

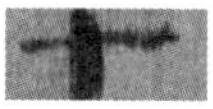
T37:920

T37:927

T37:927

T37:960

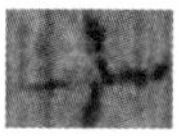
T37:963

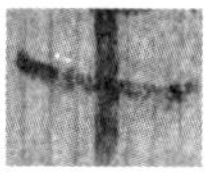
T37:986

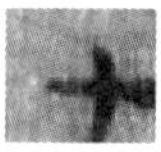
T37:993

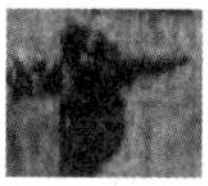
T37:995

T37:998

T37:999

T37:1017

T37:1033

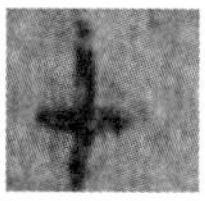
T37:1039A

十部

十

T37:1058

T37:1058

T37:1060
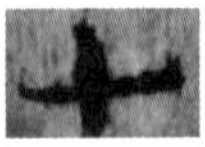
T37:1060

T37:1061A

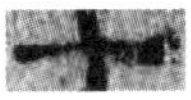
T37:1076A

T37:1079
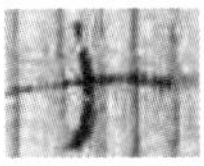
T37:1081
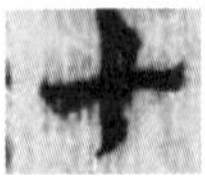
T37:1085

T37:1089

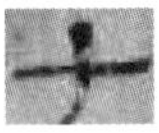
T37:1100
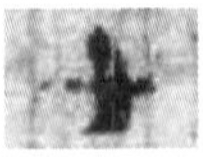
T37:1108

T37:1111
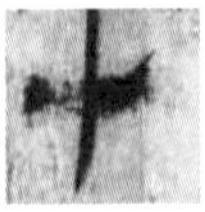
T37:1126

T37:1136

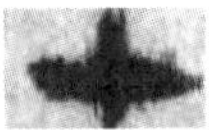
T37:1145
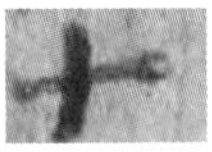
T37:1148
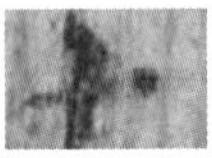
T37:1148

T37:1211
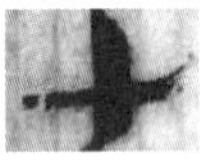
T37:1217

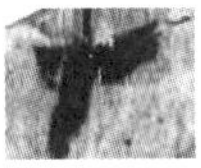
T37:1234
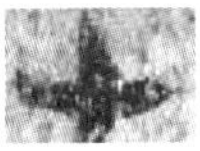
T37:1235

T37:1278A

T37:1307A

T37:1347

T37:1396A

T37:1405

T37:1522

T37:1546

T37:1552

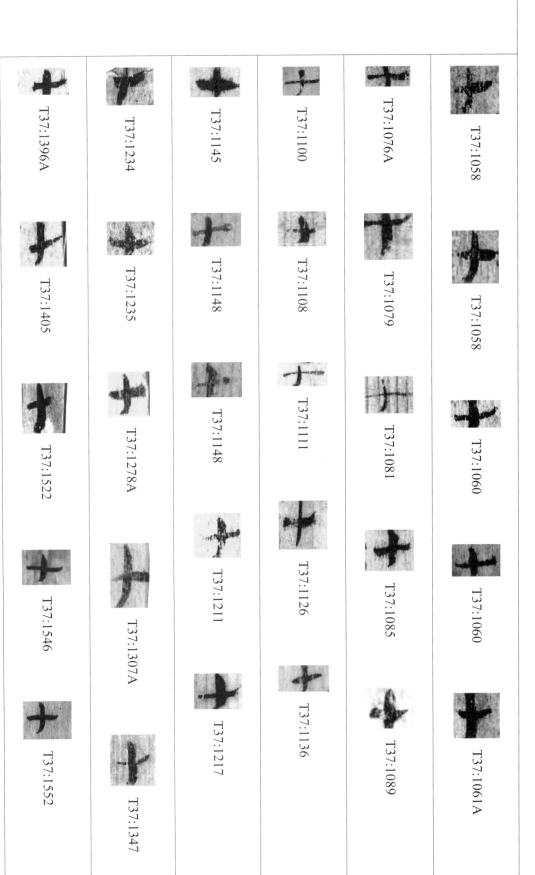

十部 十

T37:1577

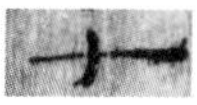
T37:1582

T37:1584

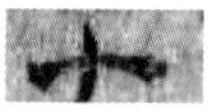
T37:1585A

T37:1585A

T37:1589

H01:003A

H01:005

H01:016B

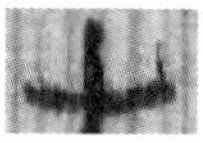
H01:023

H01:032B

H01:032B

H01:062

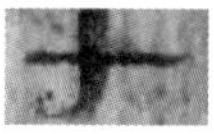
H02:008

H02:009

H02:016

H02:020

H02:020

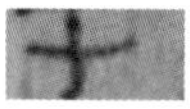
H02:020

H02:020

H02:022

H02:027

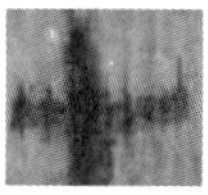
H02:051

H02:058

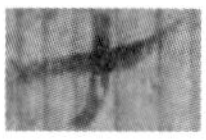
H02:058

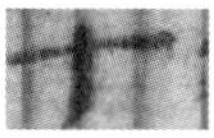
H02:063

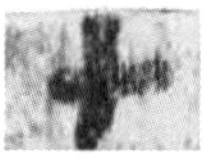
F01:013

F01:014

F01:015

F01:022

十部 十

F01:022

F01:031

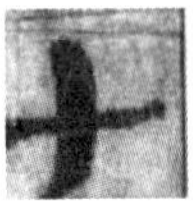
F01:118A

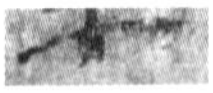
73EJF2:3

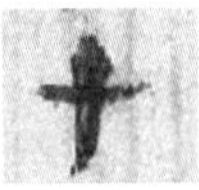
73EJF2:8

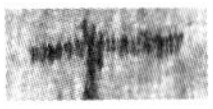
73EJF2:10

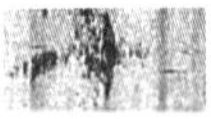
73EJF2:11

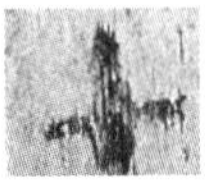
73EJF2:16

73EJF3:2

73EJF3:26

73EJF3:35

73EJF3:39A

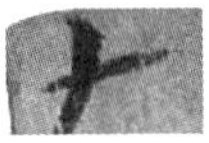
73EJF3:39B

73EJF3:40B

73EJF3:44

73EJF3:45

73EJF3:47

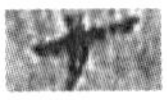
73EJF3:78+623

73EJF3:87

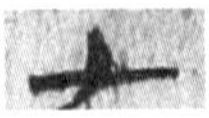
73EJF3:90

73EJF3:90

73EJF3:91

73EJF3:92

73EJF3:92

73EJF3:94

73EJF3:101

73EJF3:101

73EJF3:106

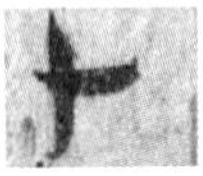
73EJF3:107

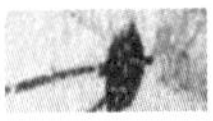
73EJF3:107

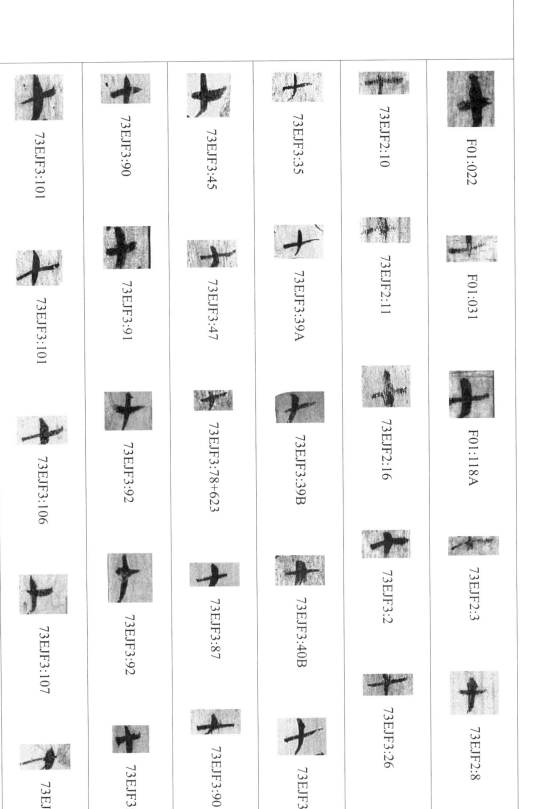

73EJF3:110

73EJF3:116A

73EJF3:116B

73EJF3:117A

73EJF3:119A

73EJF3:120A

73EJF3:120B

73EJF3:123A

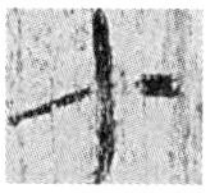
73EJF3:123B

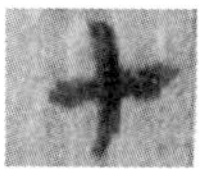
73EJF3:130

73EJF3:131

73EJF3:132

73EJF3:132

73EJF3:133

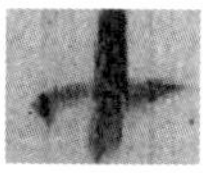
73EJF3:133

73EJF3:133

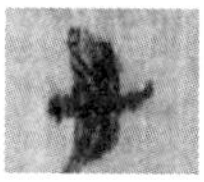
73EJF3:135

73EJF3:135

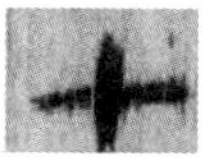
73EJF3:138

73EJF3:139

73EJF3:150A

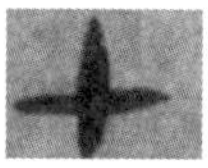
73EJF3:153

73EJF3:159B

73EJF3:160

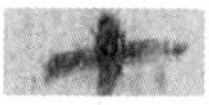
73EJF3:172

73EJF3:172

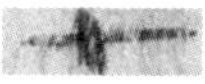
73EJF3:178A

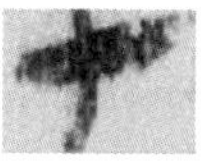
73EJF3:178A

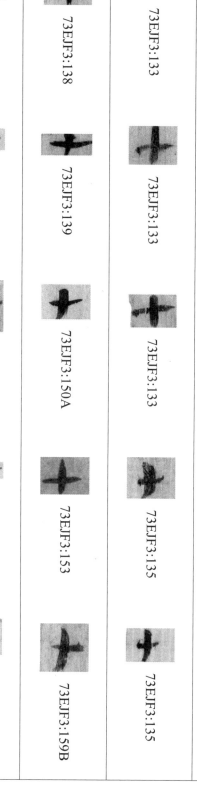

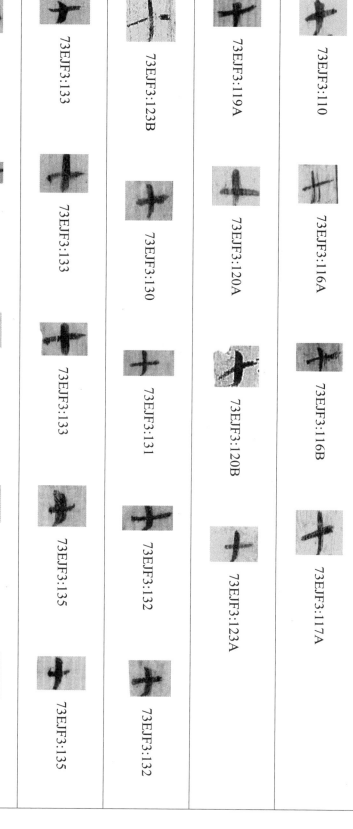

73EJF3:178A

73EJF3:179A

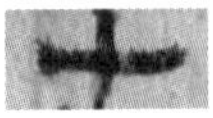
73EJF3:184A

73EJF3:199

73EJF3:237

73EJF3:237

73EJF3:242

73EJF3:254

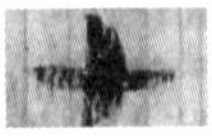
73EJF3:255

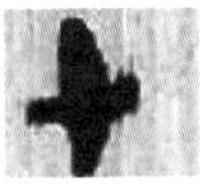
73EJF3:256

73EJF3:259

73EJF3:269+597

73EJF3:271

773EJF3:511+306+291

773EJF3:511+306+291

73EJF3:471+302

73EJF3:311

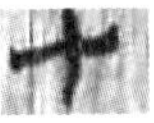
73EJF3:311

73EJF3:312

73EJF3:312

73EJF3:314

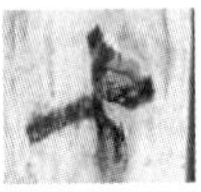
73EJF3:319

73EJF3:326

73EJF3:326

73EJF3:326

73EJF3:326

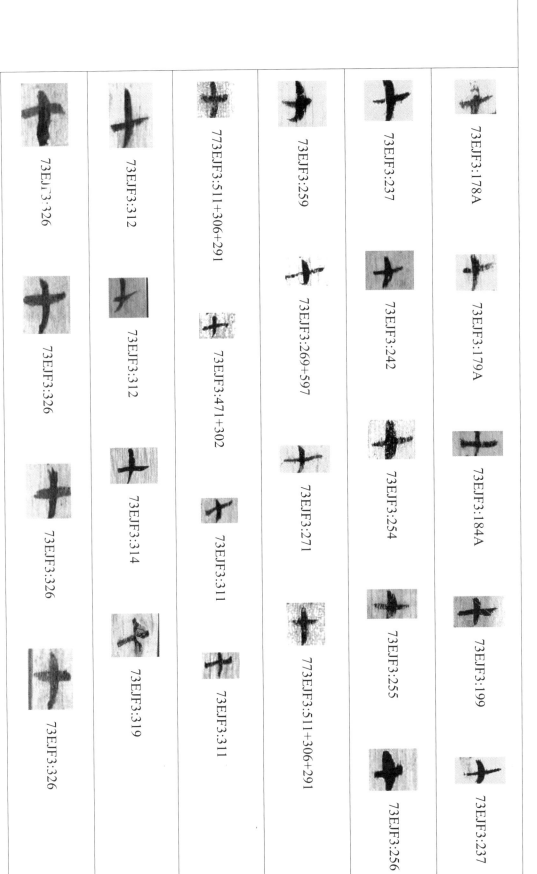

73EJF3:327

73EJF3:345

73EJF3:368

73EJF3:370

73EJF3:370

73EJF3:371

73EJF3:372

73EJF3:372

73EJF3:376

73EJF3:405

73EJF3:412

73EJF3:412

73EJF3:431

73EJF3:437

73EJF3:464

73EJF3:477

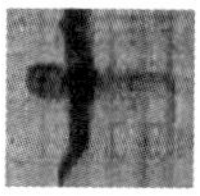
73EJF3:481

73EJF3:481

73EJF3:486

73EJF3:490

73EJF3:518+517

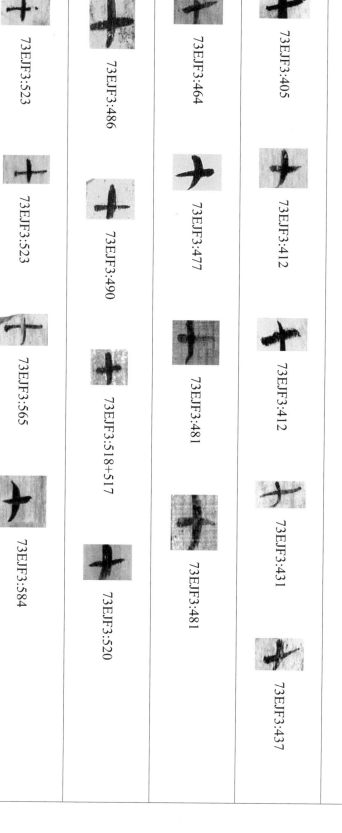

73EJF3:520

73EJF3:523

73EJF3:523

73EJF3:565

73EJF3:584

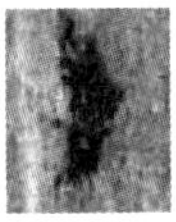
73EJT4H:89B

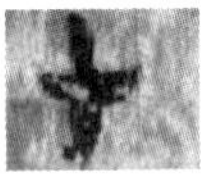
73EJD:2

73EJD:4

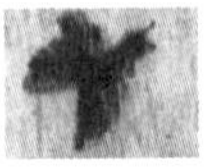
73EJD:4

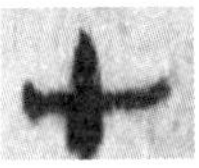
73EJD:6

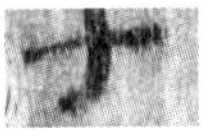
73EJD:13

73EJD:24

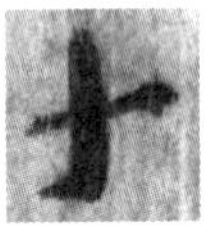
73EJD:39B

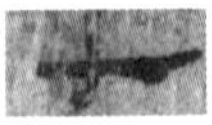
73EJD:43A

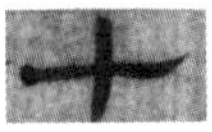
73EJD:45

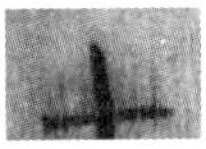
73EJD:58A

73EJD:59

73EJD:65

73EJD:70

73EJD:145

73EJD:173

73EJD:193

73EJD:198

73EJD:211

73EJD:211

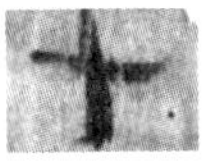
73EJD:224

73EJD:256

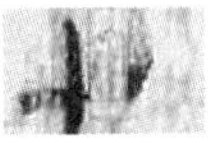
73EJD:256

73EJD:352

72EJC:1

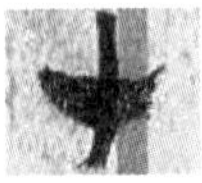
72EJC:31

72EJC:53

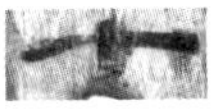
72EJC:73

72EJC:121

72EJC:125+134

72EJC:137

72EJC:145

72EJC:145

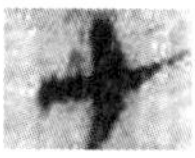
72EJC:149

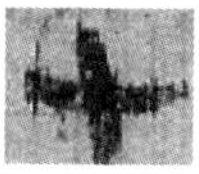
72EJC:156

72EJC:156

72EJC:190

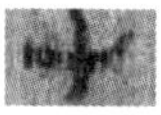
72EJC:225

72EJC:247

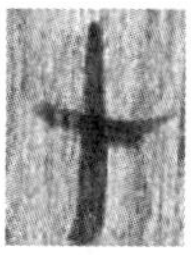
72EJC:248

72EJC:277

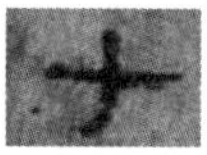
72EJC:279

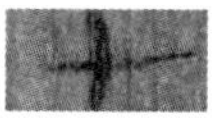
72EJC:285

72EJC:287

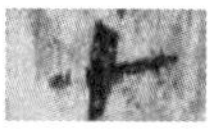
73EJC:408

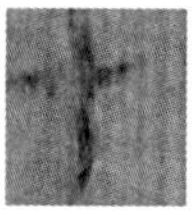
73EJC:409

73EJC:416

73EJC:417

73EJC:549A

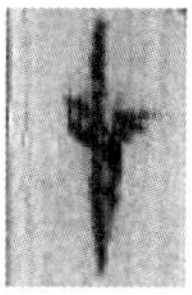
73EJC:587

73EJC:590

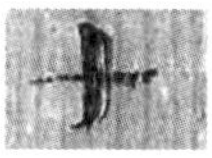
73EJC:594

73EJC:604

73EJC:608

73EJC:617

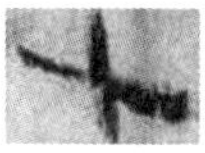
73EJC:646

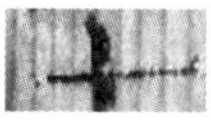
73EJC:650

73EJC:651

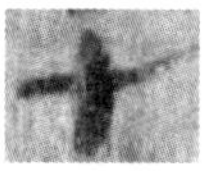
72EDAC:7

# 丈

0282

72ECC:4

72ECC:13

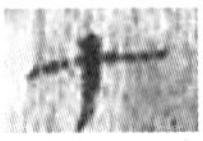
72ECC:13

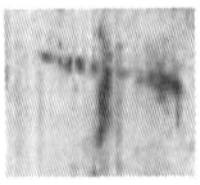
72ECC:57

72EDIC:9

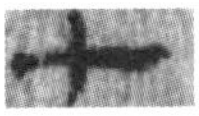
72EBS7C:1A

72EBS7C:1A

72EBS7C:2A

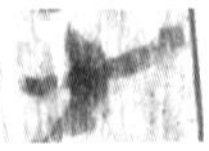
72EBS7C:5

T01:041

T02:055A

T04:067

T04:077

T09:055

T21:052A

T21:097

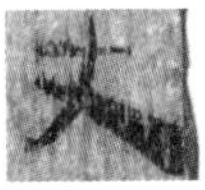
T21:141

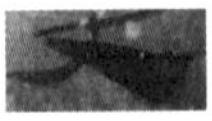
T21:355

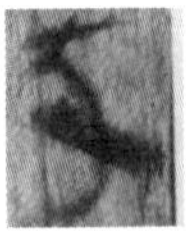
T22:081

T23:359A

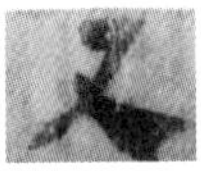
T24:065A

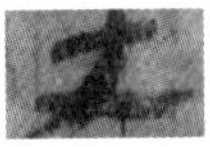
T24:065A

T24:277

T28:010

T30:018

T30:031

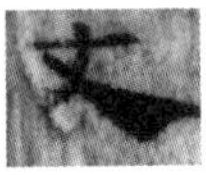
T31:128

T32:010

T32:010

T35:005

73EJF3:141

73EJF3:142

73EJF3:144

73EJF3:384B

73EJF3:384B

73EJF3:426

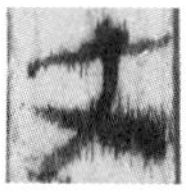
73EJF3:514B

73EJD:39B

73EJC:599A

73EJC:599A

73EJC:599B

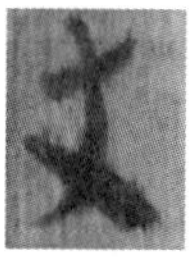
72EDAC:6

## 千

0283

T03:071

T03:071

T04:085

T04:095

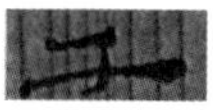
T04:111

T04:125

T04:146

T05:010

T05:120

T06:056

T07:093

T07:093

T07:109

T09:007

T09:010

T09:055

T09:091

T10:072

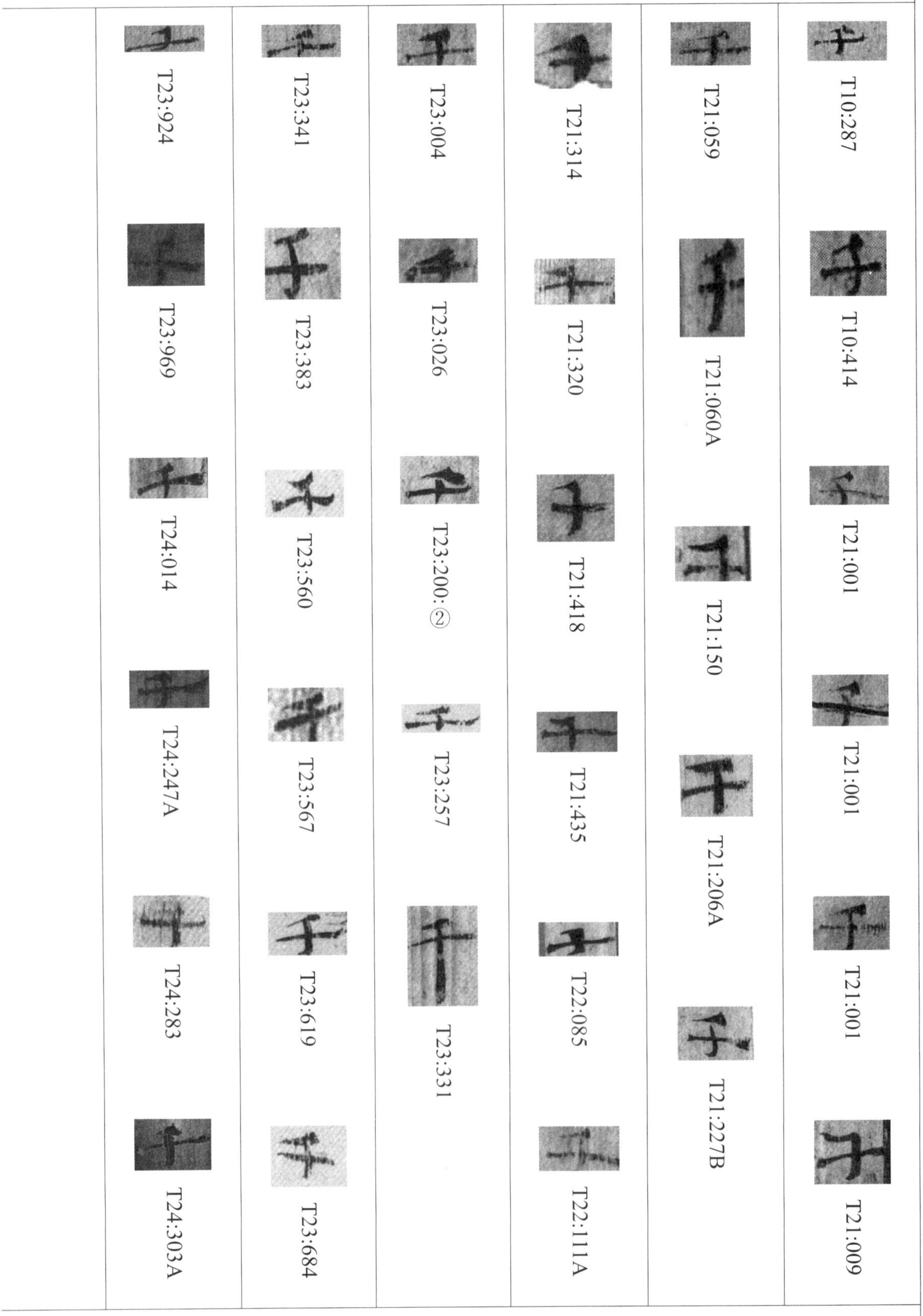

T10:287 T10:414 T21:001 T21:001 T21:001 T21:009

T21:059 T21:060A T21:150 T21:206A T21:227B

T21:314 T21:320 T21:418 T21:435 T22:085 T22:111A

T23:004 T23:026 T23:200:② T23:257 T23:331

T23:341 T23:383 T23:560 T23:567 T23:619 T23:684

T23:924 T23:969 T24:014 T24:247A T24:283 T24:303A

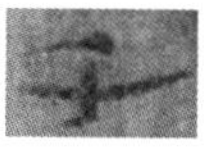
T24:534
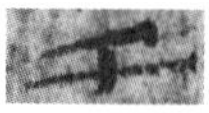
T24:682

T24:806
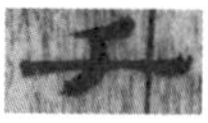
T25:112

T26:009
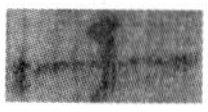
T26:016

T26:023
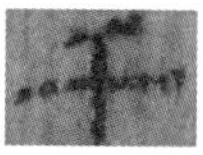
T26:023

T26:122

T26:228

T26:229A

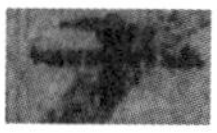
T26:261
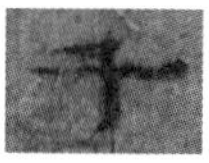
T26:261
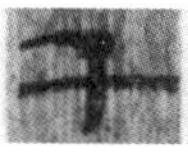
T27:026

T28:036

T29:048

T29:080

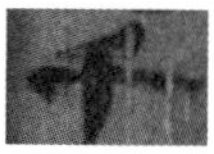
T29:118A
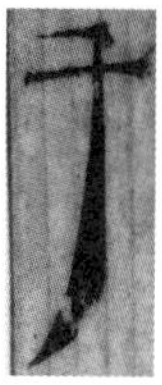
T30:001

T30:002
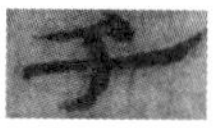
T30:002

T30:031

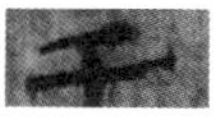
T30:032
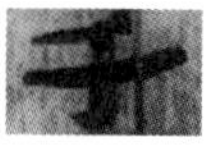
T30:032

T30:063

T30:132
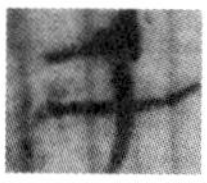
T30:133

T30:138

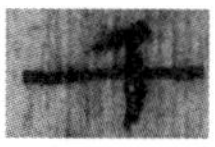
T30:144

T30:145
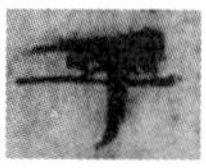
T30:209

T30:216

T30:256

T30:258

T31:009

T32:010

T32:048

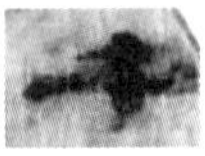
T33:054B

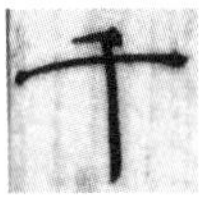
T34:010

T34:040

T35:006

T35:008

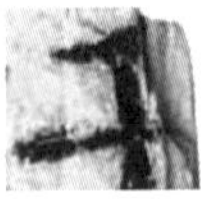
T37:026

T37:102

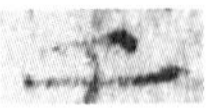
T37:225

T37:525

T37:528

T37:535A

T37:757

T37:768

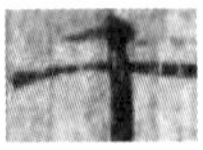
T37:805A

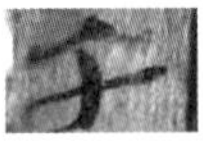
T37:960

T37:984

T37:995

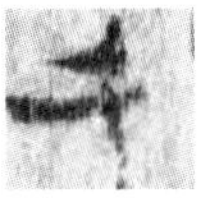
T37:1070

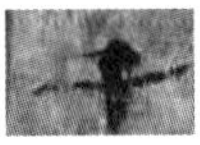
T37:1151A

T37:1224

T37:1264

T37:1589

H01:020

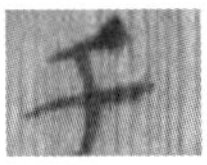
H02:007

F01:012

F01:031

73EJF3:78+623

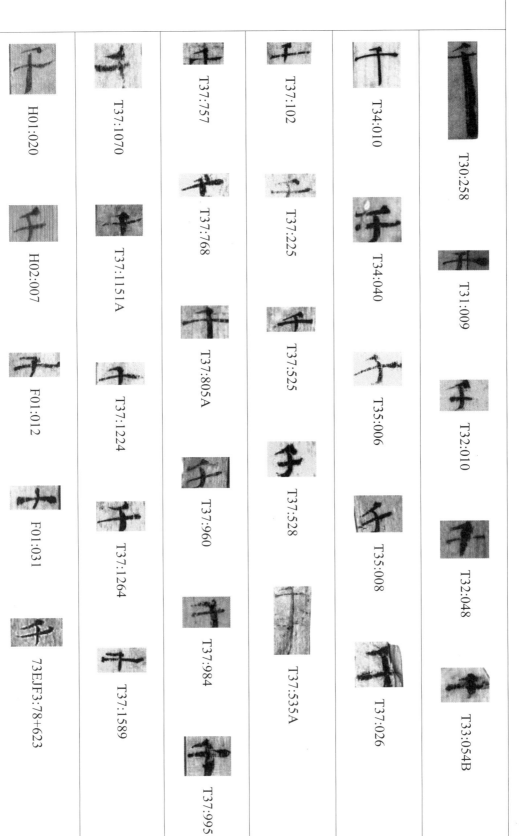

73EJF3:92

73EJF3:92

73EJF3:97

73EJF3:122

73EJF3:225

73EJF3:249

73EJF3:277

73EJF3:529B+304B

73EJF3:314

73EJF3:418

73EJF3:423

73EJF3:437

73EJF3:472+540

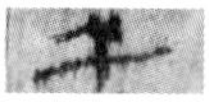
73EJF3:559

73EJD:27

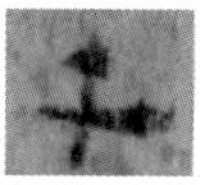
73EJD:38

73EJD:82

73EJD:188A

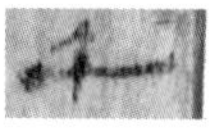
73EJD:192

73EJD:211

73EJD:247

73EJD:310A

73EJD:373

72EJC:6

72EJC:130

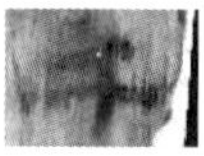
73EJC:378

73EJC:438

73EJC:657

73EJC:669

72EDAC:6

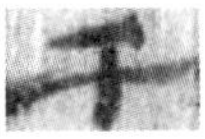
72EDAC:7

72EDAC:7

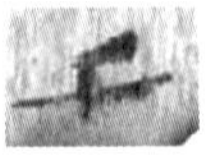
72EDIC:10

## 博

0284

T02:004

T03:033B

T03:055

T03:068

T06:027A

T06:028

T07:005

T07:037

T07:120

T07:184

T08:029

T10:103

T10:132

T10:173

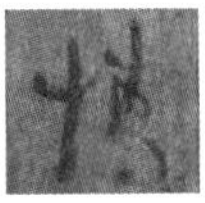
T21:026

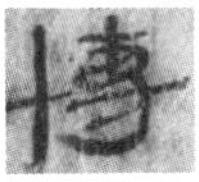
T22:045

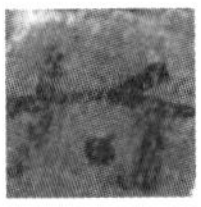
T23:043

T23:140

T23:250

T23:709A

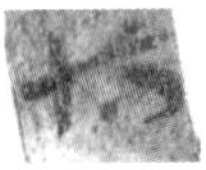
T24:364

T25:097

T26:077

T26:137

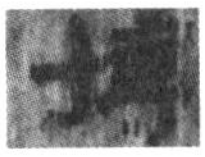
T28:077

T29:033

T31:141

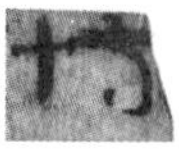
T33:071B

T33:071B

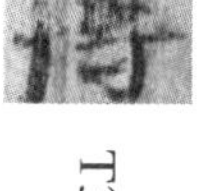
T37:460

T37:615

T37:716A

T37:743

T37:780

T37:803A

T37:852

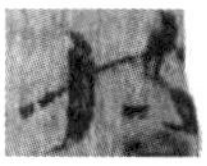
T37:1064

T37:1310

T37:1535A

73EJF2:20+29

73EJF3:100

73EJF3:172

73EJF3:470+564+190+243

73EJF3:210

73EJF3:260

73EJF3:272

73EJF3:550

73EJF3:558

73EJF3:563

73EJD:4

73EJD:37B

73EJD:39A

73EJD:39B

73EJD:68

73EJD:362
73EJD:364
72EJC:11
73EJC:295
73EJC:360

73EJC:360
73EJC:519
73EJC:599A
73EJC:599A

73EJC:599A
73EJC:599B
73EJC:599B
72EDIC:2

## 廿

0285

T01:013
T01:073
T01:148
T01:150
T01:150
T03:069

T03:093
T03:098
T04:004
T04:074
T04:125
T05:014

T05:026
T06:031
T06:041A
T06:048
T07:134
T08:005

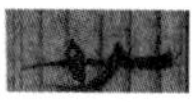
T08:052A

T08:071

T09:012A

T09:040

T09:053

T09:082

T09:083

T09:086

T09:092A
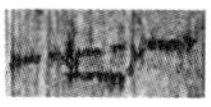
T09:102A
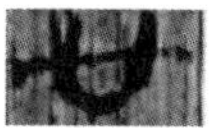
T09:113

T09:122

T09:199

T09:229

T09:238

T10:063

T10:067

T10:072

T10:118A

T10:171

T10:212

T10:219A

T10:285

T10:288
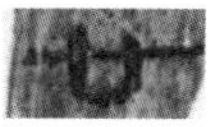
T10:342
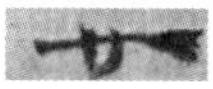
T10:407

T11:031B
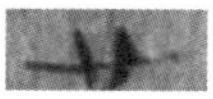
T14:002

T14:005
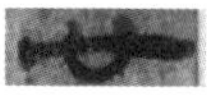
T15:012

T21:010

T21:097

T21:142
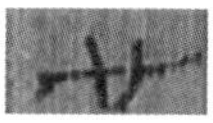
T21:202

T21:221
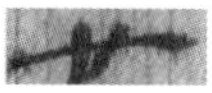
T21:223

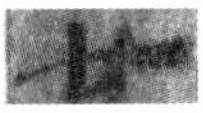
T21:225
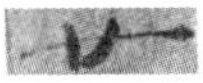
T21:262
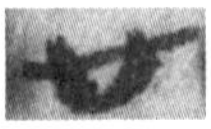
T21:331
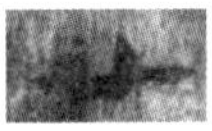
T21:390
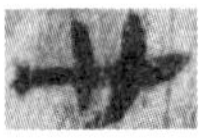
T21:391
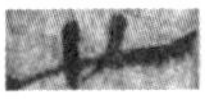
T21:423

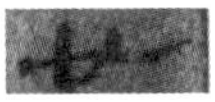
T21:425

T22:001

T22:024
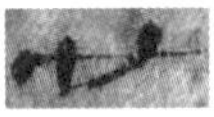
T22:036A
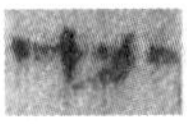
T22:055

T22:080

T22:095

T23:121
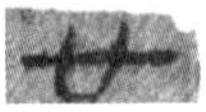
T23:131
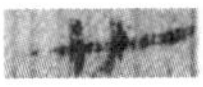
T23:341
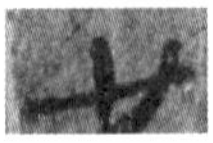
T23:349A

T23:354A

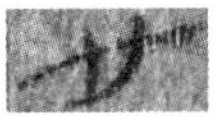
T23:355
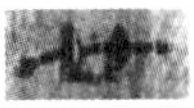
T23:414
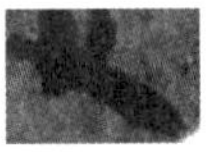
T23:481B
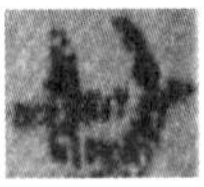
T23:634
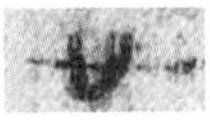
T23:659
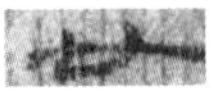
T23:773

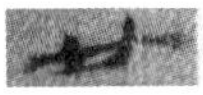
T23:818
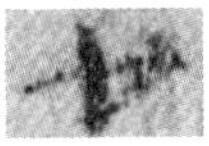
T23:876
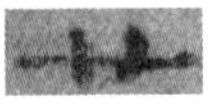
T23:920

T23:968

T23:977

T23:986

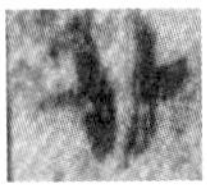
T24:004

T24:033
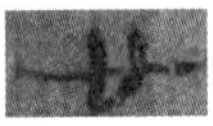
T24:051

T24:096

T24:117

T24:150

T24:255

T24:256

T24:258
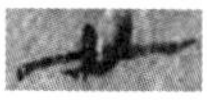
T24:259

T24:309

T24:349
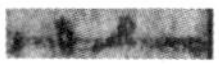
T24:520

T24:541
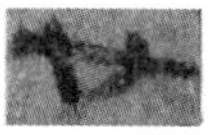
T24:592
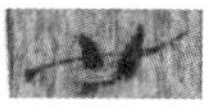
T24:649

T24:709
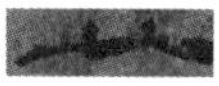
T24:711

T24:806

T24:888

T24:920

T24:952

T24:970

T24:974
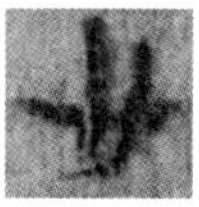
T25:061
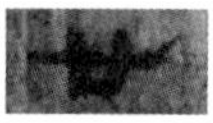
T25:079A

T26:063

T26:118

T26:153
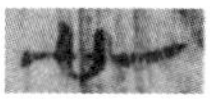
T26:184

T26:223
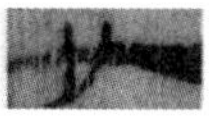
T27:011
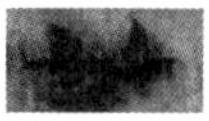
T27:014
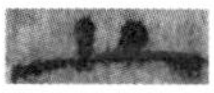
T27:020
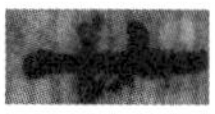
T27:021

T27:030
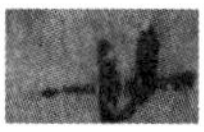
T27:048

T28:025
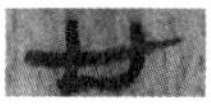
T28:025

T28:030
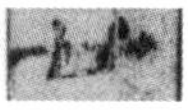
T28:036
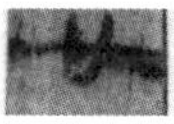
T29:003

T29:066

T29:096

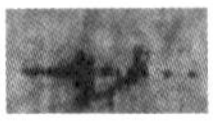
T29:100

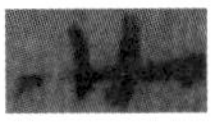
T29:102

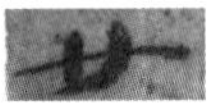
T29:135

T30:001

T30:002

T30:003

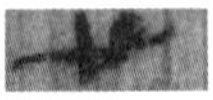
T30:010

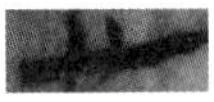
T30:012

T30:013

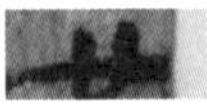
T30:058

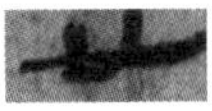
T30:058

T30:058

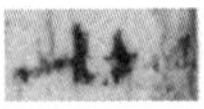
T30:062

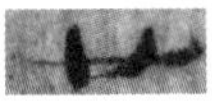
T30:066

T30:070

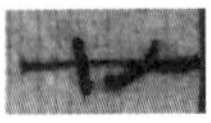
T30:104

T30:120

T30:124+96+123

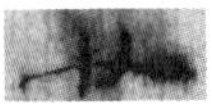
T30:132

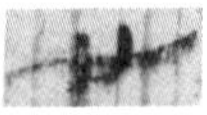
T30:133

T30:134

T30:142

T30:152

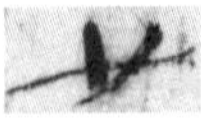
T30:154

T30:181

T30:182

T30:219

T30:248

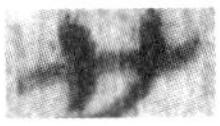
T30:255

T30:266

T30:267

T31:023

T31:093

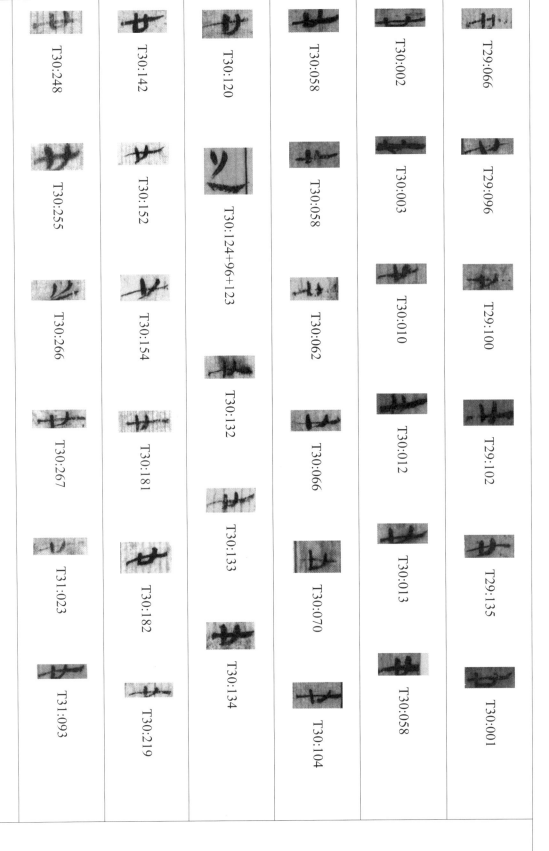

T32:004

T32:039
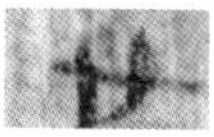
T32:040

T33:043

T33:085

T33:091

T34:011

T34:033

T35:005

T37:050

T37:101

T37:104

T37:132

T37:176

T37:177

T37:224

T37:352

T37:452

T37:525

T37:548

T37:580

T37:621

T37:692

T37:704

T37:711
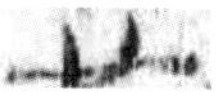
T37:755

T37:755

T37:758

T37:761

T37:829

T37:833A

T37:841
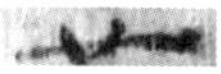
T37:849

T37:857A

T37:858

T37:860

十部 廿

T37:872

T37:888

T37:889

T37:939
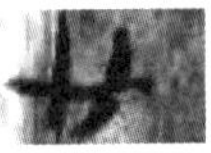
T37:952

T37:985

T37:989

T37:990

T37:994

T37:996

T37:1003

T37:1005

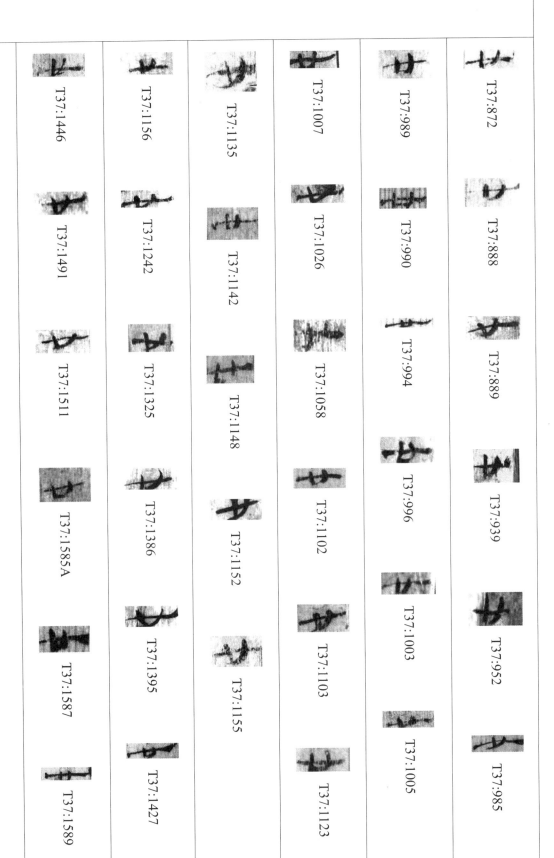

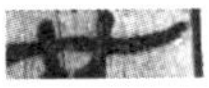
T37:1007

T37:1026
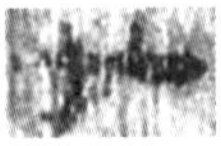
T37:1058

T37:1102
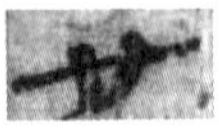
T37:1103

T37:1123

T37:1135
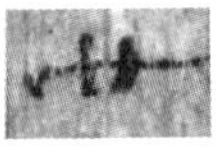
T37:1142
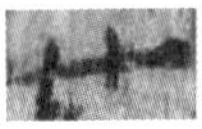
T37:1148

T37:1152

T37:1155

T37:1156

T37:1242

T37:1325

T37:1386

T37:1395

T37:1427

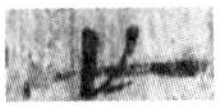
T37:1446
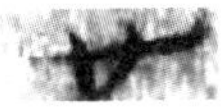
T37:1491

T37:1511
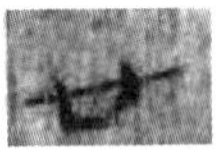
T37:1585A
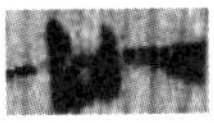
T37:1587

T37:1589

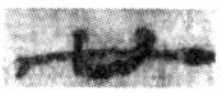
H01:003A

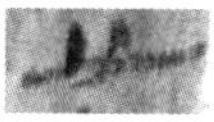
H01:025

H01:032B

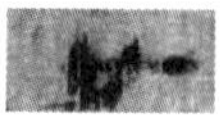
H01:054

H01:064

H02:001

H02:020

H02:040

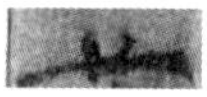
H02:064

H02:070

F01:026

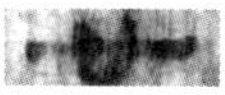
F01:088

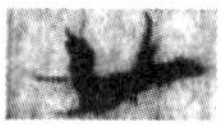
F01:093A

F01:123

73EJF2:6

73EJF2:19

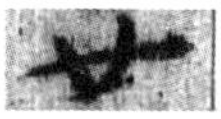
73EJF3:91

73EJF3:125B

73EJF3:141

73EJF3:142

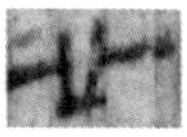
73EJF3:170

73EJF3:189+421

73EJF3:210

73EJF3:479

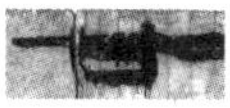
73EJF3:494

73EJF3:527

73EJF3:613

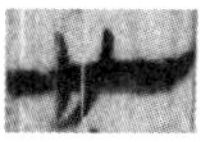
73EJT4H:90

73EJD:1

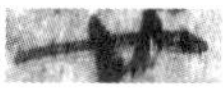
73EJD:5

73EJD:34

73EJD:39A

## 十部 廿

73EJD:48

73EJD:112

73EJD:150

73EJD:231

73EJD:260A

72EJC:10

72EJC:16

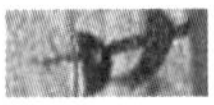
72EJC:27

72EJC:43+52

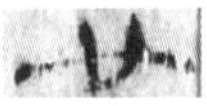
72EJC:50

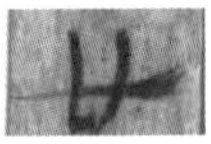
72EJC:140

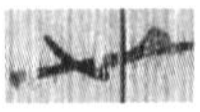
72EJC:143

72EJC:154

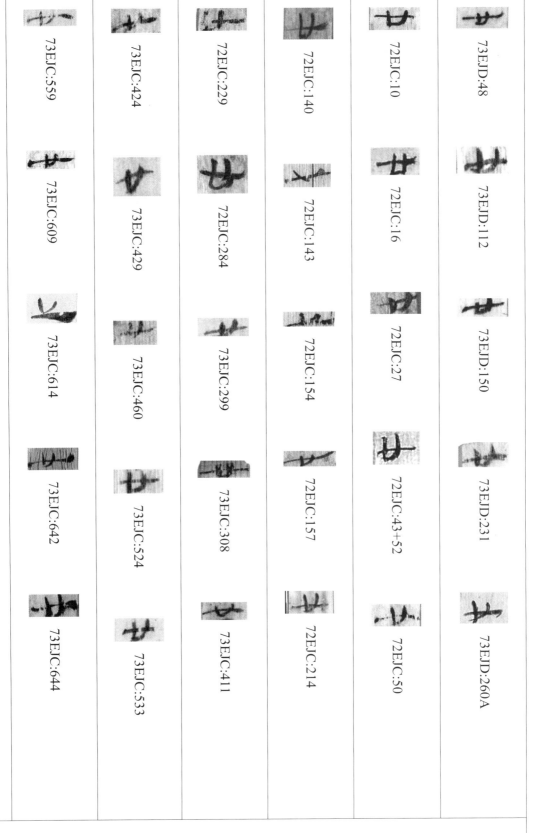

72EJC:157

72EJC:214

72EJC:229

72EJC:284

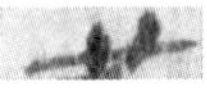
73EJC:299

73EJC:308

73EJC:411

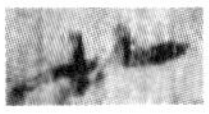
73EJC:424

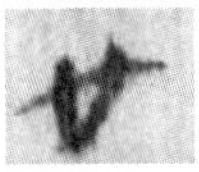
73EJC:429

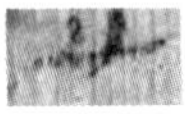
73EJC:460

73EJC:524

73EJC:533

73EJC:559

73EJC:609

73EJC:614

73EJC:642

73EJC:644

# 卌

0286

73EJC:662

72EDAC:7

72EDAC:7

72EDAC:7

72EDAC:7

72ECC:1+2A

72EBS9C:2A

T01:005

T01:020

T01:043

T01:110

T01:143

T02:091

T03:003

T03:071

T03:098

T03:098

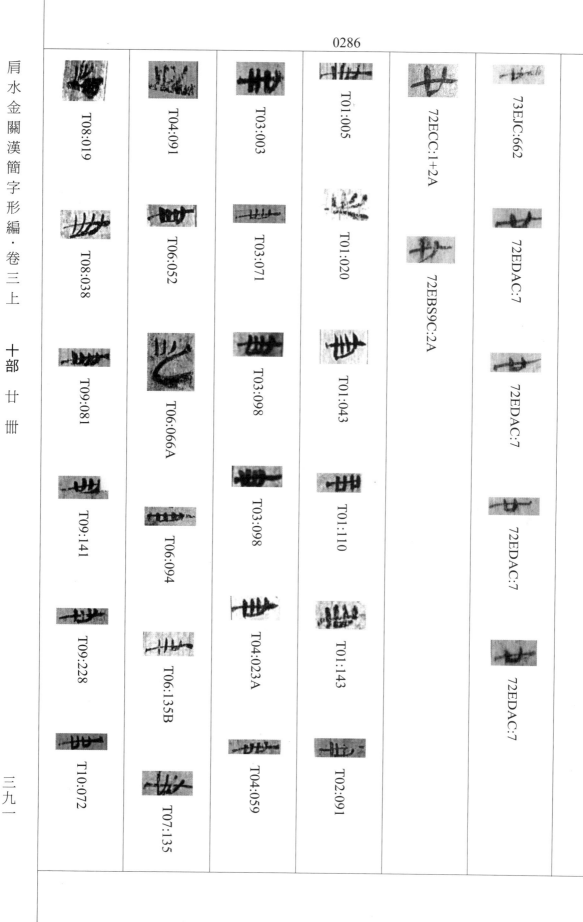

T04:023A

T04:059

T04:091

T06:052

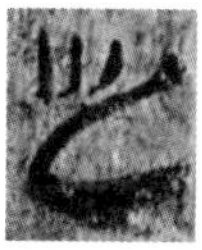
T06:066A

T06:094

T06:135B

T07:135

T08:019

T08:038

T09:081

T09:141

T09:228

T10:072

T10:096

T10:103

T10:181

T10:292

T15:004

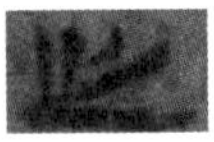
T21:021

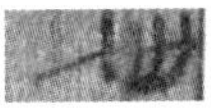
T21:052B

T21:099

T21:268

T21:284

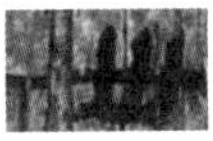
T22:153

T23:283

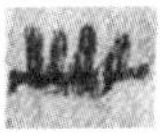
T23:383

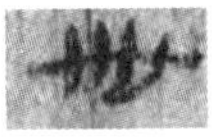
T23:763

T23:764

T23:963

T24:316

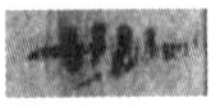
T24:418

T24:559

T24:641

T24:981

T25:090

T26:056

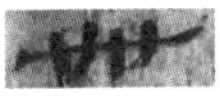
T26:171

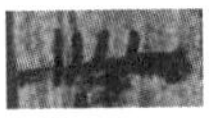
T26:225

T26:227A

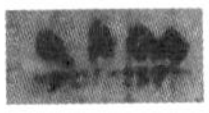
T27:009

T27:017B

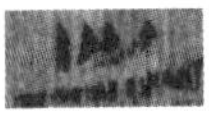
T27:019

T27:022

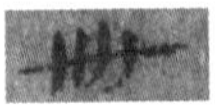
T27:048

T29:059

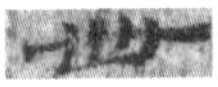
T30:020

T30:024A

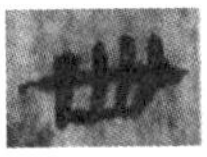
T30:032

T30:036

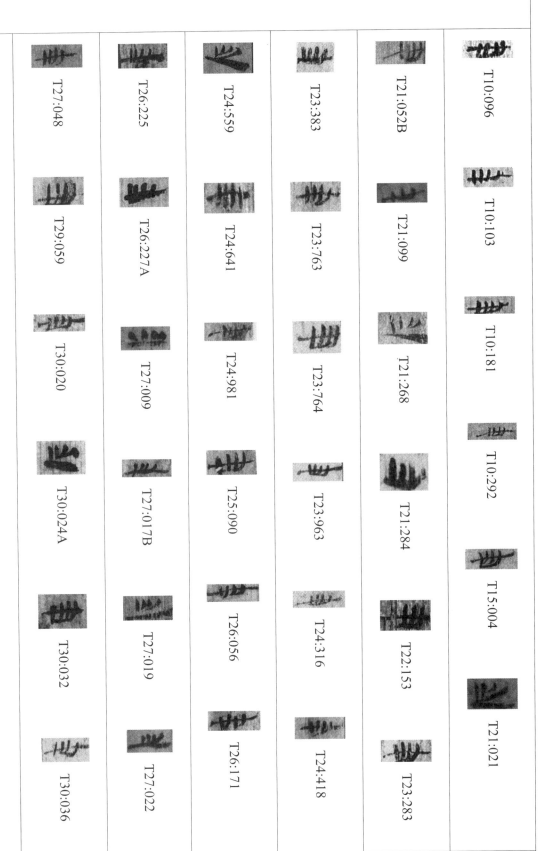

T30:106

T30:117

T30:124+96+123

T30:135

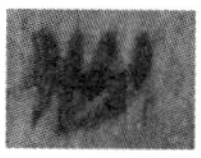
T30:257

T30:263

T31:078

T31:100

T31:106

T31:142

T31:145

T32:010

T33:083

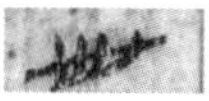
T34:007

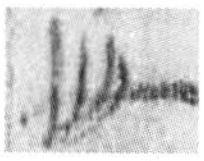
T37:019

T37:099

T37:266

T37:568

T37:669

T37:672

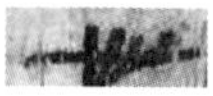
T37:756

T37:859

T37:986

T37:992

T37:1022

T37:1160

T37:1209

T37:1231

T37:1443

T37:1444

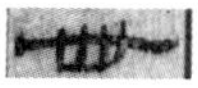
T37:1465

T37:1550

T37:1584

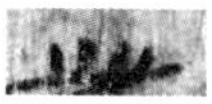
H02:017

F01:036

73EJF2:14

# 卌

0287

73EJF3:48+532+485

73EJF3:272

73EJF3:373

73EJD:11

73EJD:52

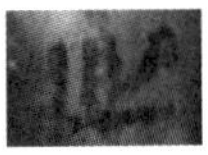
73EJD:53

73EJD:235

72EJC:20

72EJC:120

72EJC:236

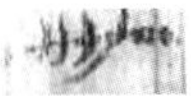
73EJC:352

73EJC:474

73EJC:546

73EJC:562

73EJC:610

73EJC:652

72EDAC:7

72EDAC:7

72EDAC:7

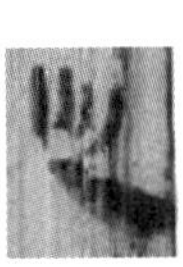
72EDIC:5

T01:162

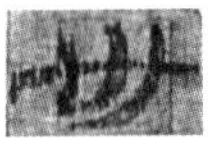
T02:040

T03:049

T03:050

T03:051

T03:095

T04:017

T04:057

T04:081

T04:098A

T04:111

T05:052

## 卅部 卅

T06:041A

T06:073A

T06:091

T06:130

T07:022A

T07:046
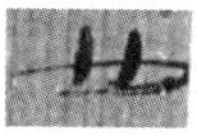
T07:071A

T07:164

T08:004
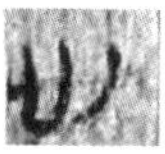
T08:007

T08:023

T08:035
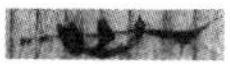
T08:051A
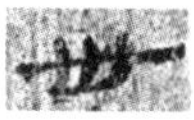
T08:057

T09:001

T09:016
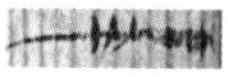
T09:087

T09:098

T09:237

T10:045

T10:067

T10:102

T10:117
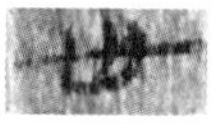
T10:122

T10:148

T10:156

T10:157

T10:159

T10:223

T10:276

T10:298

T10:306

T10:379

T11:001
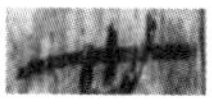
T11:009

T14:001

T14:019

T21:007

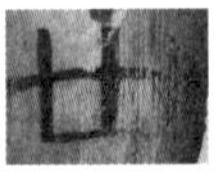
T21:134

T21:150

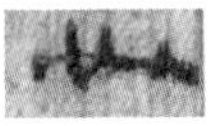
T21:187

T21:210A

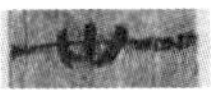
T21:217

T21:219

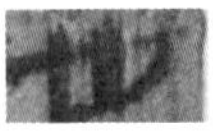
T21:285

T21:311

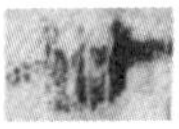
T21:350A

T21:389

T21:397

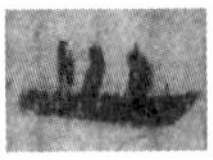
T21:407

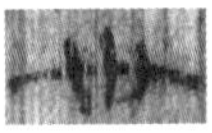
T21:468

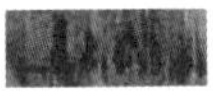
T21:468

T22:030

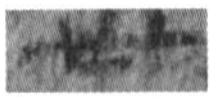
T22:124

T23:015A

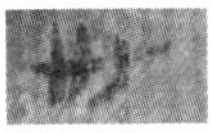
T23:133A

T23:160

T23:303

T23:334

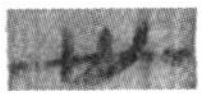
T23:538

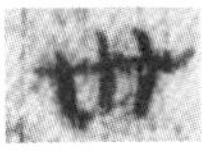
T23:657

T23:675

T23:775

T23:820

T23:926

T24:033

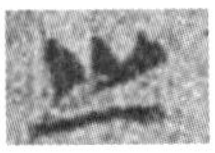
T24:046

T24:051

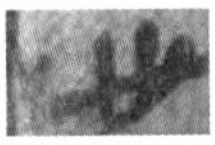
T24:068

T24:081

T24:102

T24:138

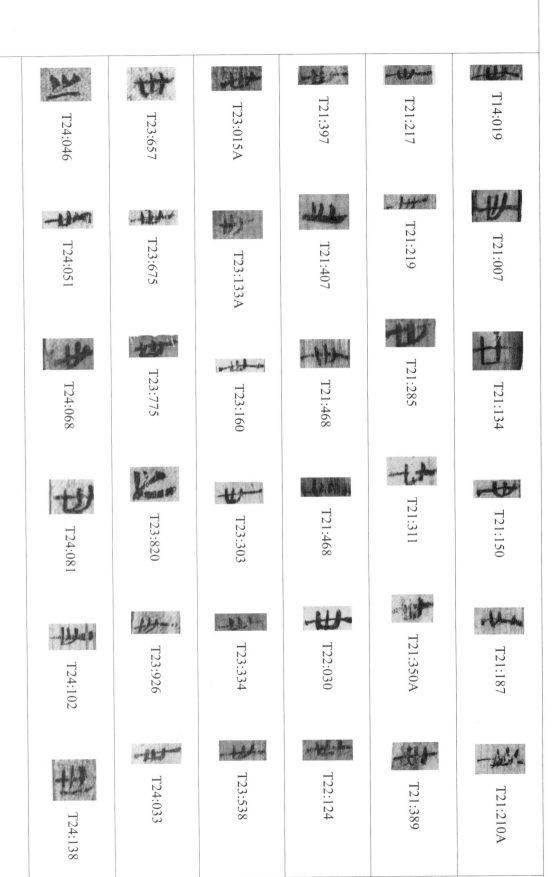

T24:205

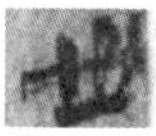
T24:206

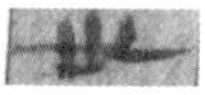
T24:235

T24:239

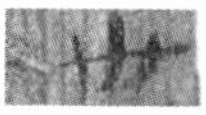
T24:262

T24:550

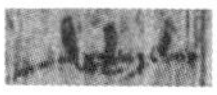
T24:724

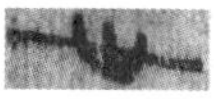
T24:805

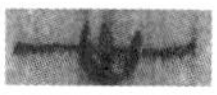
T24:919

T24:954

T24:968

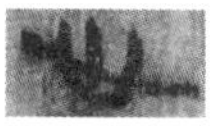
T24:972

T25:005

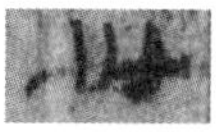
T25:048

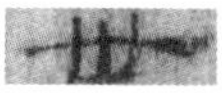
T25:049

T25:050

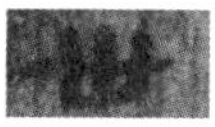
T25:079A

T25:109

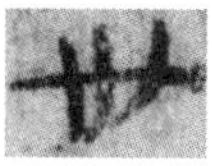
T25:171

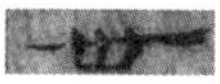
T26:034

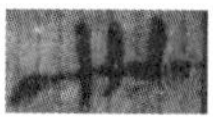
T26:305

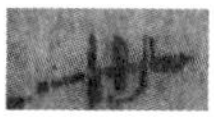
T27:048

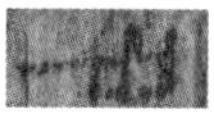
T27:057

T28:028

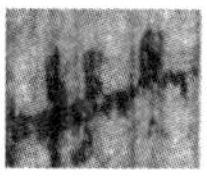
T28:101

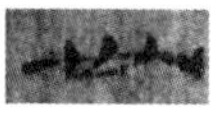
T29:100

T29:108

T30:008

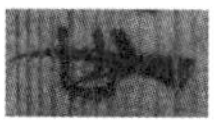
T30:009

T30:010

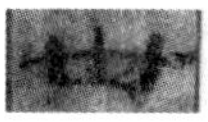
T30:013

T30:014

T30:025

T30:032

T30:066

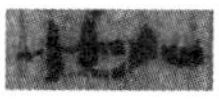
T30:103

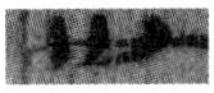
T30:103
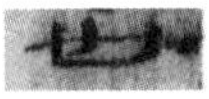
T30:118

T30:121

T30:122A
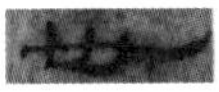
T30:136
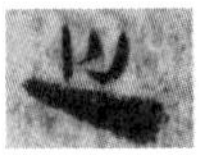
T30:137

T30:160

T30:168
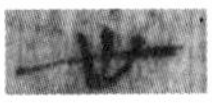
T30:184

T30:263
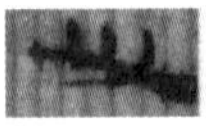
T30:265
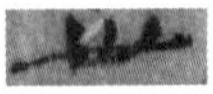
T31:026

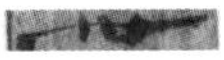
T31:028
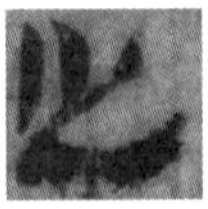
T31:031
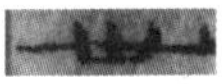
T31:070

T31:084
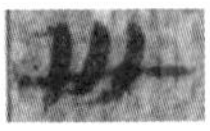
T31:090

T31:146

T32:015
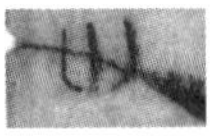
T32:074

T32:075

T34:008

T37:025
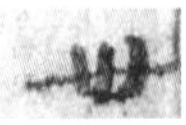
T37:033

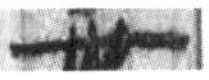
T37:076
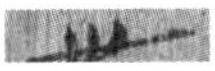
T37:079

T37:106
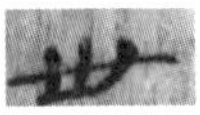
T37:107
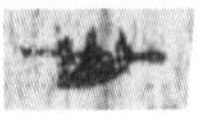
T37:110

T37:125

T37:175
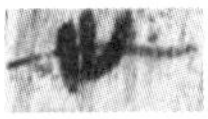
T37:267

T37:347

T37:379

T37:408

T37:456

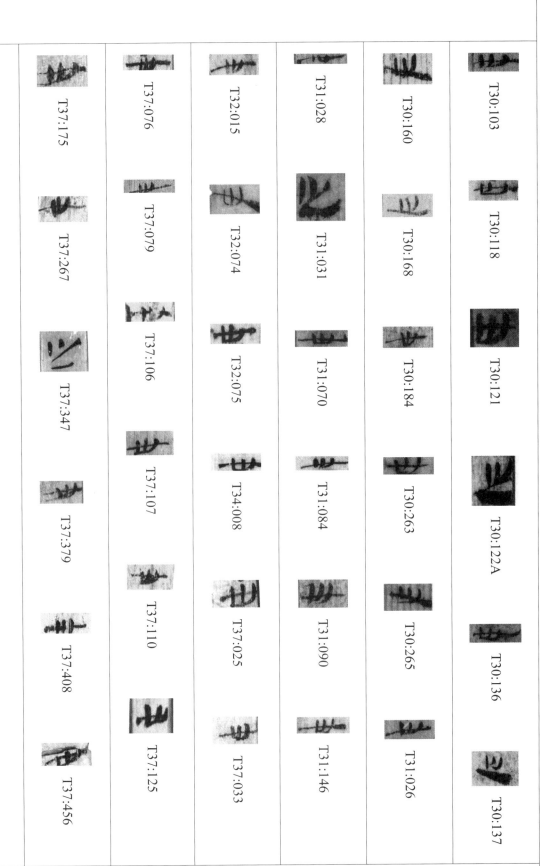

T37:482

T37:525

T37:529

T37:529

T37:551
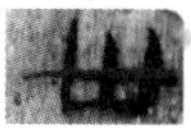
T37:638

T37:670

T37:675

T37:695

T37:711

T37:713

T37:724
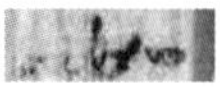
T37:730
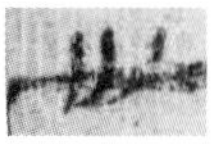
T37:741

T37:748

T37:759

T37:764

T37:847

T37:855

T37:870

T37:909
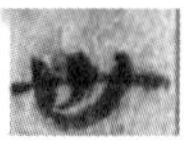
T37:937

T37:982

T37:983

T37:984

T37:987

T37:988

T37:993

T37:997

T37:1004

T37:1006

T37:1027

T37:1063
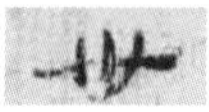
T37:1063

T37:1067A

T37:1077

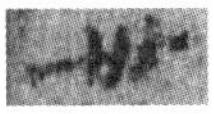
T37:1078

T37:1101

T37:1105

T37:1106

T37:1110
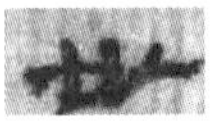
T37:1137

T37:1154

T37:1157

T37:1220

T37:1286

T37:1318

T37:1324

T37:1381

T37:1382
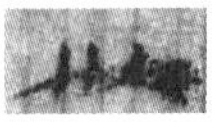
T37:1390
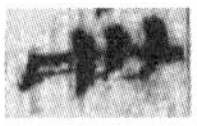
T37:1392
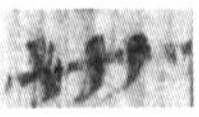
T37:1415
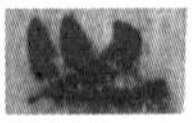
T37:1450

T37:1493

T37:1506

H01:012B
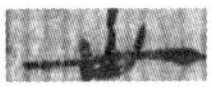
H02:002
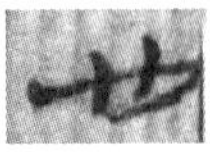
H02:006

H02:014

H02:014

H02:020

H02:039

H02:041
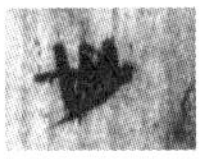
F01:026
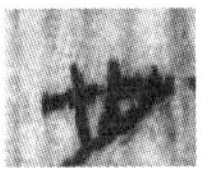
F01:026

F01:076

73EJF3:49+581

73EJF3:57A
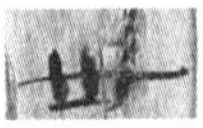
73EJF3:89

73EJF3:91

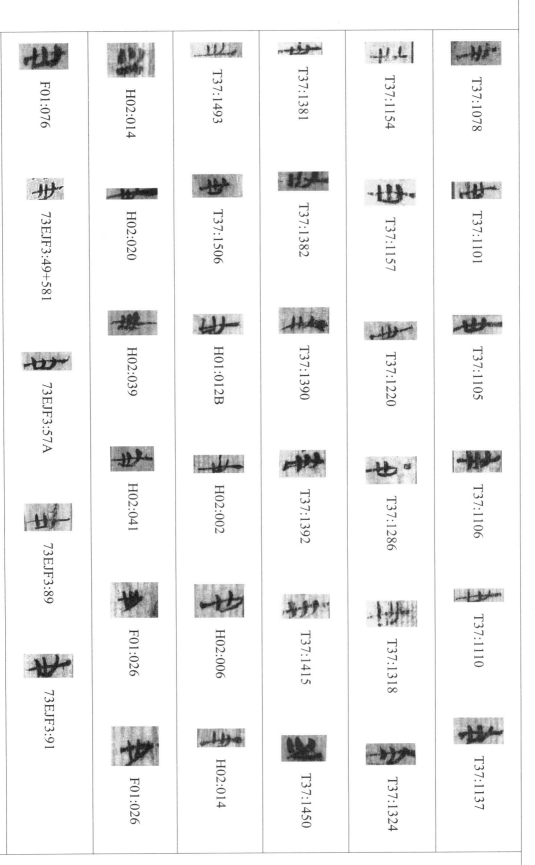

73EJF3:117A

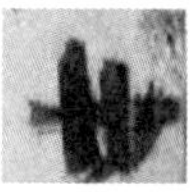
73EJF3:120A

73EJF3:290+121

73EJF3:122

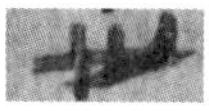
73EJF3:137

73EJF3:276

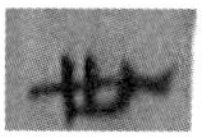
73EJF3:278

73EJF3:321

73EJF3:369

73EJF3:423

73EJF3:487

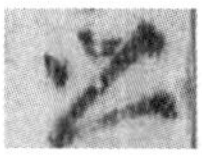
73EJF3:530

73EJF3:589

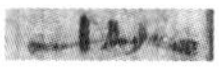
73EJF3:615

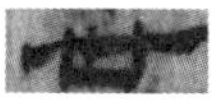
73EJD:8A

73EJD:23

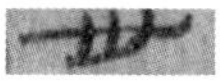
73EJD:27

73EJD:37A

73EJD:38

73EJD:90

73EJD:191

73EJD:233

73EJD:287

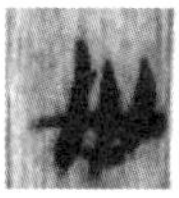
73EJD:330

72EJC:5

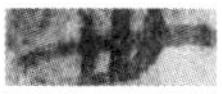
72EJC:14

72EJC:18

72EJC:19

72EJC:51

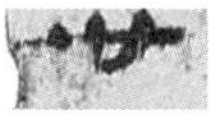
72EJC:55

# 世

世

0288

72EJC:95

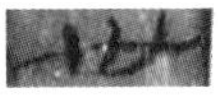
72EJC:114

72EJC:191

72EJC:238

72EJC:287

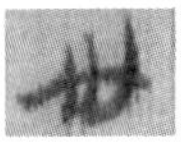
73EJC:294

73EJC:297

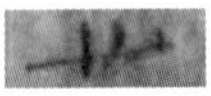
73EJC:336

73EJC:439

73EJC:453

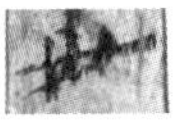
73EJC:588

73EJC:643

72EDAC:7

72EDAC:7

72EDAC:7

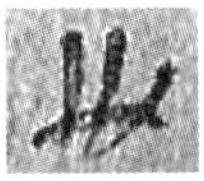
72ECC:1+2B

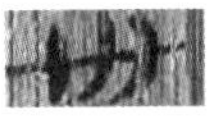
72EDIC:1

T01:007

T01:037

T01:128

T01:150

T02:104

T03:109

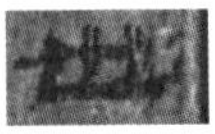
T03:114

T04:053

T04:089

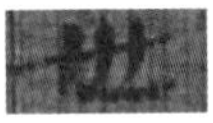
T04:110A

T05:068B

T05:072

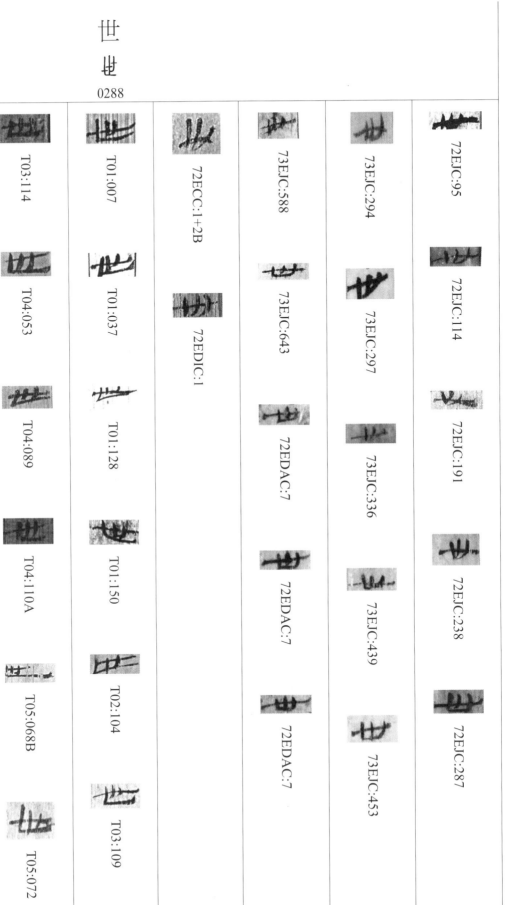

卉部 世

T05:076

T05:112

T06:028

T06:056

T09:069

T09:104

T09:104

T09:104

T10:163B

T10:226B

T10:313A

T10:315A

T21:049

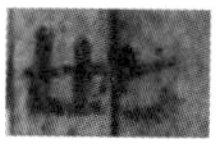
T21:064

T21:194

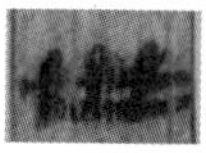
T21:307

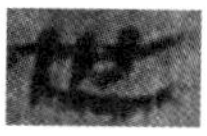
T22:005

T22:082

T23:055

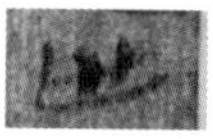
T23:151

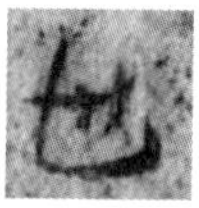
T23:523A

T23:528

T23:764

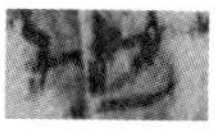
T23:764

T23:797B

T23:797B

T23:826

T23:929

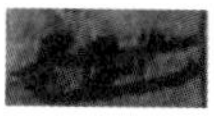
T24:023A

T24:051

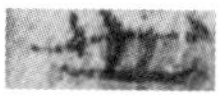
T24:144

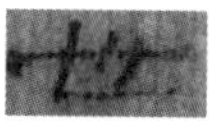
T24:267A

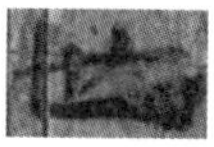
T24:964

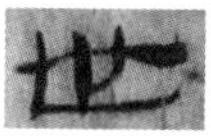
T25:090

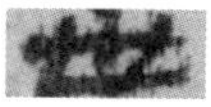
T26:177

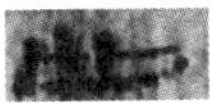
T26:184
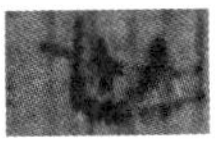
T27:013

T28:043

T30:017

T30:074
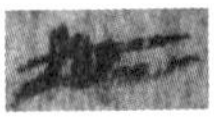
T30:085
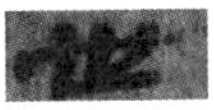
T30:088
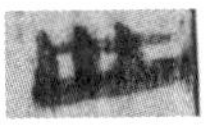
T30:131
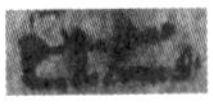
T30:185
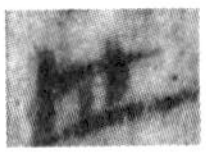
T30:254
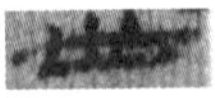
T31:066
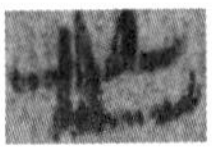
T31:066

T32:074

T33:014

T34:006A

T34:006A

T34:006A

T37:266

T37:519A
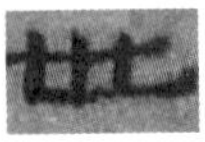
T37:522A

T37:524
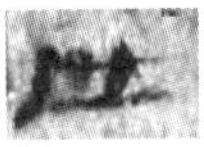
T37:524

T37:531
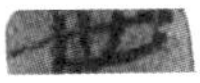
T37:746

T37:827

T37:872

T37:1039A

T37:1057A

T37:1076A

T37:1188

T37:1317

T37:1390

H01:003A

H01:025

H01:052

# 言 

0289

H02:017

73EJF2:44

73EJF3:354

73EJF3:372

73EJD:36A

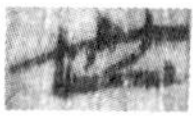
73EJD:262A

73EJC:424

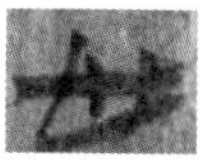
73EJC:464

73EJC:522

73EJC:608

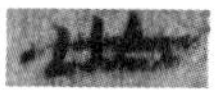
72EBS7C:1A

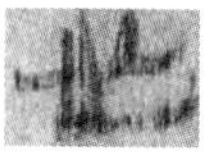
72EBS7C:1A

T01:001

T01:029

T01:126

T01:166

T02:082B

T02:083

T03:001

T03:004

T03:006

T03:012

T03:055

T03:055

T03:055

T03:082

T03:104

T03:114

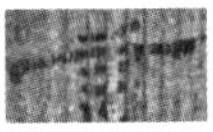
T03:114

T04:021

T04:028

T04:041A

T04:041A

T04:044B

T04:068

T04:168

T05:005

T05:007

T05:007

T05:059

T06:038A

T06:151

T06:183

T07:021

T07:069

T07:117

T07:141

T07:146

T07:159

T08:053A

T08:078

T09:012A

T09:035

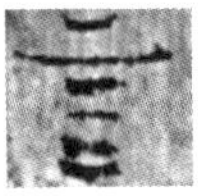
T09:044

T09:052A

T09:059B

T09:062A

T09:065

T09:092A

T09:092A

T09:104
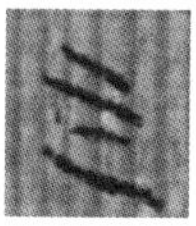
T09:104

T09:138

T09:139

T09:250

T09:251
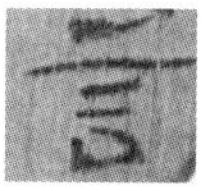
T09:319A
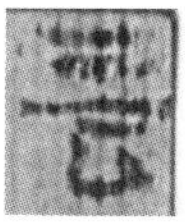
T10:040A

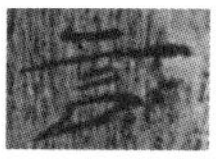
T10:120A
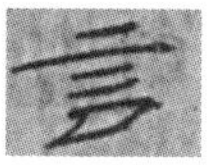
T10:120A

T10:120A
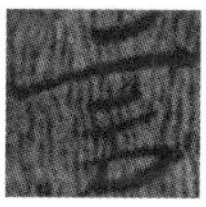
T10:120A

T10:120A

T10:121A

T10:125

T10:155

T10:206
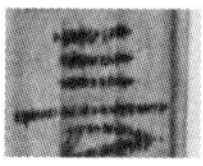
T10:212

T10:212

T10:212

T10:214
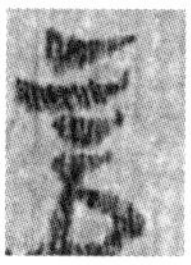
T10:214
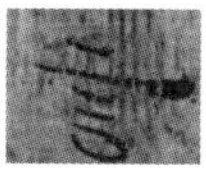
T10:216

T10:221A
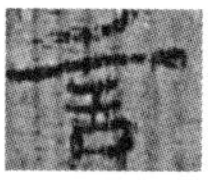
T10:222

T10:228

T10:285

T10:311

T10:311

T10:312A

T10:312A

T10:312A

T10:313A

T10:313A

T10:315A

T10:315A

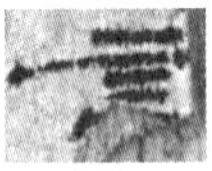
T10:350

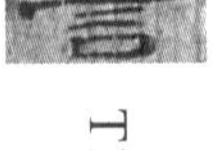
T10:404

T11:001

T11:001

T11:010

T14:032

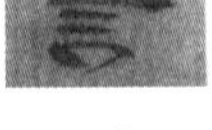
T14:042

T21:031

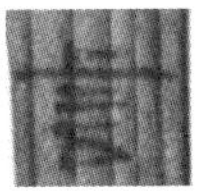
T21:039

T21:047

T21:059

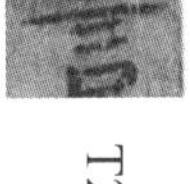
T21:060A

T21:060A

T21:089A

T21:108

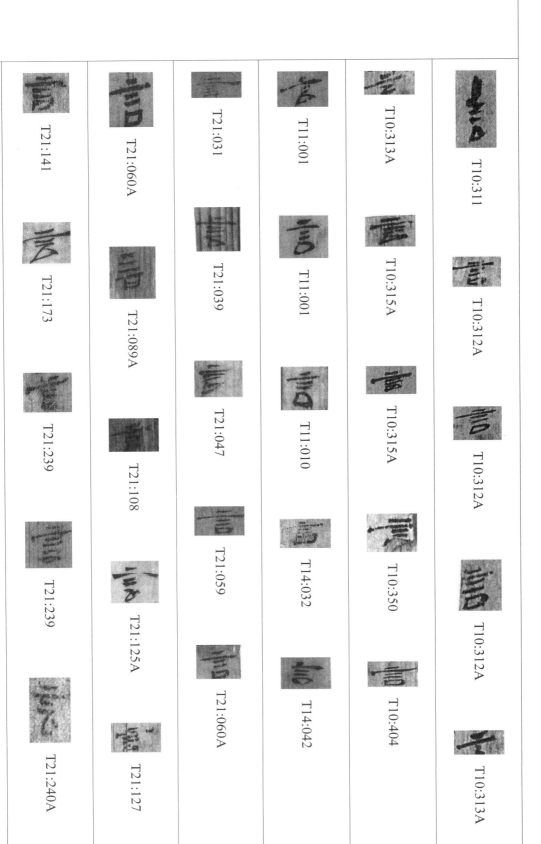

T21:125A

T21:127

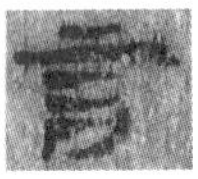
T21:141

T21:173

T21:239

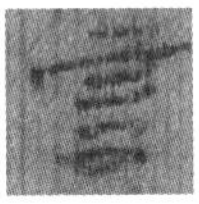
T21:239

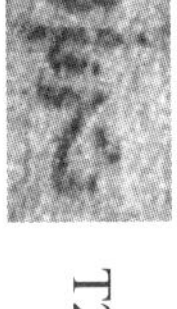
T21:240A

T21:249A

T21:297

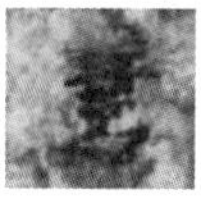
T21:392

T21:442

T22:011A

T23:019B

T23:061

T23:090

T23:162

T23:229A

T23:258

T23:260

T23:275

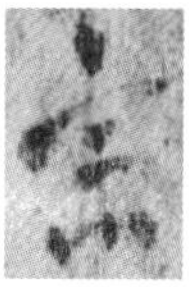
T23:282A

T23:295

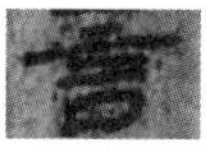
T23:298

T23:301

T23:335

T23:350

T23:359A

T23:364B

T23:405

T23:410

T23:410

T23:497

T23:573

T23:573

T23:637B

T23:677

T23:683

T23:705

T23:737
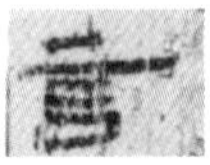
T23:771

T23:784

T23:786

T23:788A

T23:797B

T23:855A

T23:855A

T23:866A

T23:897A

T23:897A
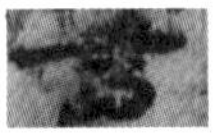
T23:929

T23:978

T24:011

T24:015A

T24:015A

T24:018

T24:023A

T24:023A

T24:024A

T24:025
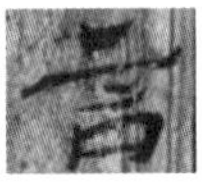
T24:031A

T24:031A

T24:040

T24:059

T24:065A

T24:073B
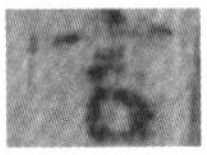
T24:078

T24:112A

T24:132

T24:191

T24:198

T24:236

T24:245
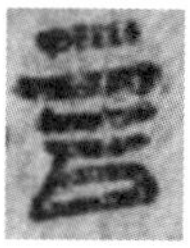
T24:250
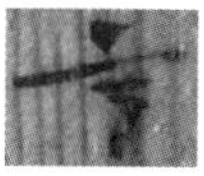
T24:262

T24:266A

T24:334A

T24:345A

T24:396

T24:464

T24:516B

T24:527

T24:532A

T24:532A

T24:555

T24:567

T24:577

T24:718
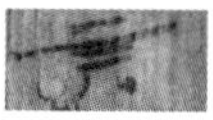
T24:820

T24:833
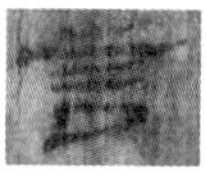
T24:949

T24:961

T25:006

T25:007A

T25:013

T25:030

T25:057

T25:074

T25:087

T26:012

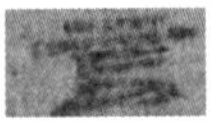
T26:042

T26:068

T26:084B

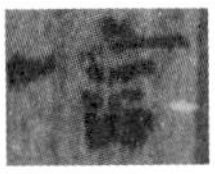
T26:086

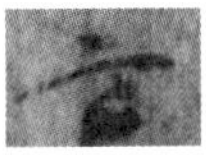
T26:087

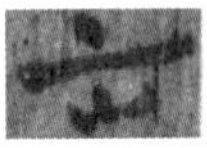
T26:165

T26:197

T26:236

T26:236

T27:008

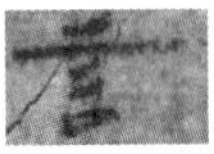
T27:074

T27:084

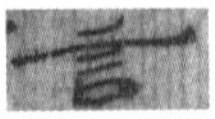
T27:096

T28:008A

T28:016

T28:016

T28:039

T28:044

T28:044

T28:092

T28:113

T29:008

T29:015A

T29:028A

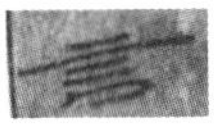
T29:030

T29:093

T29:115A

T29:116

**言部** 言

T29:125B

T30:011

T30:016

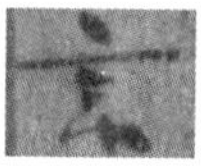
T30:017

T30:021A

T30:026

T30:026

T30:028A

T30:028A

T30:034A

T30:041

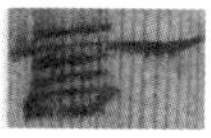
T30:048

T30:059A

T30:059A

T30:064

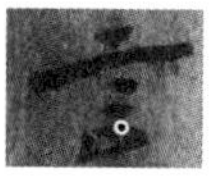
T30:081A

T30:087

T30:102

T30:209

T30:210A

T30:210A

T30:234

T30:240

T30:243A

T30:244

T31:005

T31:022

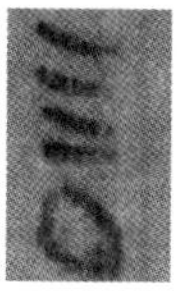
T31:034A

T31:034A

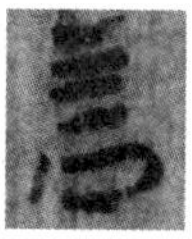
T31:035

T31:065

T31:066

T31:066

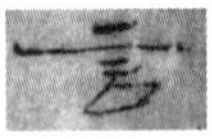
T31:069

T31:083

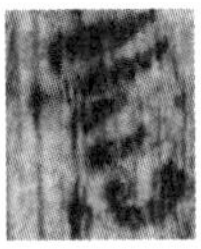
T31:095

T31:105

T31:111

T31:120

T31:149

T31:168

T32:006

T32:022

T32:046

T33:039

T33:039

T33:039

T33:040A

T33:040A

T33:040A

T33:041A

T33:056A

T33:072

T34:006A

T34:006A

T34:027

T37:001

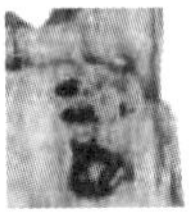
T37:018

T37:052

T37:052

T37:055

T37:055

T37:059

T37:086

T37:151

T37:151

T37:152

T37:162

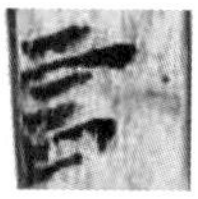
T37:446

T37:471

T37:519A

T37:519A

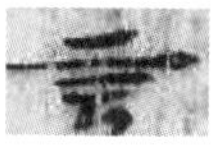
T37:521

T37:521

T37:521

T37:522A

T37:523A

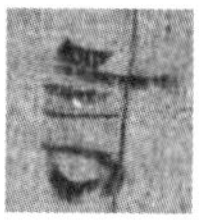
T37:523A

T37:524

T37:524

T37:524

T37:526

T37:527

T37:527

T37:527

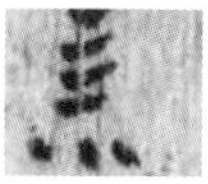
T37:529

T37:529

T37:529

T37:530

T37:530

T37:530

T37:531

T37:531

T37:542A

T37:617

T37:640

T37:684

T37:692

T37:692

T37:708B

T37:708B

T37:721

T37:732

T37:770A

T37:774

T37:780

T37:780

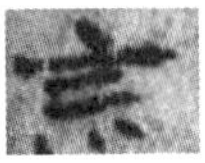
T37:780

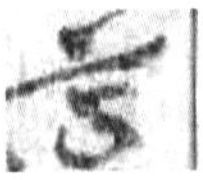
T37:784A

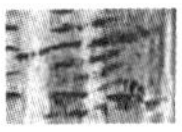
T37:799A

T37:799A

T37:806+816

T37:806+816

T37:871

T37:871

T37:876A

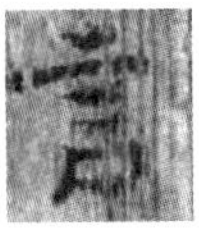
T37:974

T37:975

T37:1014

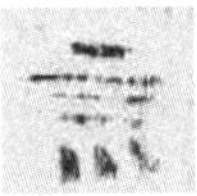
T37:1063

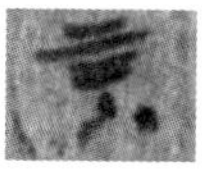
T37:1067A

T37:1075A

T37:1075A

T37:1076A

T37:1076A

T37:1076A

T37:1076A

T37:1100

T37:1100

T37:1133

T37:1149

T37:1149

T37:1170

T37:1184

T37:1189

T37:1191A

T37:1200A

T37:1203A

T37:1203A

T37:1252

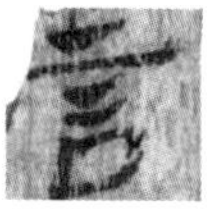
T37:1274

T37:1386

T37:1451A

T37:1453

T37:1473

T37:1481

T37:1491

T37:1491

T37:1498

T37:1499A

T37:1499A

T37:1537A

T37:1537A

H01:003A

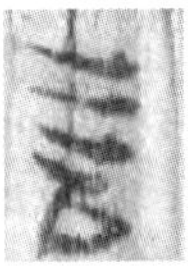
H01:014

H02:028

H02:042

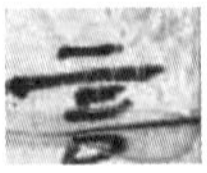
H02:048A

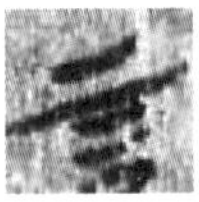
H02:048B

H02:050

H02:056B

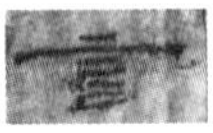
H02:056B

H02:082

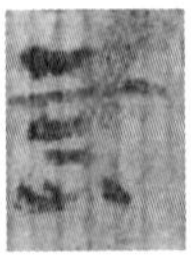
H02:083

F01:001

F01:004

F01:010

F01:012

F01:025

F01:025

F01:076

F01:084A

F01:117

F01:118A

73EJF3:43

73EJF3:50+533

73EJF3:60

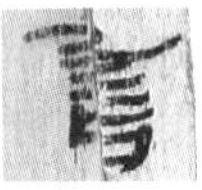
73EJF3:67

73EJF3:119A

73EJF3:127B

73EJF3:183A

73EJF3:254

73EJF3:261

73EJF3:295A

73EJF3:295A

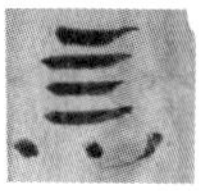
73EJF3:313

73EJF3:315A

73EJF3:336+324

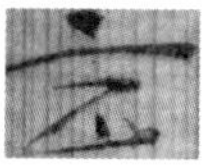
73EJF3:325

73EJF3:328A

73EJF3:328A

73EJF3:329A

73EJF3:329A

73EJF3:335

73EJF3:335

73EJF3:390

73EJF3:392A

73EJF3:510A

73EJF3:518+517

73EJF3:528

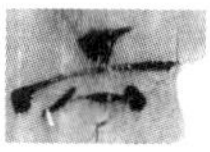
73EJF3:635

73EJD:6

73EJD:19A

73EJD:26A

73EJD:28A

73EJD:37A

73EJD:37A

73EJD:42

73EJD:44

73EJD:45

73EJD:45

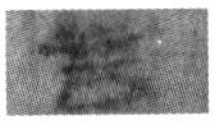
73EJD:63

73EJD:68

73EJD:200+175

73EJD:222

73EJD:284A

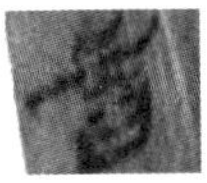
73EJD:288

73EJD:307B

72EJC:7

72EJC:8

72EJC:15A

72EJC:94

72EJC:131

72EJC:140

72EJC:142
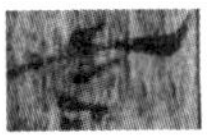
72EJC:288

73EJC:293

73EJC:295

73EJC:300

73EJC:341

73EJC:354A

73EJC:356

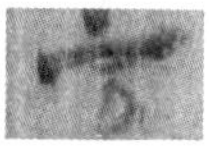
73EJC:445A

73EJC:494

73EJC:509A

73EJC:529A

73EJC:551

73EJC:555A

73EJC:603

73EJC:603

73EJC:607

73EJC:653

73EJC:653

73EJC:656

73EJC:664

73EJC:665

72ECC:1+2A

72ECC:18

72EBS7C:1A

72EBS7C:1A

## 語

0290

T06:187

T22:051

談

0291

T37:858

謂

0292

T04:102

T05:076

T06:076

T06:185

T08:008

T10:032

T10:207

T21:042A

T21:043A

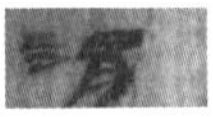
T21:047

T21:103

T22:021A

T22:114

T23:019A

T23:185

T23:290

T23:353

T23:495A

T23:520

T23:620

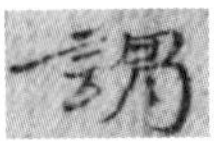
T23:621

T23:668

T23:953

T24:149

T24:188

T24:267A

T24:269A

T24:397
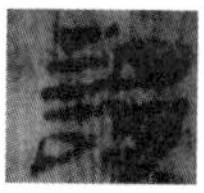
T24:816

T27:050

T28:013B

T28:054

T29:041

T30:026

T30:204

T35:003

T37:706

T37:782

T37:788A

T37:962A

T37:1013

T37:1134

T37:1233A

T37:1401

T37:1500

T37:1519

H01:046
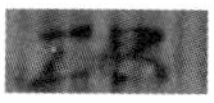
H02:012

F01:015

73EJF2:46A

73EJF3:153

73EJF3:167

73EJF3:508

73EJD:40A

73EJD:64

# 請

0293

73EJD:105

72EJC:2A

72EJC:39

72EJC:58

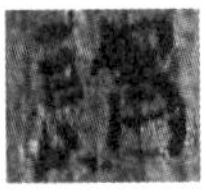
73EJC:296

T01:001

T01:002

T05:007

T05:013

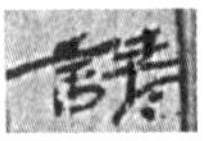
T05:095B

T07:180A

T09:061A

T09:061B

T09:061B

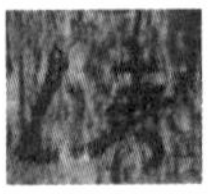
T10:221B

T10:327A

T10:399

T14:037

T15:001B

T21:174

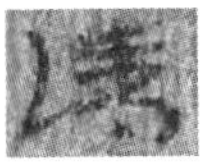
T23:019A

T23:279A

T23:359A

T23:589

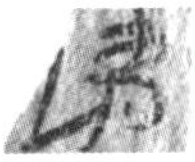
T23:683

T23:918A

T23:976A

T23:980

T23:994B

T24:058A

T24:104

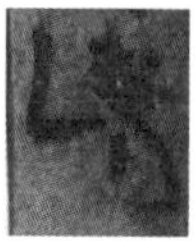
T24:190B

T24:193

T24:201A

T24:512A

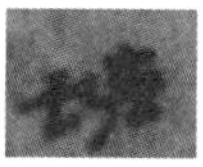
T28:107

T29:065A

T29:105B

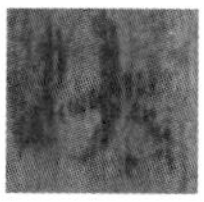
T29:114A

T29:125B

T30:028A

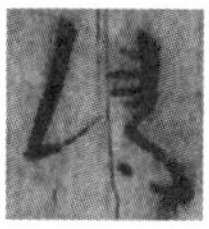
T30:028A

T30:109

T30:116A

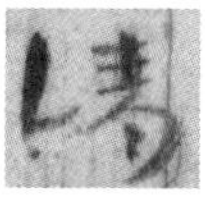
T31:051A

T31:077

T33:062

T37:560

T37:617

T37:659A

T37:754

T37:1064

H01:080A

H02:043A

H02:056A

H02:056B

73EJF3:89

73EJF3:518+517

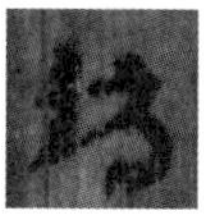
73EJD:39B

# 謁

0294

73EJD:89A

73EJD:209

73EJD:265A

72EJC:261A

72EJC:288

73EJC:599A

72ECC:14A

T01:029

T01:119

T03:055

T04:142

T06:038A

T06:081A

T06:192

T07:159

T08:021

T08:053A

T09:012A

T09:030

T09:092A

T09:104

T09:231

T09:231

T09:251

T10:133

T10:134

T10:215A

言部 謁

T10:222

T10:228

T10:232A

T10:239A

T10:253

T10:311

T10:312A

T10:313A

T10:315A

T21:056

T21:064

T21:286A

T23:177A

T23:214

T23:229A
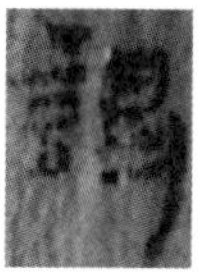
T23:295

T23:897A

T23:930A

T24:023A

T24:035A

T24:078

T24:134

T24:304

T24:427A

T24:431

T24:532A

T24:555

T24:567

T24:720
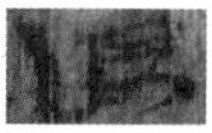
T25:015A

T25:108

T25:123

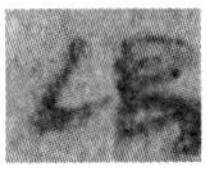
T26:042

T26:087

T26:199

T26:210

T29:028A

T29:116

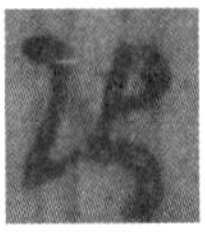
T30:011

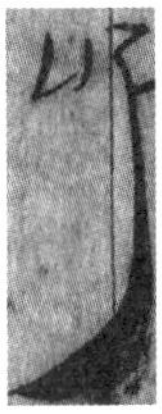
T30:028A

T30:180

T31:066

T33:039

T34:006A

T37:004

T37:052

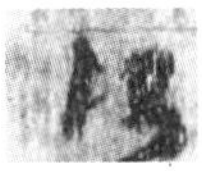
T37:162

T37:521

T37:523A

T37:524

T37:526

T37:527

T37:529

T37:530

T37:680

T37:770A

T37:780

T37:792

T37:878A

T37:916

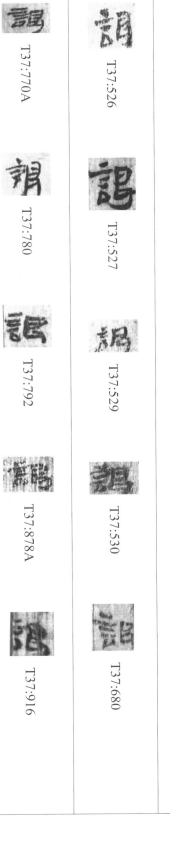

T37:975

T37:1076A

T37:1100

T37:1172

T37:1203A

T37:1453

T37:1462

T37:1491

H01:014

H02:005A

F01:025

F01:027

F01:076

73EJF3:43

73EJF3:175+219+583+196+407

73EJF3:293

73EJD:45

73EJD:307B

72EJC:15A

72EJC:142

73EJC:316A

73EJC:529A

72EBS7C:1A

## 許

0295

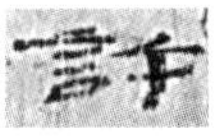
T05:052

T09:035

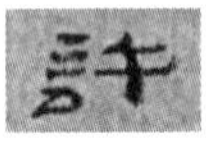
T10:287

T10:299

T21:161

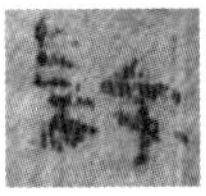
T22:093

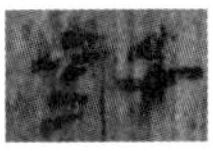
T23:360B

T23:657

T23:788B

T23:883

T27:048

T37:644

T37:987

T37:1375A

73EJF3:98

73EJF3:116B

73EJF3:167

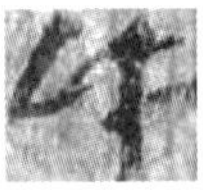
73EJF3:197+174B

73EJF3:329B

73EJD:71A

73EJD:310A

72EJC:32

73EJC:613

## 諾

0296

T37:1139

73EJF3:164

## 讎 0297

T21:300

T24:765

73EJC:441

## 諸 0298

T23:301

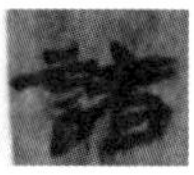
T23:304

T23:359A

T23:619

T23:623

T23:878

T24:484

T27:101

T30:134

T30:202

T31:042A

73EJF3:433+274

73EJD:144

73EJD:266A

72EJC:17

73EJC:599A

## 詩 0299

T31:102A

諷 0300

T37:1129

誨 0301

72ECNC:1A

謀 0302

73EJD:258B

論 0303

T03:053

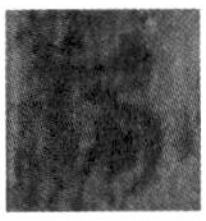
T03:055

T03:105

T10:372

T23:362

T31:005

T34:006A

T37:526

T37:529

H01:003A

73EJC:448A

## 議 0304

T01:019

T06:024

T23:301

73EJC:291

## 詳 0305

T27:101

73EJF3:430B+263B

## 識 0306

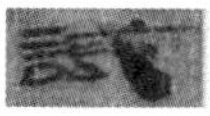
T21:059

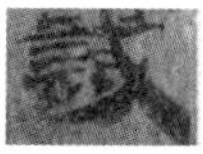
T24:844

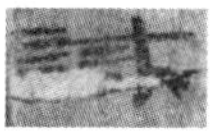
T24:845

T24:845

T37:053

H01:029

73EJD:154A

## 訊 0307

T09:096A

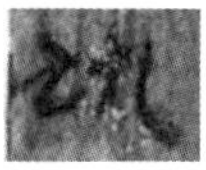
T23:405

## 謹 0308

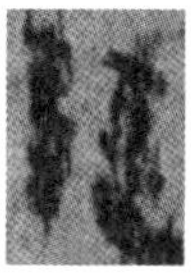
T01:002

T02:083

T03:055

T04:041A

T04:108B

T04:110A

T05:013

T06:038A

T06:173

T08:056

T09:035

T09:061A

T09:068A
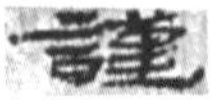
T09:092A

T09:139
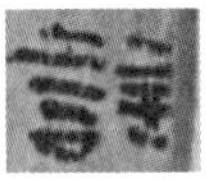
T09:251

T10:107

T10:120A

T10:120A

T10:221A

T10:229A

T10:236A

T10:312A

T10:313A

T10:315A

T15:001A
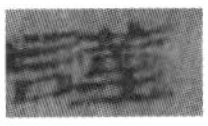
T21:059

T21:064

T21:073A

T21:108

T21:127
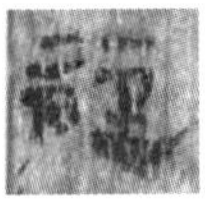
T21:141

T21:175A

T22:017

T22:038A

T23:090

T23:207B
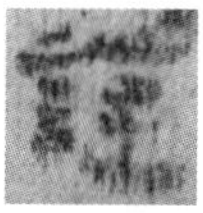
T23:265B
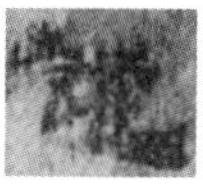
T23:335

T23:345

T23:410

T23:432

T23:782A

T23:855A

T23:875

T23:897A

T23:994B

T24:024A
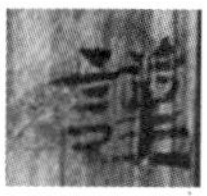
T24:031A

T24:065A

T24:065A

T24:073A
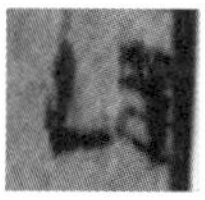
T24:078

T24:193

T24:201A

T24:345A

T24:464

T24:803
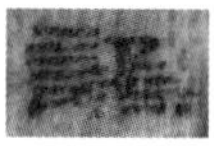
T24:949

T24:961

T25:015A

T25:053

T25:057
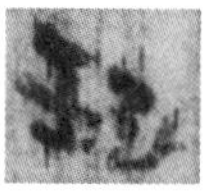
T25:060

T26:025

T28:044

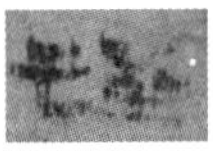
T29:065A

T29:068

T29:114A

T29:114B

T29:129

T30:021A

T30:028A

T30:059A

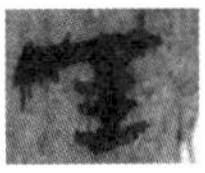
T30:234

T30:243A

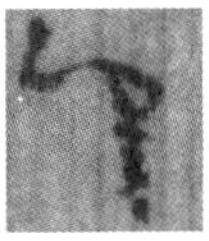
T31:034A

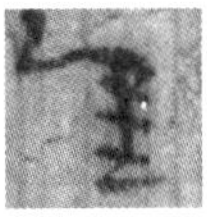
T31:034A

T31:161

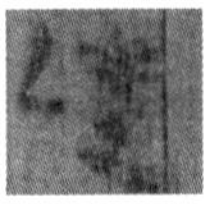
T32:045A

T33:010

T33:039

T33:040A

T37:001

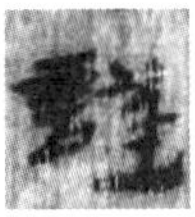
T37:151

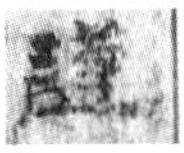
T37:152

T37:354

T37:400A

T37:401B

T37:521

T37:524

T37:527

T37:531

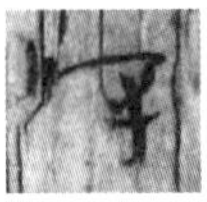
T37:583A

T37:692

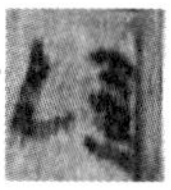
T37:733

T37:774

T37:784A

T37:932A

T37:968A

T37:1014

T37:1073

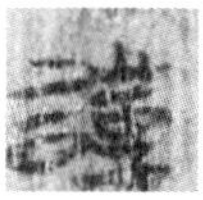
T37:1075A

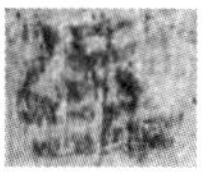
T37:1075A

T37:1076A

T37:1133

T37:1410

T37:1451A

T37:1471A

T37:1491

T37:1537A

H02:042

F01:025

F01:117

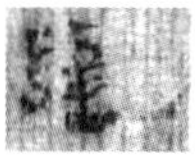
73EJF2:41

73EJF3:175+219+583+196+407

73EJF3:183B

73EJF3:433+274

73EJF3:328A

73EJF3:566

73EJD:2

73EJD:37A

73EJD:45

73EJD:49A

73EJD:55B

73EJD:126

73EJD:284B

73EJD:358

72EJC:8

72EJC:140

72EJC:272A

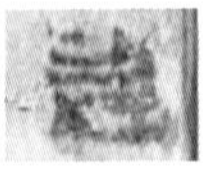
73EJC:451

73EJC:529A

73EJC:603

73EJC:619A

73EJC:653

73EJC:665

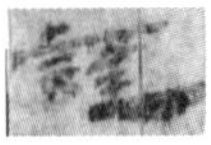
72ECC:73

## 信

0309

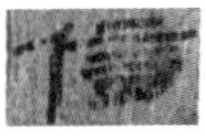
T03:035

T03:114

T07:096

T09:232A

T10:154A

T21:011

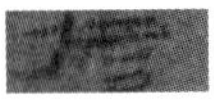
T21:021

T21:101

T23:896A

T29:029

T29:030

T29:054

T29:135

T30:159

T30:160

T37:011

T37:1397A

T37:1582

73EJF3:140

73EJD:206

## 誠

0310

T21:153

T21:153

T23:014

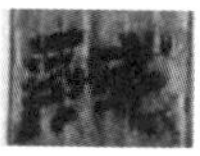
T24:415

T25:055

T26:072

T26:115

T27:033

T29:135

T37:726

H02:014

73EJF3:51

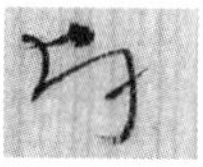
73EJF3:440

## 誠

0311

T24:731

# 詔

0312

T01:001

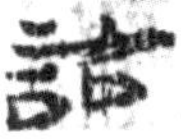
T01:126

T05:007

T06:044A

T10:088

T22:020

T23:244

T23:620

T23:620

T24:009A

T24:040

T24:154

T24:231

T24:312

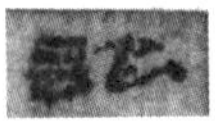
T24:705

T24:705

T26:065

T30:068

T31:064

T31:142

T37:035

T37:526

T37:770A

T37:1064

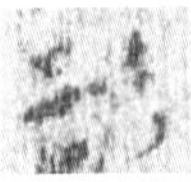
T37:1070

F01:001

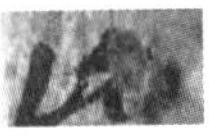
F01:013

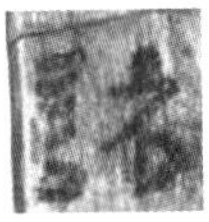
F01:015

73EJF3:157

73EJF3:184A

73EJC:590

言部　課　試　訴　說　計

## 0313 課

T09:301

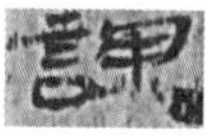
T10:127

T30:194

73EJF3:152

73EJD:157

73EJD:260A

72EJC:140

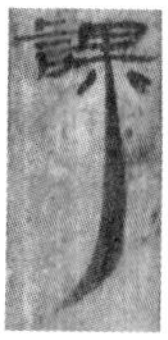
72EDAC:2

## 0314 試

T01:001

73EJF3:225

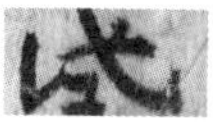
72EBS7C:2A

## 0315 訴

T10:343A

T37:1452

## 0316 說

T31:086

72EJC:180

72EJC:180

## 0317 計

T01:085A

T04:099

T06:118A

T10:210A

T14:010

T23:279A

T23:279A

T23:279A

T23:526

T23:928

T23:928

T24:263

T26:088A
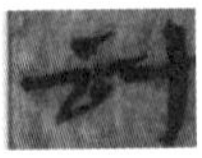
T30:026

T37:522A

F01:002

F01:002

73EJT4H:3A

73EJD:11

73EJD:137

73EJD:229

## 調

0318

T06:160

T10:227

T10:343A

T21:213
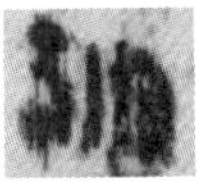
T21:306

T22:026
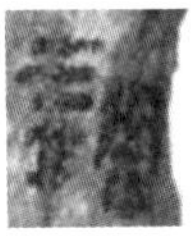
T23:124

T24:532A
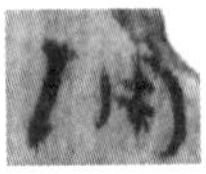
T32:020

T37:520A

T37:520A

T37:740A

F01:002

F01:004

F01:117

73EJF3:249

72EJC:155A

72EJC:255

73EJC:497

## 警

0319

73EJF3:161

## 誼

0320

T03:001

T03:001

T06:190

T07:006

T07:140

T09:065

T09:204

T10:413

T21:059

T21:059

T21:100

T23:015B

T23:454

T24:108

T24:154

T24:623

T24:795

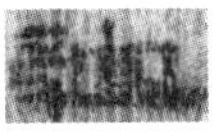
T24:852

T26:199

T37:028A

T37:097

T37:226

T37:527

T37:748

T37:795

T37:932A

T37:1436

73EJF2:22

73EJF3:415+33

73EJF3:47

73EJF3:82B

73EJF3:157

73EJF3:321

72EJC:91

72EJC:125+134

72EJC:125+134

## 詡

0321

T03:065

T23:178

T23:295

T23:408

T23:426

T23:744

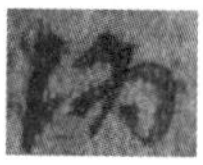
T23:917A

T24:146

T24:150

T24:611

T37:808

T37:989

T37:1020A

T37:1152

T37:1327

73EJF3:6

73EJF3:26

73EJF3:36

73EJF3:95

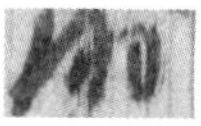
73EJF3:165

73EJF3:172

73EJF3:184A

73EJF3:370

73EJF3:382A

73EJD:22

73EJC:506

72EBS7C:2B

## 護

0322

T01:068

T01:144

T02:017

T03:052

T04:102

T08:098

T09:123

T10:077

T10:081

T10:147

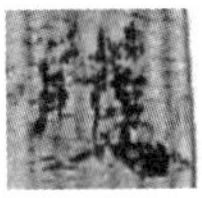
T10:222

T21:131A

T21:131A

T21:176

T23:405

T23:642

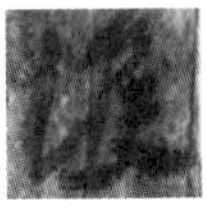
T23:789A

T24:024A

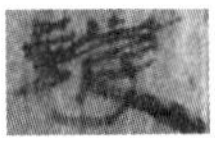
T24:269A

T24:401

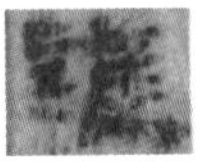
T29:092

T30:139

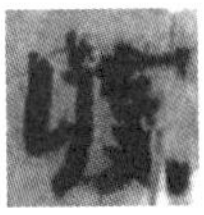
T30:234

T31:066

T32:019

T32:046

T37:007

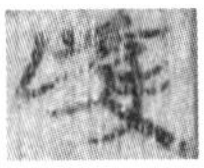
T37:352

T37:704

T37:709

T37:749A

T37:759

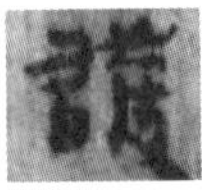
T37:857A

T37:984

T37:1065A

T37:1085

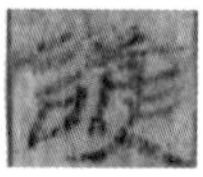
T37:1222

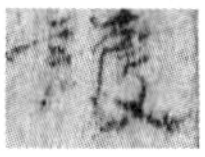
T37:1406

T37:1460

T37:1462

T37:1473

73EJF3:28

73EJF3:96

73EJF3:102

73EJF3:118A

73EJF3:170

73EJF3:189+421

73EJF3:270

73EJF3:330

73EJF3:365

73EJF3:394

73EJF3:534+521

73EJD:42

73EJD:42

73EJD:70

72EJC:121

73EJC:609

72EBS7C:1A

## 託
0323

T27:106

## 記
0324

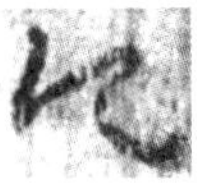
T01:085A

T04:083

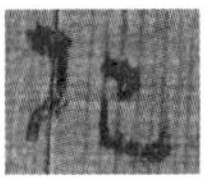
T04:110A

T04:181

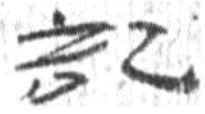
T07:121

T09:013

T10:404

T21:026

T21:162B

T21:406

T21:413

T22:094

T22:121

T23:019B

T23:177A

T23:328

T23:359A

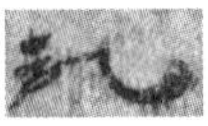
T23:364B

T23:365A

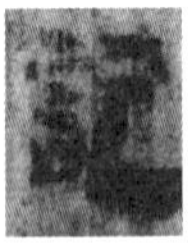
T23:388

T23:502A

T23:604

T23:731A

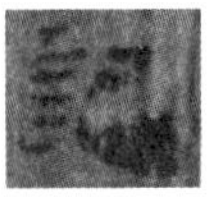
T23:874

T23:896A

T23:947A

T24:077

T24:093A

T24:118

T24:247A

T24:339B

T24:507B

T24:513B

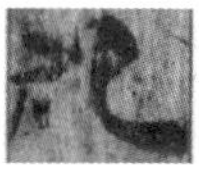
T24:979

T26:173

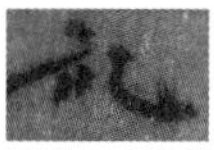
T27:049

T30:046

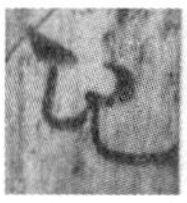
T30:079

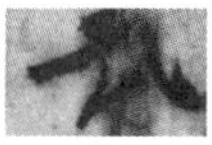
T31:195

T33:037

T37:708A

T37:1151B

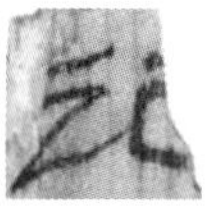
H02:086

F01:027

F01:027

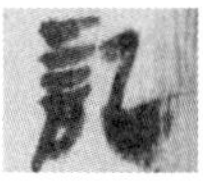
73EJF3:152

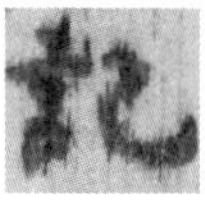
73EJF3:165

73EJF3:183A

73EJF3:430B+263B

73EJF3:336+324

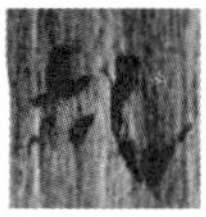
73EJT4H:5A

73EJD:107B

73EJD:308

73EJD:319C

73EJD:360

73EJC:447B

## 謝

0325

T01:040

T04:146

T10:221A

T14:015

T21:223

T30:022

T37:010

T37:550

T37:1146

T37:1330

H02:050

73EJF3:124A

73EJF3:514B

73EJD:39B

72EJC:241

73EJC:643

## 訖

0326

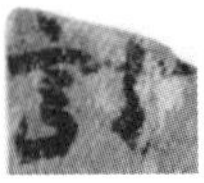
T23:057

T23:674

T26:088A

73EJF3:633

# 詣

0327

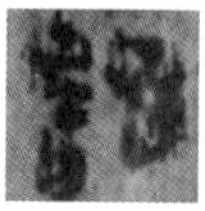
T01:001

T01:002

T01:151

T02:016

T02:023

T02:023

T02:023

T02:023

T02:023

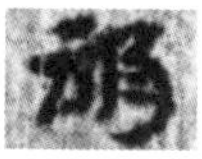
T02:023

T04:108B

T05:007

T07:171B

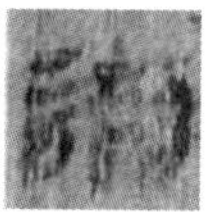
T11:017

T15:011A

T15:014

T21:001

T21:059

T21:180

T21:201

T23:131

T23:131

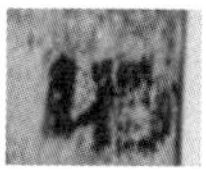
T23:164A

T23:170

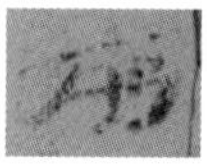
T23:232B

T23:236

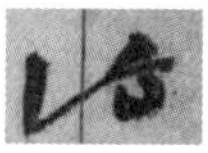
T23:238

T23:295

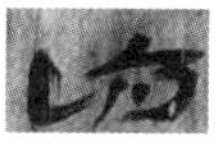
T23:351

T23:357

T23:360A

T23:496

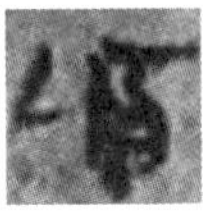
T23:496

T23:496

T23:496

T23:506

T23:506

T23:507

T23:507

T23:519

T23:575B

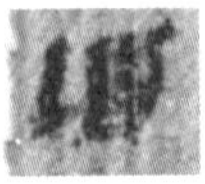
T23:586

T23:632

T23:634

T23:642

T23:770

T23:770

T23:770

T23:776

T23:807

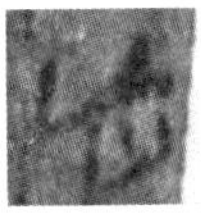
T23:873

T23:896A

T23:896B

T23:933

T23:933

T23:933

T23:933

T23:933

T23:933

T23:933

言部 詣

T23:938

T24:013

T24:024A

T24:025

T24:026

T24:026

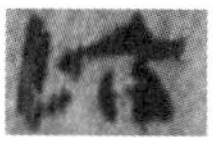
T24:026

T24:026

T24:026

T24:265

T24:416A

T24:416B

T24:417A

T24:634A

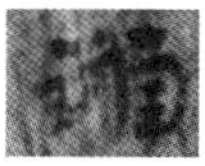
T25:175

T26:003

T26:003

T26:011

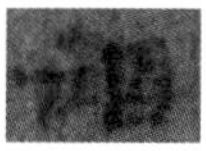
T26:011

T26:109

T28:010

T28:011

T28:061

T28:061

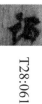

T28:061

T28:066

T28:066

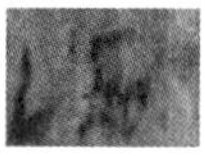
T28:078

T28:078

T28:101

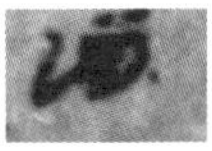
T28:107

T30:206

T30:206

T30:206

T30:215+217

T30:216

T30:220

T30:232

T31:029

T31:114A

T31:114B

T31:114B

T31:198B

T32:064

T33:004

T33:066

T37:082
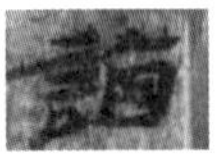
T37:530

T37:776A

T37:1065A

T37:1151A

T37:1151B

T37:1503A

T37:1535B

H02:053A

F01:020B

F01:027

73EJF3:39A

73EJF3:41B

73EJF3:258

73EJF3:277

73EJF3:311

73EJF3:330

73EJF3:348A

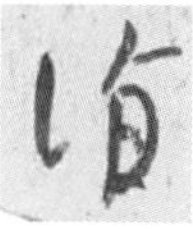
73EJF3:561A

73EJD:2

73EJD:16B

73EJD:18B
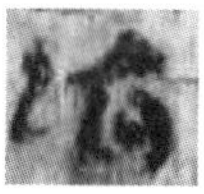
73EJD:33A

73EJD:33A

73EJD:33A

73EJD:33A

73EJD:34

73EJD:34

73EJD:34

73EJD:35

73EJD:55B

73EJD:73A
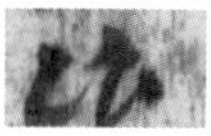
73EJD:73A

73EJD:156A

73EJD:187A

73EJD:203

73EJD:262A

73EJD:306A

73EJD:372

73EJD:382

72EJC:4

72EJC:618+47

72EJC:618+47

72EJC:283

73EJC:311

73EJC:652

72ECC:22

72ECC:38

## 謾 0328

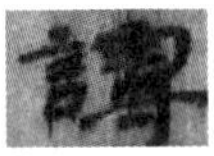
T37:1429A

## 誣 0329

T21:059

## 詩 0330

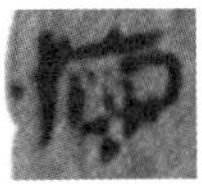
T23:878

按：《說文》，「詩或从心」。

## 䜌 0331

T01:028

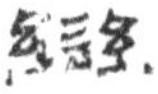
T01:133

T01:154

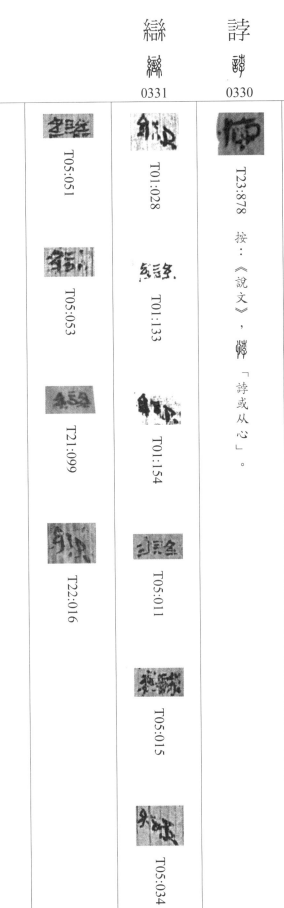

T05:011

T05:015

T05:034

T05:051

T05:053

T21:099

T22:016

## 誤 0332

T01:151

T23:040B

T23:280

T28:013B

## 訾 0333

T01:057

T01:173

T07:197

T23:632

T27:002B

73EJF3:522

## 譟 0334

T29:088B

## 詐 0335

T01:001

T22:065

T23:362

T30:179

73EJF3:525A

## 訟 0336

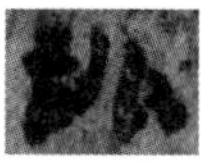
T23:929

T26:072

## 譎 0337

T09:027

## 讓 0338

T07:008

T10:215B

T24:245

T24:763

T37:078

73EJF3:397+403

## 譙 0339

T04:015

T05:036

T21:358

## 誶 0340

T10:301

## 證 0341

T05:059

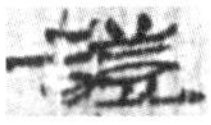
T09:092A

T21:239

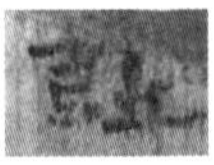
T21:239

T21:442

T23:620

T23:955

T24:140

T24:245

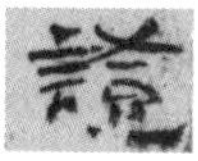
T24:555

T24:820

T30:041

T31:105

T37:527

T37:1076A

72EJC:288

## 誰

0342

T01:002

73EJF3:163

73EJD:200+175

73EJC:592A

## 讕

0343

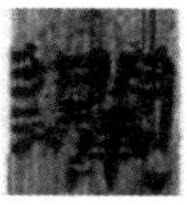
T23:677

## 診

0344

T34:003A

T37:252

## 誅 0345

T23:878

## 詬 0346

T22:011D

T31:115

T33:069

72EJC:3

73EJC:591

73EJC:611

## 譊 0347

T24:867

## 譚 0348

T06:023B

T06:045A

T07:137

T09:007

T10:231B

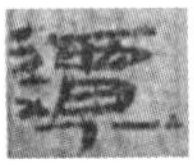
T10:237

T23:007A

T23:245

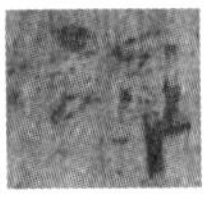
T23:334

T23:660

T23:817

T23:996A

T24:008B

T24:127

T24:140

T29:125B

T33:037

T33:039

T37:129

T37:404

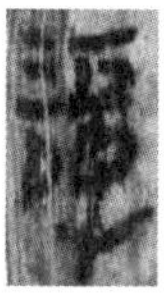
T37:450

T37:527

T37:527

T37:974

T37:1450

T37:1491

T37:1491

H02:040

F01:013

F01:014

73EJF3:1

73EJF3:326

73EJF3:467

73EJF3:508

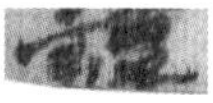
73EJF3:526

73EJF3:592

73EJD:35

72EJC:2B

# 譱

0349

T02:055A

T04:117

T09:211

T10:023

T10:343B

T21:131A

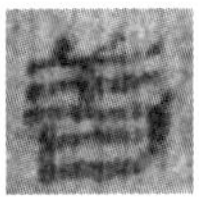
T22:137

T23:239

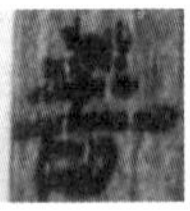
T23:302A

T23:660

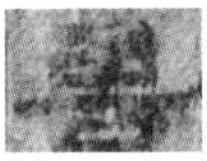
T23:746

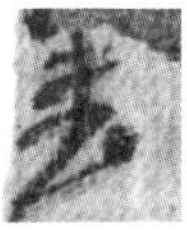
T23:829

T24:015A

T24:065A

T24:073B

T24:339B

T24:377

T24:853

T25:128

T25:128

T29:114B

T30:028A

T30:028A

T30:169

T31:188

T33:085

T37:179A

T37:580

T37:806+816

H02:047A

H02:048A

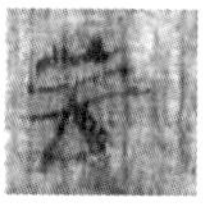
73EJF2:41

73EJF3:127A

73EJF3:131

73EJF3:133

73EJF3:197+174B

73EJF3:182A

73EJF3:312

73EJF3:328A

73EJF3:329A

73EJD:116A

73EJD:304B

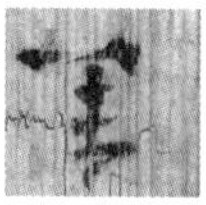
72ECC:15A 按：《說文》：譱，「篆文善。从言」。

## 音

0350

T02:008A

T23:289

T23:303

T23:408

T24:036

T24:046

T24:149

T31:034A

T31:157

T37:037

T37:456

T37:593

T37:780

T37:841

T37:859

T37:860

T37:906

T37:1342

T37:1585A

73EJF3:61

73EJF3:115

73EJD:45

73EJC:453

## 章

0351

T01:022A

T01:022A

T01:022A

T02:016

T02:016

T02:023

T02:023

T06:025

T07:026B

T07:026B

T07:032

T07:041

T07:103

T08:061

T09:019A

音部 章

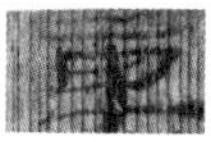
T09:092B

T09:201

T10:040B

T10:115B

T10:120A

T10:125

T10:267B

T10:527B

T21:096

T21:103

T21:175B

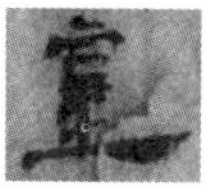
T21:180

T21:201

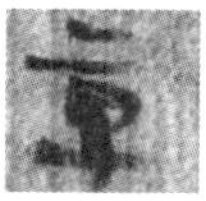
T22:060

T23:079A

T23:123

T23:518A

T23:519

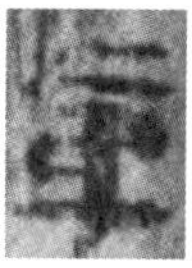
T23:519

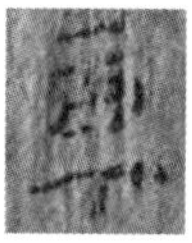
T23:587

T23:600

T23:634

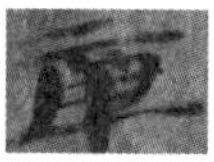
T23:777

T24:026

T24:026

T24:026

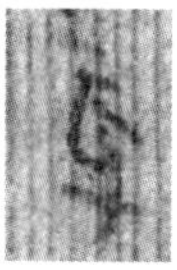
T24:112B

T24:130

T24:130

T24:264B

T24:264B

T24:266B

T24:269A

T24:521

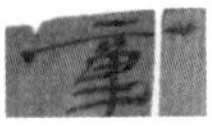
T24:532B

T25:065A

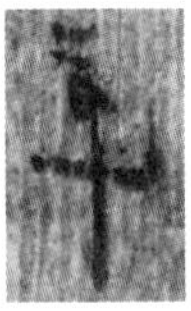
T25:065B

T25:096

T25:166A

T28:078

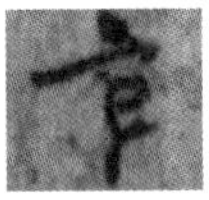
T28:078

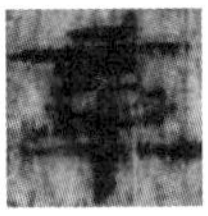
T30:150

T30:220

T30:232

T30:243B

T31:114A

T32:006

T34:006B

T37:026

T37:082

T37:090B

T37:382A

T37:427

T37:452

T37:519B

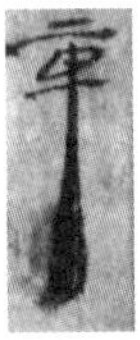
T37:836B

T37:1007

T37:1029

T37:1137

T37:1167B

T37:1451A

T37:1459

H02:053A

73EJF3:8

73EJF3:41B

73EJF3:41B

73EJF3:150B

73EJF3:167

73EJF3:175+219+583+196+407

73EJF3:390

73EJF3:512

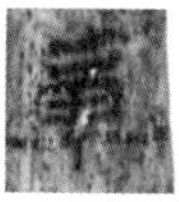
73EJT4H:67

73EJD:34

73EJD:34

73EJD:124A

73EJD:199

72EJC:8

72EJC:15B

72EJC:618+47

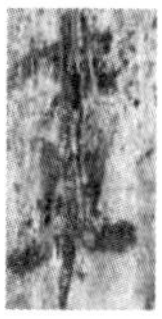
72EJC:85

73EJC:293

73EJC:529B

73EJC:664

72ECC:13

# 竟

0352

T01:151

T07:031

T08:009

T08:053A

T09:049

T21:221

T23:500

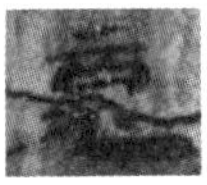
T24:623

T26:078

T32:004

T37:055

T37:059

T37:573

T37:622

F01:026

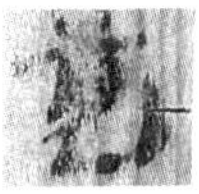
73EJF2:11

73EJF3:101

73EJF3:124B

73EJF3:165

73EJF3:408A

73EJD:44

73EJD:256

72EJC:155A

73EJC:368

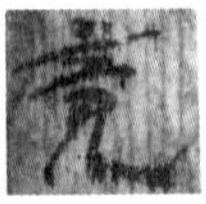
72ECC:4

## 0353 童

T05:078

T23:920

T37:1590

## 0354 妾

T24:785

## 0355 業

T10:246B

T21:096

T23:278

T23:919A

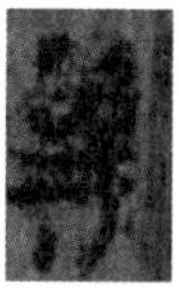
T23:919A

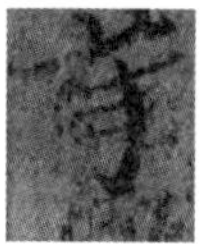
T23:919B

T24:145

T26:036

T37:855

73EJF3:372

73EJF3:376

73EJF3:522

73EJD:22

## 0356 對

T05:073

T14:030

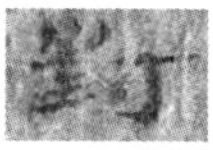
T21:229

T24:059

T26:167+201

T31:062

T33:066

T37:136

T37:519A

T37:615

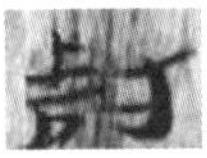
T37:1501

T37:1530

F01:002

F01:003

73EJF3:164

73EJD:160

73EJD:335

72EDIC:11

按：《說文》，「對或从士」。

## 僕

0357

T28:038

73EJD:49A

## 奉

0358

T01:150

T03:052

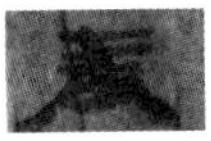
T03:059

T03:109

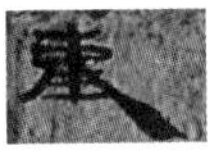
T04:100

T04:108B

T04:181

T04:205

T05:010

T05:073

T05:097

T06:083A

T06:107

T07:061

T07:190
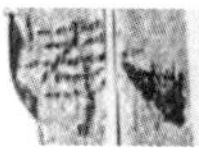
T08:039

T09:005

T09:067

T09:207A

T09:207A

T09:314

T10:177A

T10:179

T10:214

T10:226B

T15:001A

T15:009
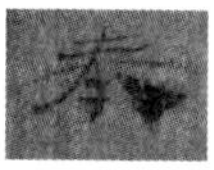
T21:019
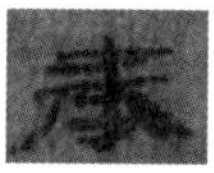
T21:064

T21:120
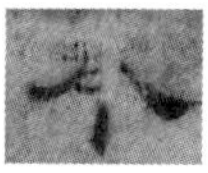
T21:286A
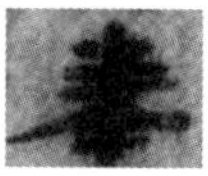
T21:314

T22:074
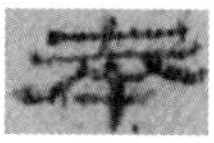
T22:078

T22:145

T23:086

T23:244
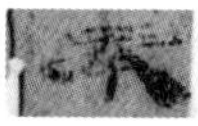
T23:370

T23:377

T23:574

T23:746

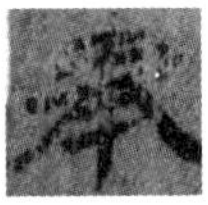
T23:896B

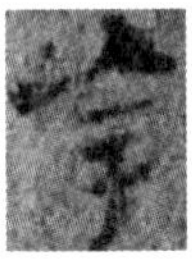
T23:919A

T23:928

T23:928

T24:031A

T24:077

T24:154

T24:161

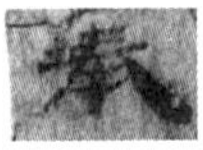
T24:172

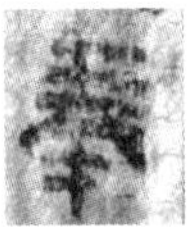
T24:221

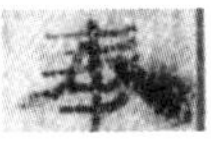
T24:250

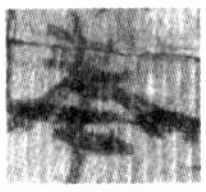
T24:533A

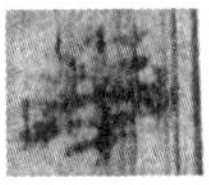
T24:563A

T24:581

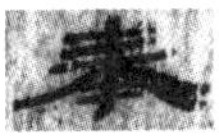
T24:784

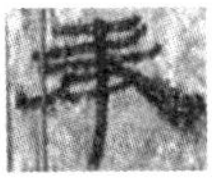
T24:964

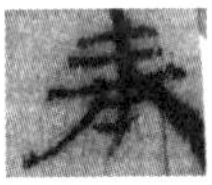
T25:038

T25:045

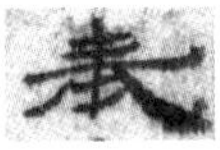
T25:050

T25:098

T26:039

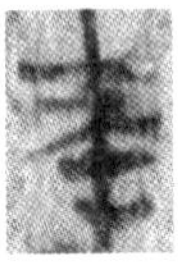
T30:017

T30:062

T30:062

T30:062

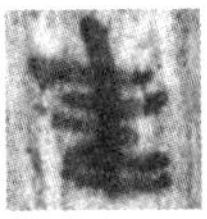
T30:165

T31:074

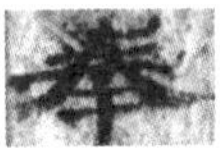
T31:076

T31:082

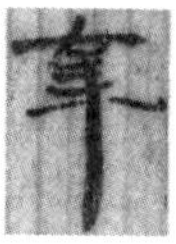
T31:144

T33:007B

T33:071B

T33:071B

T33:071B

T33:071B

T33:071B

T34:041

T34:048

T35:006

T37:130

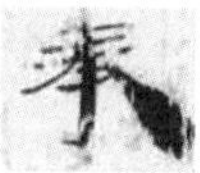
T37:194

T37:333

T37:520A

T37:524

T37:535A

T37:704

T37:764

T37:912

T37:982

T37:1076A

T37:1079

T37:1085

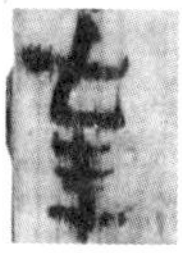
T37:1120

T37:1347

T37:1375A

T37:1391

F01:002

F01:027

F01:027

F01:091A

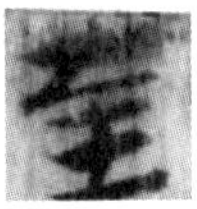
F01:093A

73EJF2:2

73EJF3:352

73EJD:36A

73EJD:211

73EJD:358

73EJC:554

73EJC:599B

# 丞

0359

T01:001

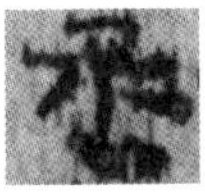
T01:002

T01:042

T01:135

T01:177

T02:023

T03:114

T04:042B

T04:099

T04:102

T05:072

T05:076

T06:026

T06:190

T07:022A

T07:022B

T07:026B

T08:051A

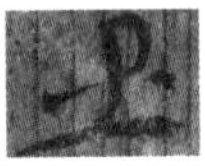
T08:051B

T09:005

T09:056A

T09:063B

T09:092A

T09:104

T09:124

T09:263A

T09:288

T09:335

T09:389

T10:115A

T10:115A

T10:120A
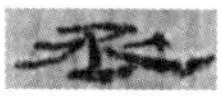
T10:120B

T10:121B

T10:153

T10:207

T10:213A

T10:213B

T10:229B

T10:236A

T10:245

T10:267B

T10:307

T10:315A

T10:315B

T10:343A

T10:400

T10:403

T10:527B

T11:031B

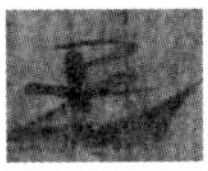
T21:047

T21:056
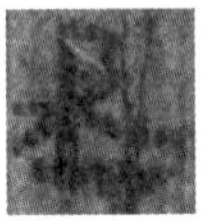
T21:064

T21:104
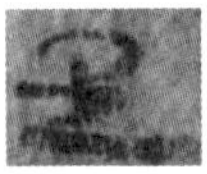
T21:143

T21:322

T21:370

T21:373

T21:421

T21:423

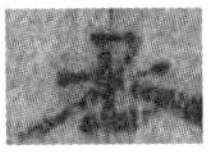
T22:111A
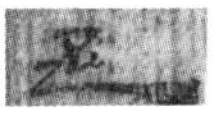
T23:155

T23:288

T23:341

T23:619

T23:621

T23:677

T23:717A

T23:725

T23:743

T23:857A

T23:897A

T23:897B

T23:905
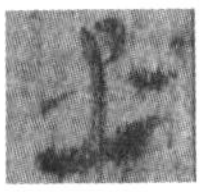
T23:907B

T24:014

T24:014

T24:023A

T24:023B

T24:036

T24:036

T24:060B
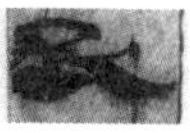
T24:113A

T24:149

T24:212

T24:222
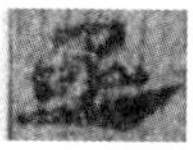
T24:240A

T24:240B

T24:245

T24:248

T24:266A

T24:266B

T24:269A
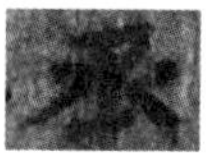
T24:304

T24:384A

T24:532A
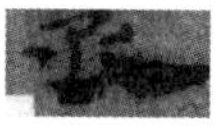
T24:788
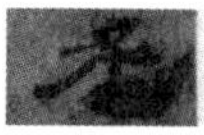
T24:816

T24:830
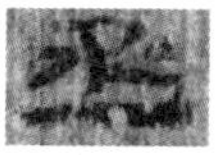
T25:065A
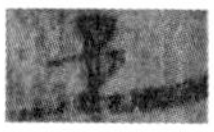
T25:107

T25:166A
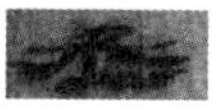
T26:001A
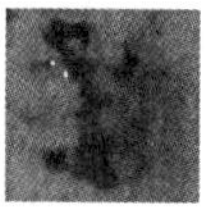
T26:087

T26:087

T26:087

T27:013

T27:052

T28:013B

T28:054

T28:066

T29:068

T29:092

T30:032

T30:043

T30:157

T30:163
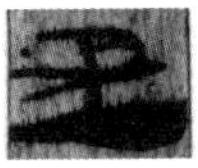
T30:188

T30:204

T30:204
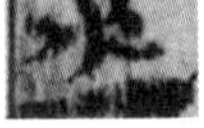
T30:210A

T30:243B

T31:021

T31:029
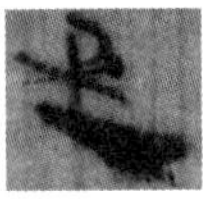
T31:034A

T31:054B

T31:062

T31:064
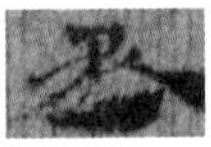
T31:066

T31:088

T31:114B

T31:148

T32:006

T32:041

T32:048

T33:040A

T33:044A

T34:006A

T35:003

T35:008

T35:013

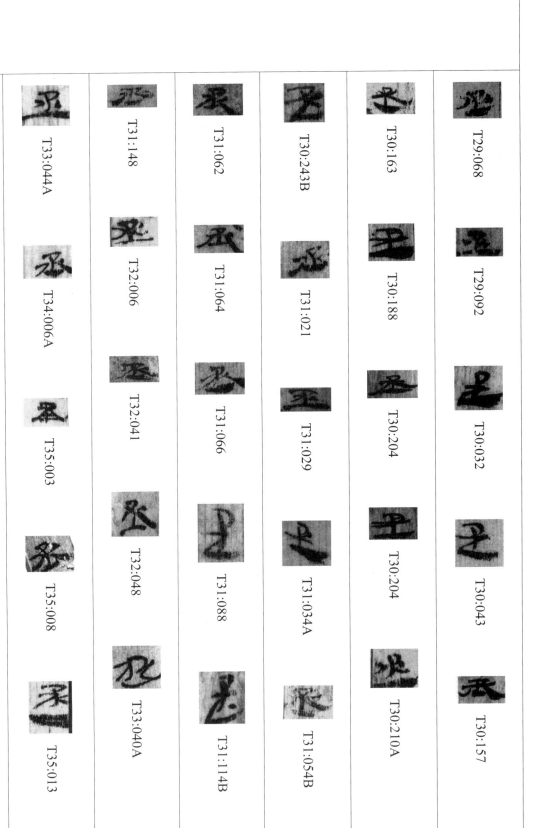

| | | | | | |
|---|---|---|---|---|---|
|  T37:007 |  T37:090B |  T37:303 |  T37:519B |  T37:522B |  T37:655 |
|  T37:026 |  T37:169B |  T37:425 |  T37:520A |  T37:523A | 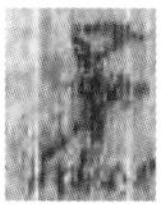 T37:678 |
|  T37:028B |  T37:226 |  T37:451 |  T37:520B |  T37:527 |  T37:693 |
|  T37:035 |  T37:284 |  T37:511B |  T37:521 |  T37:531 |  T37:702A |
|  T37:089 |  T37:285 |  T37:519A |  T37:522A |  T37:535B |  T37:706 |

T37:733

T37:733

T37:752A

T37:752B

T37:782
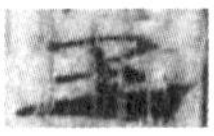
T37:782

T37:792

T37:836A

T37:854

T37:909

T37:928

T37:937

T37:938
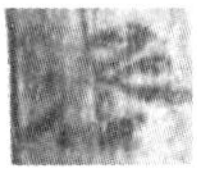
T37:1045

T37:1070
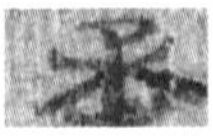
T37:1075A

T37:1075B

T37:1076A

T37:1076B
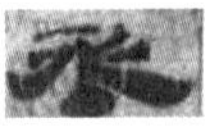
T37:1079

T37:1092

T37:1094A
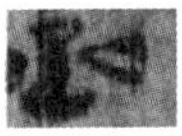
T37:1094B

T37:1095A

T37:1159

T37:1173
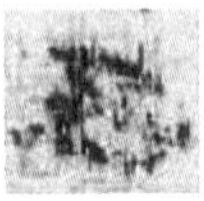
T37:1184

T37:1188

T37:1203A

T37:1310
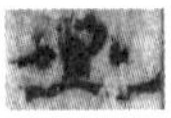
T37:1401

T37:1416

T37:1454

T37:1460

T37:1491

T37:1518

T37:1585B

H01:013

H02:005A

H02:005B
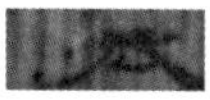
H02:012

H02:013

H02:045

F01:001

F01:002

F01:002

F01:004

F01:010

F01:012

F01:014

F01:082

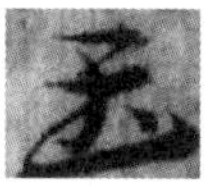
F01:093A

73EJF2:38

73EJF3:1

73EJF3:2

73EJF3:76+448A

73EJF3:104

73EJF3:105

73EJF3:111

73EJF3:114+202+168

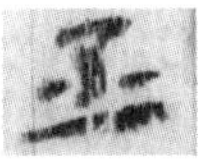
73EJF3:115

73EJF3:118A

73EJF3:122

73EJF3:122

73EJF3:127B

73EJF3:167

73EJF3:175+219+583+196+407

73EJF3:181

73EJF3:184A

73EJF3:184B

73EJF3:433+274

73EJF3:288

73EJF3:328B

73EJF3:328B

73EJF3:328B

73EJF3:347

73EJF3:350

73EJF3:438

73EJF3:449B

73EJF3:466

73EJD:6

73EJD:6

73EJD:33A

73EJD:37A

73EJD:44

73EJD:45

73EJD:59

# 戒

0360

T37:097

73EJC:590

73EJC:617

73EJC:628

72EBS7C:1A

73EJC:308

73EJC:311

73EJC:360

73EJC:444

73EJC:529B

72EJC:15B

72EJC:39

72EJC:58

72EJC:159A

73EJC:308

73EJD:324

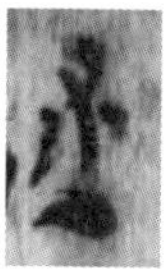
73EJD:328

73EJD:357

73EJD:364

72EJC:1

73EJD:64

73EJD:65

73EJD:201

73EJD:244

73EJD:255

# 兵

0361

T01:014A

T01:068

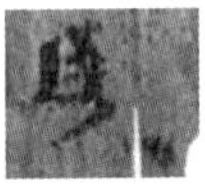
T05:114

T08:016

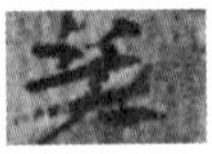
T10:313A

T10:313A

T21:311

T21:431

T23:053

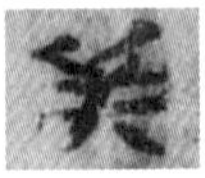
T23:727

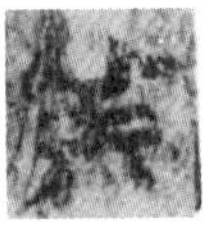
T23:884

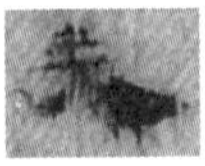
T24:114

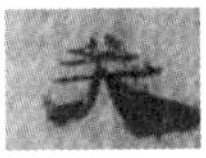
T24:114

T24:152

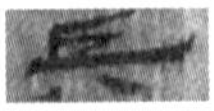
T24:269A

T24:554

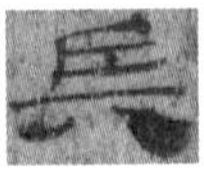
T24:797

T25:087

T25:100

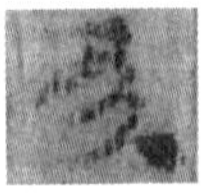
T25:113

T26:230A

T28:127

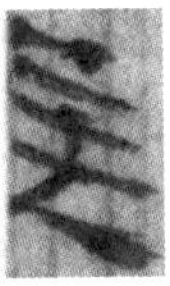
T30:011

T30:035A

T30:035A

T30:134

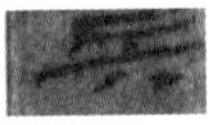
T31:043

T32:047

T33:055

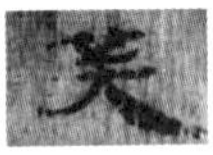
T35:014

T37:782

# 具

0362

T37:1339

73EJF3:184A

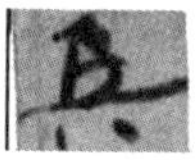
73EJF3:315B

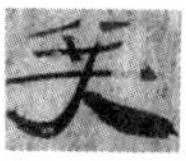
73EJF3:383

73EJD:54

73EJD:307B

72EJC:58

73EJC:649A

T01:022A

T01:051

T01:152

T05:114

T06:019

T06:020

T06:027A

T09:038

T21:046

T21:046

T21:141

T21:458

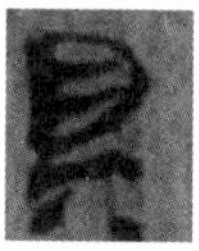
T22:024

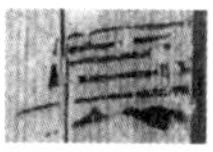
T22:037

T22:112

T23:145

T23:208B

T23:210

T23:537

T23:620

T23:768

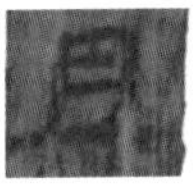
T23:782A

T23:978

T24:011

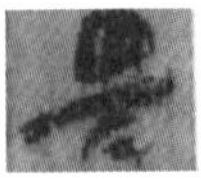
T24:065A

T24:162

T24:509A

T24:592

T24:792

T29:126A

T29:129

T30:113

T31:035

T31:141

T37:1450

H01:026

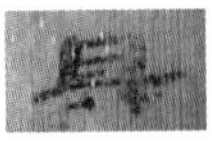
F01:023A

73EJF3:246

73EJF3:260

73EJF3:336+324

73EJF3:518+517

73EJD:47

73EJD:314A

73EJD:314B

72EJC:147A

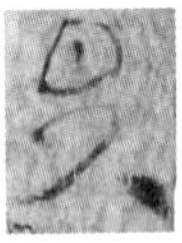
72EJC:147A

73EJC:392

72ECC:1+2A

72ECC:12A

72ECC:49A

## 樊

0363

T02:106

T05:069

T07:024

T23:775

T37:674

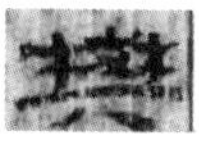

T37:1209

T37:1473

73EJF3:359

72EDIC:11

## 共

0364

T04:110A

T10:527B

T21:208

T23:056

T24:012

T24:095

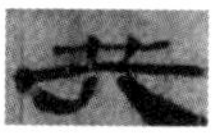

T24:131

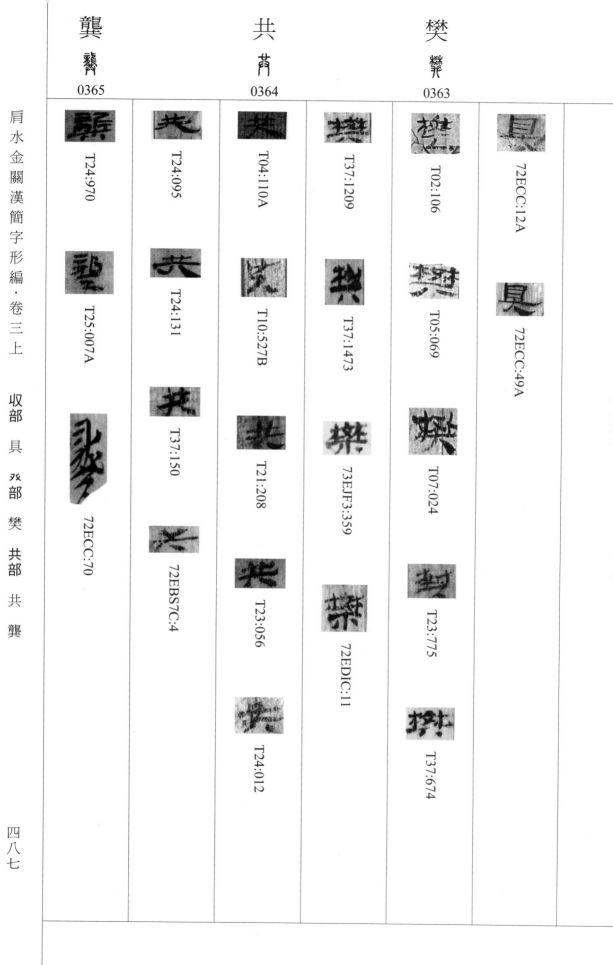

T37:150

72EBS7C:4

## 龔

0365

T24:970

T25:007A

72ECC:70

異 0366

T04:201

T06:063

T11:002

T24:547

T37:876A

T37:1518

H01:003A

戴 0367

T27:026

T30:138

T37:076

73EJF3:273+10

73EJF3:329B

73EJF3:537

與 0368

T01:001

T05:008B

T06:052

T08:051A

T09:044

T09:062A

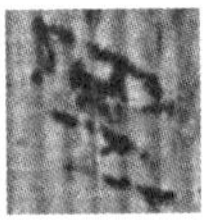
T09:104

T10:222

T10:343A

T10:370

T21:131A

T21:136

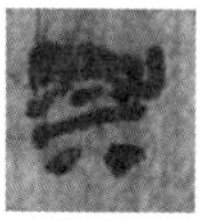
T21:160

T22:099

T23:244

T23:349A

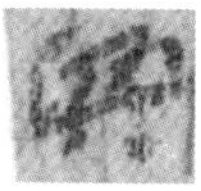
T23:875

T24:019

T24:022

T24:131

T24:249

T24:250

T24:304

T24:846

T25:007A

T25:060

T26:016

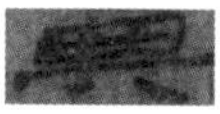
T26:027

T26:182

T26:274

T28:058

T30:017

T30:076

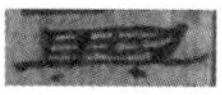
T30:170

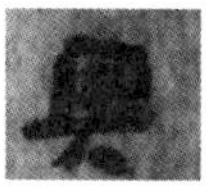
T30:179

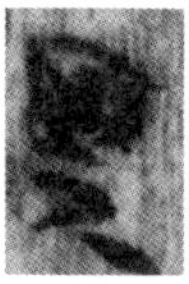
T30:179

T31:066

T31:109

T31:117

T33:040A

T37:276A

T37:519A
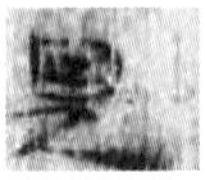
T37:521

T37:524

T37:527

T37:780

T37:782

T37:851B

T37:871

T37:1061A
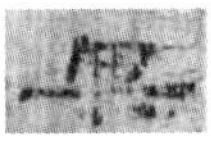
T37:1063

T37:1491

T37:1499A

F01:025

F01:031

73EJF3:183A

73EJF3:433+274

73EJF3:504

73EJF3:525B

73EJD:6

73EJD:200+175
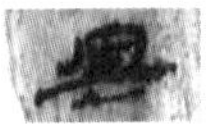
73EJD:335

72EJC:169

72EJC:181

73EJC:366

73EJC:446A

73EJC:531A

72EBS7C:1A

72EBS7C:2A

## 興 0369

T22:087

T24:264A

T26:087

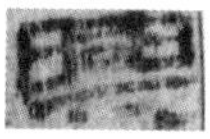
T31:102A

73EJC:529A

## 要 0370

T01:093

T01:093

T03:104

T04:153

T09:026

T09:236

T21:173

T21:316

T22:010

T23:114

T23:248

T23:934

T28:107

73EJF3:58

73EJF3:88

73EJF3:89

73EJF3:317

晨
0371

T21:106

農
0372

T02:035

T02:057

T08:097

T10:305

T10:305

T22:114

T23:298

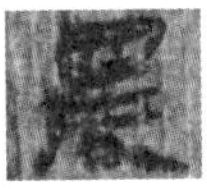
T25:065A

T25:065B

T28:070

T30:043

T30:205

T37:272B

T37:986

T37:1167A

T37:1454

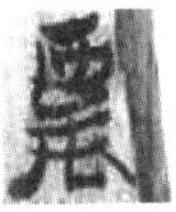
T37:1491

T37:1493

H02:007

F01:002

F01:004

73EJF3:504

73EJD:37A

73EJD:37A

73EJD:57

# 革

革

0373

肩水金關漢簡字形編·卷三下

T21:011

T21:013

T21:014

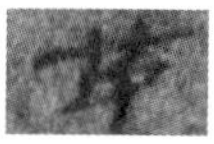
T21:040

T21:334

T21:443

T23:905

T23:964

T23:975

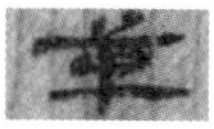
T24:238

T24:268A

T24:380

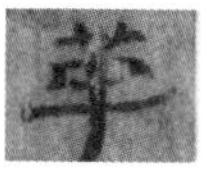
T28:011

T30:261

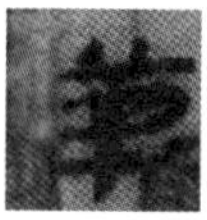
T32:039

T32:039

73EJC:599B

## 軒 0374

T04:098A

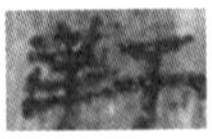
T24:964

T37:915

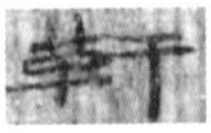
H02:002

72EJC:95

## 輂 0375

T35:011

T37:703

T37:1482

## 鞮 0376

T04:026

T21:011

T21:013

T21:014

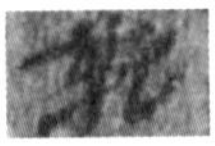
T21:040

T21:334

T21:444

T24:380

T24:716

T28:011

T30:191

T32:039

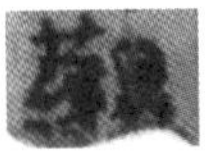
T32:039

T37:547

T37:777

T37:837

H01:039

73EJF3:150A

73EJF3:255

73EJD:232

## 鞠
鞠
0377

T24:757

T30:024A

## 鞏
鞏
0378

T24:380

## 靳
靳
0379

T03:069

T07:018

T09:044

T21:077

T22:134

T22:149

T23:145

T24:247B

T24:283

T24:969

T25:020

T26:231

T30:002

T30:074

T30:136

T37:998

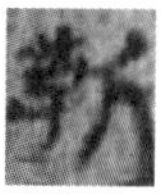
T37:1039A

73EJF3:465+500

72EJC:197

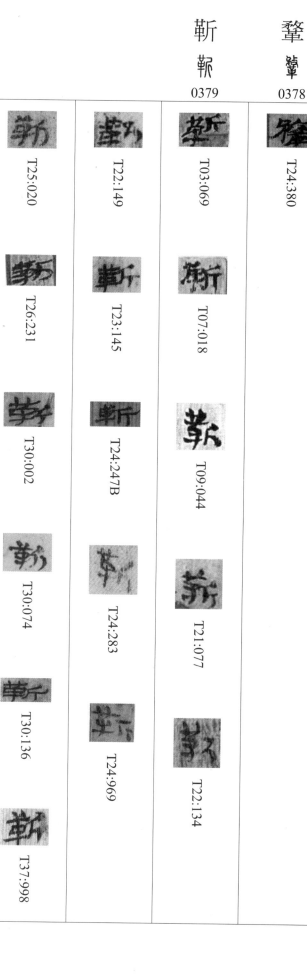

## 鞌 0380

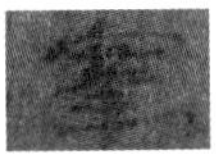
T21:023

T24:268A

## 勒 0381

T01:025

T01:042

T01:116

T10:184

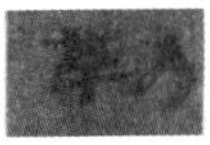
T21:023

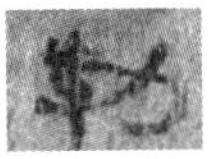
T22:111A

T23:496

T23:965

T24:268A

T29:020

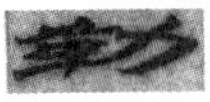
T31:149

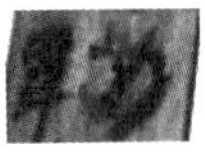
T37:1003

## 鞭 0382

T01:025

T26:084B

## 鞫 0383

T09:235

T23:739

T37:161A

T37:1213

72ECC:10

## 鬴

0384

T03:038A

T09:045

T37:1548

F01:026

按：《說文》，「鬴或从金，父聲」。

## 融

0385

73EJF3:333A

73EJF3:333B

## 孚

0386

73EJC:557

## 爲

0387

T01:001

T01:001

T01:001

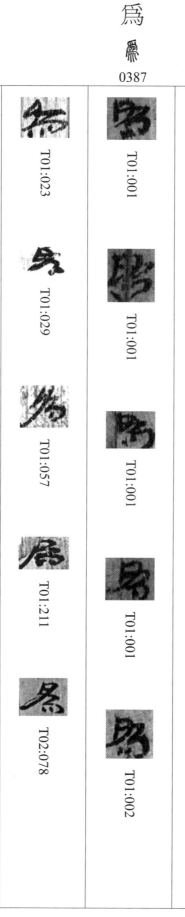

T01:001

T01:002

T01:023

T01:029

T01:057

T01:211

T02:078

T03:053

T03:055

T03:055

T04:085

T04:098A

T04:099

T04:102

T06:027A

T06:035

T06:052

T06:132B

T06:180

T06:191

T07:003

T07:023

T07:025

T07:080A

T09:013

T09:044

T09:052A

T09:052A

T09:087

T09:162A

T09:237

T09:248

T10:040A

T10:069

T10:070

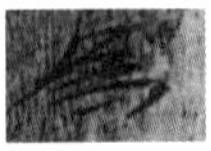
T10:120A

T10:121A

T10:121A

T10:208

T10:212

T10:212

T10:214

T10:216

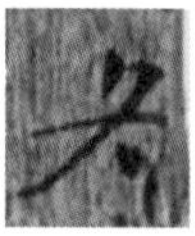
T10:221A

T10:222

T10:227

T10:227

T10:232A

T10:285

T10:311

T10:312A

T10:312A

T10:315A

T10:332A

T10:343A

T10:406

T10:406

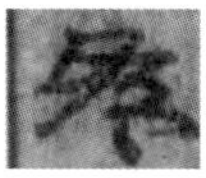
T11:003

T11:018

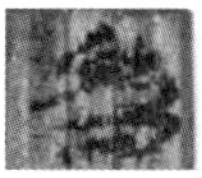
T15:007

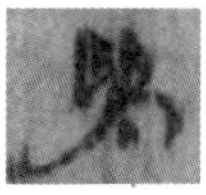
T21:056

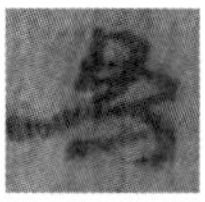
T21:064

T21:073A

T21:136

T21:160

T21:175A

T21:198A

T21:213

T21:297

T21:378

T21:401

T21:423

T21:427

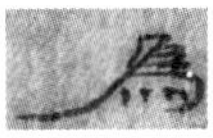
T22:020

T22:026

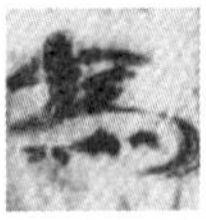
T22:051

T22:065

T22:099

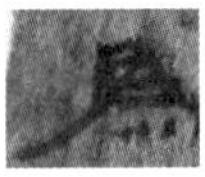
T23:015A

T23:025

T23:066A

T23:093

T23:139A

T23:152

T23:182

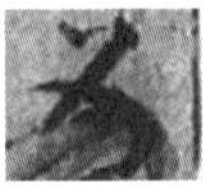
T23:196B

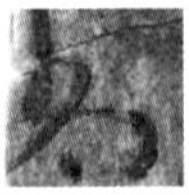
T23:208B

T23:270

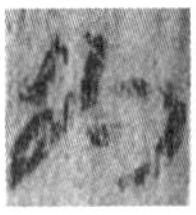
T23:275

T23:298

T23:301

T23:345

T23:362

T23:364A

T23:364B

T23:370

T23:386

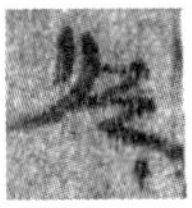
T23:525B

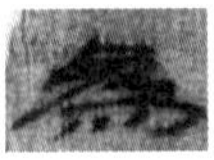
T23:534

T23:566

T23:570B

T23:641

T23:658

T23:689

T23:749

T23:880B

T23:894A

T23:896A

T23:896A

T23:897A

T23:910

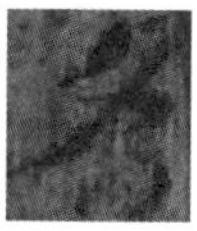
T23:917A

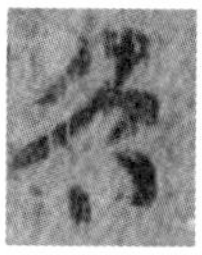
T23:919A

T23:919A

T23:976A

T23:978

T23:980

T24:010A

T24:011

T24:011

T24:012

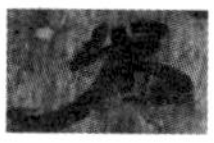
T24:019

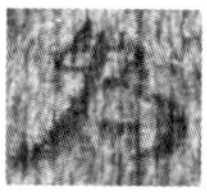
T24:025

T24:032

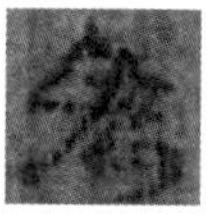
T24:035A

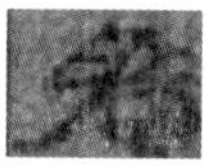
T24:035A

T24:073A

T24:076

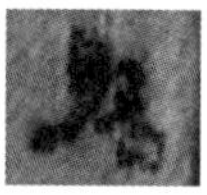
T24:078

T24:084

T24:104

T24:169

T24:205

T24:262

T24:266A

T24:377

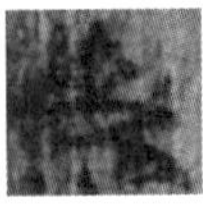
T24:427A

T24:455

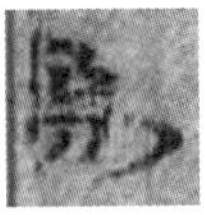
T24:464

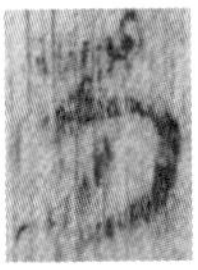
T24:468

T24:583

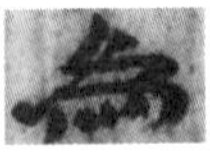
T24:586

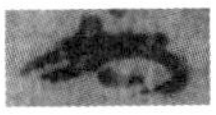
T24:723

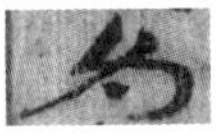
T24:771

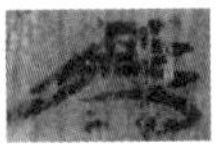
T24:842

T24:844

T24:979

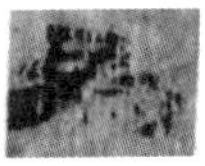
T25:004

T25:007A

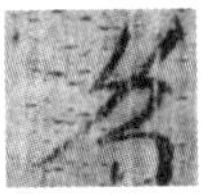
T25:015B

T25:059

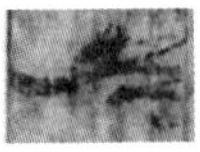
T25:178

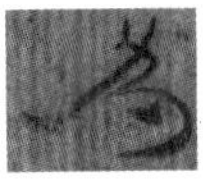
T26:002A

T26:009

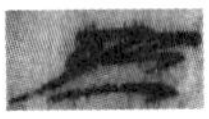
T26:016

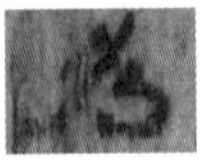
T26:086

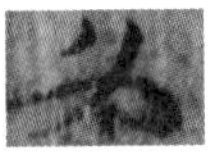
T26:087

T26:088A

T26:088A

T26:088A

T26:126

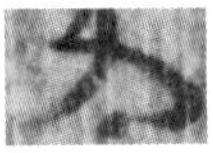
T26:179

爪部 爲

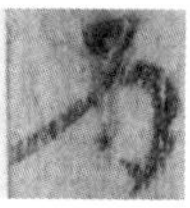
T27:024

T27:074

T28:064

T28:106

T29:019A

T29:093

T29:114A

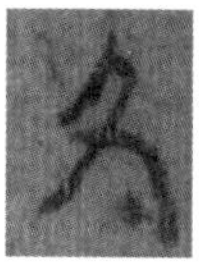
T29:114B

T29:130

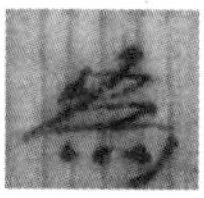
T30:021A

T30:032

T30:076

T30:077

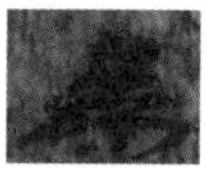
T30:126

T30:150

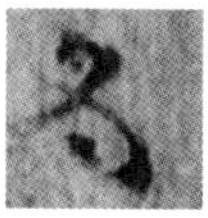
T30:179

T30:196

T30:204

T30:243A

T31:069

T31:077

T31:120

T31:136

T31:198A

T32:020

T32:046

T33:039

T33:040A

T33:041A

T33:057

## 爪部 爲

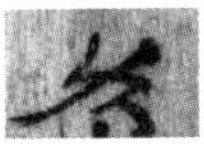
T33:066

T33:066

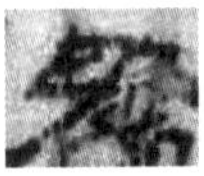
T34:006A

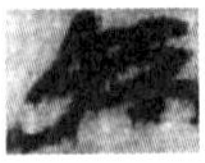
T34:012

T37:052

T37:106

T37:151

T37:345

T37:377

T37:471

T37:521

T37:526

T37:528

T37:529

T37:542A

T37:558

T37:640

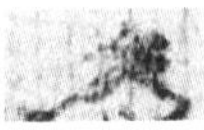
T37:646

T37:692

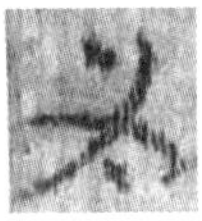
T37:708A

T37:734B

T37:740A

T37:745

T37:756

T37:774

T37:786B

T37:792

T37:799A

T37:878A

T37:1014

T37:1052A

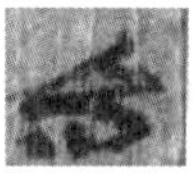
T37:1075A

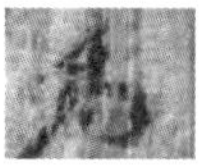
T37:1076A

T37:1076A

T37:1100

T37:1139

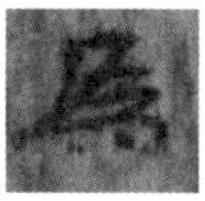
T37:1149

T37:1151A

T37:1198

T37:1344

T37:1363

T37:1402

T37:1453

T37:1462

T37:1473

T37:1491

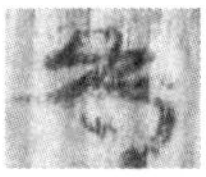
H01:014

H01:017

H01:024

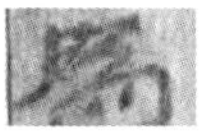
H01:028

H01:046

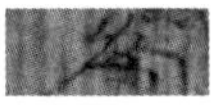
H02:012

H02:046

H02:048A

H02:048A

H02:048A

H02:048A

H02:048B

H02:048B

H02:080

H02:083

F01:004

F01:031

F01:076

F01:084A

F01:117

F01:118A

73EJF3:2

73EJF3:57A

73EJF3:90

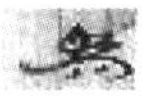
73EJF3:114+202+168

73EJF3:124A

73EJF3:127B

73EJF3:159A

73EJF3:159A

73EJF3:159B

73EJF3:181

73EJF3:470+564+190+243

73EJF3:430B+263B

73EJF3:295A

73EJF3:319

73EJF3:319

73EJF3:328A

73EJF3:337

73EJF3:417

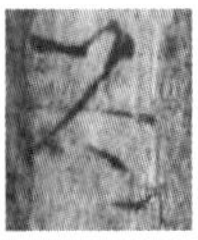
73EJF3:443

73EJF3:466

73EJF3:472+540

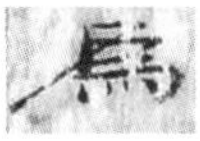
73EJF3:525A

73EJD:6

73EJD:8A

73EJD:23

73EJD:39A

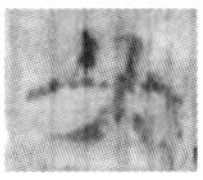
73EJD:42

73EJD:43A

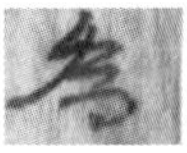
73EJD:60

73EJD:107B

73EJD:202

73EJD:226

73EJD:246

73EJD:304B

73EJD:307B

73EJD:355

73EJD:388

72EJC:1

72EJC:121

72EJC:146

72EJC:171

73EJC:300

73EJC:341

73EJC:360

73EJC:373

73EJC:418

73EJC:447B

73EJC:557

73EJC:592A

73EJC:593

72EDAC:6

72ECC:15A

72ECC:24

72EDIC:5

## 𦏧 0388

T07:003

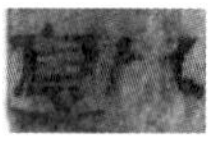
T21:058

T37:105

## 鬭 0389

T07:075

T28:097

72ECC:3

## 又 0390

T01:208

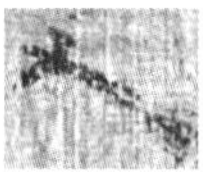
T01:229

T05:008A

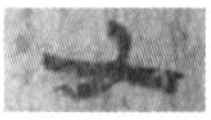
T11:002

T21:027

T23:374

T23:866B

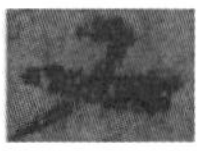
T23:896B

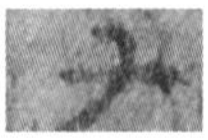
T23:919A

T24:011

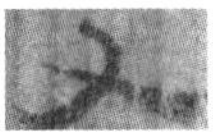
T31:198B

H02:048B

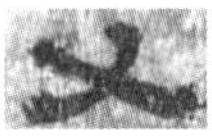
F01:010

73EJF3:179B

73EJF3:352

## 父

0391

73EJD:380

72EJC:256+22

73EJC:593

T01:002

T01:031

T05:007

T09:092A

T09:113

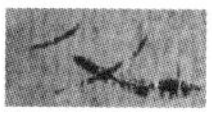
T09:218A

T10:229A

T21:260

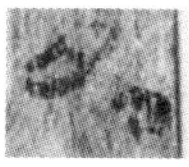
T23:692

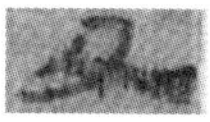
T24:249

T37:527

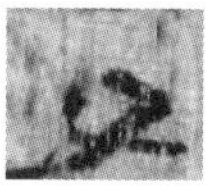
T37:1076A

T37:1462

73EJF3:350

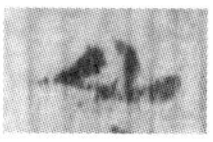
73EJD:42

72EJC:116A

72EJC:180

73EJC:529A

## 曼

0392

T06:041A

T37:1109

T37:1431

T37:1486

72EJC:171

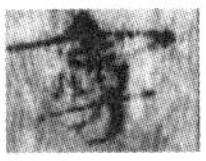

73EJC:444

## 夬

0393

T23:739

## 尹

0394

T01:188

T04:040

T09:094A

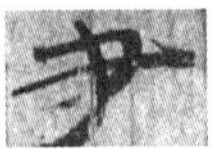

T10:152

T10:184

T10:212

T10:223

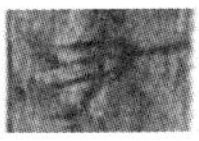

T21:288

T23:004

T23:503

T23:516

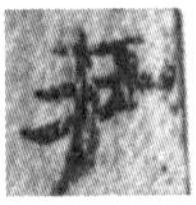

T23:696

T23:878

T23:923

T23:963

T23:965

T24:954

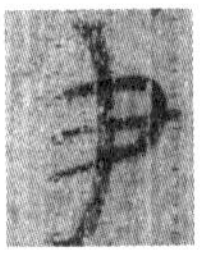

T25:015B

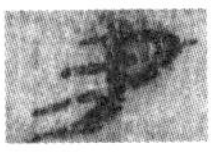

T25:092

T37:1077

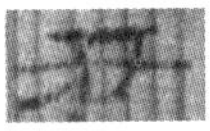

T37:1081

T37:1280

T37:1330

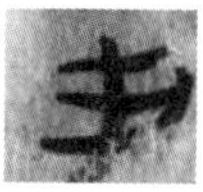
T37:1431

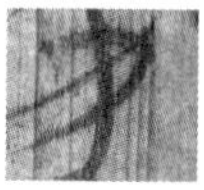
73EJF2:4

73EJF3:105

73EJF3:110

73EJF3:124A

73EJF3:163

73EJF3:179B

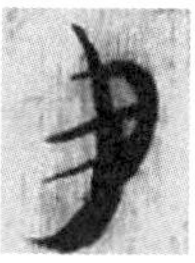
73EJF3:249

73EJF3:311

73EJF3:318

73EJT4H:5A

72EJC:95

73EJC:644

72ECC:13

72ECC:23

72ECC:56

## 及

0395

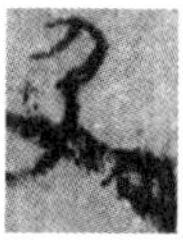
T01:002

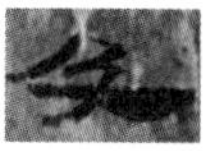
T05:076

T07:025

T09:025

T10:241

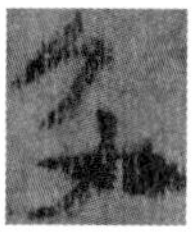
T21:035A

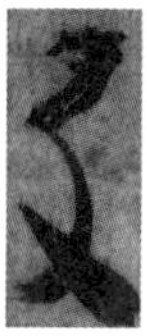
T21:035B

T23:198

T23:238

T23:302A

T23:360A

T23:623
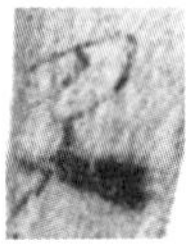
T23:674
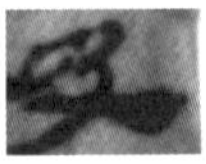
T23:878
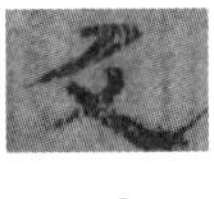
T23:896B

T23:896B

T23:978

T24:011
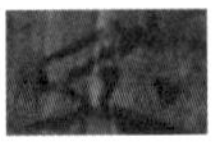
T24:031B

T24:213

T24:236

T26:032

T26:167+201
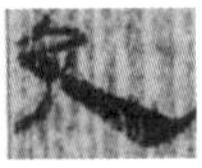
T26:200
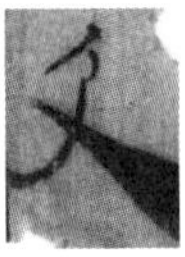
T27:101

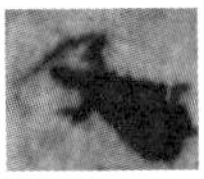
T28:107

T30:070

T30:202

T32:046

T34:011

73EJF3:138

73EJF3:179B

73EJF3:418

73EJF3:525A

73EJL:16B

73EJD:49A

73EJD:336

72EJC:179

73EJC:291

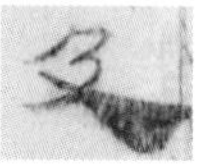
73EJC:418

## 秉
0396

T23:762A

T24:032

## 反
0397

T03:050

T04:070

T04:114B

T09:114

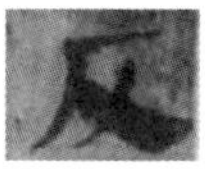
T21:056

T21:140B

T23:495A

T23:863

T23:878

T23:896A

T24:067

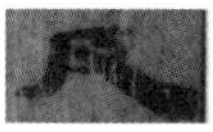
T31:101A

T37:1516

73EJC:448A

## 叔
0398

T03:054A

T09:003

T09:013

T23:769A

T24:339A

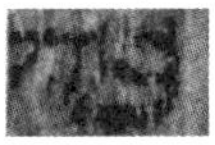
T25:004

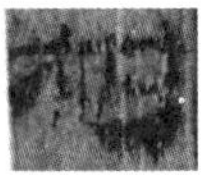
T25:004

T30:001

T30:002

T30:002

T37:179A　按：《說文》，「叔或从寸」。

## 取

0399

T01:001

T01:002

T01:029

T03:079

T04:042A

T06:038A

T06:066A

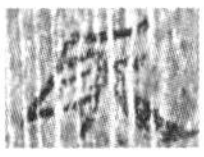
T06:073A

T06:091

T06:109

T06:149

T06:151

T06:192

T07:016

T07:100A

T07:117

T08:053A

T09:065

T09:092A

T10:066

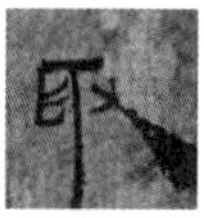
T10:216

T10:228

T10:229A

T10:229A

T10:253

T10:313A

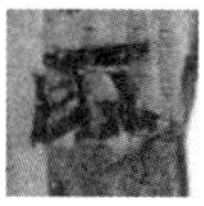
T15:007

T21:028B

T21:056

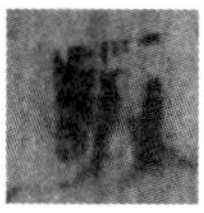
T21:056

T21:154

T21:162A

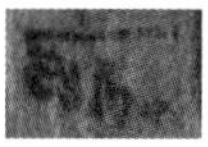
T21:488

T22:074

T23:098

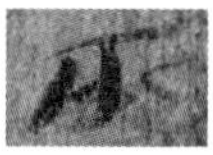
T23:296A

T23:345

T23:382

T23:382

T23:512

T23:526

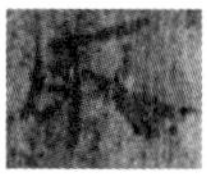
T23:888

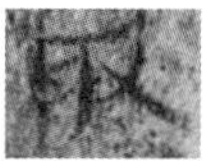
T23:888

T23:896A

T23:897A

T23:897A

T23:906B

T23:917A

T23:928

T24:076

又部　取

T24:081

T24:084

T24:142
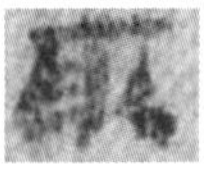
T24:249

T24:250

T24:269A

T24:288

T24:304

T24:354

T24:532A

T24:537
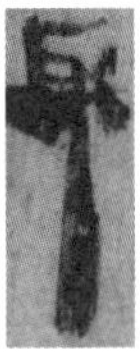
T24:723
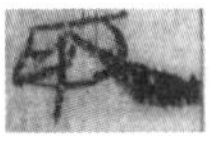
T25:007A

T25:013

T26:009

T26:087

T26:091B

T26:210

T26:227A

T27:054

T28:048
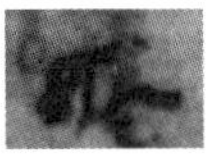
T28:107

T29:093

T29:114A
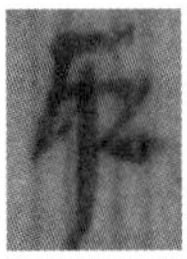
T30:011

T30:078

T30:209

T31:144

T33:039

T33:039

T33:040A

T34:048

T37:052

T37:162

T37:284

T37:377

T37:521

T37:527

T37:527

T37:529

T37:530

T37:530

T37:595

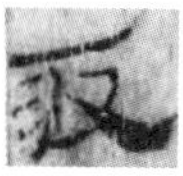
T37:637

T37:680

T37:692

T37:749A

T37:774

T37:780

T37:799A

T37:806+816

T37:932A

T37:968A

T37:975

T37:1076A

T37:1133

T37:1151A

T37:1344

T37:1451A

T37:1491

T37:1491

H01:029

H02:006

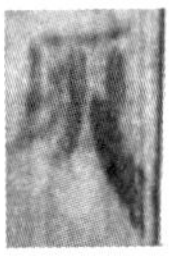
H02:007

H02:048A

H02:048B

H02:048B

F01:025

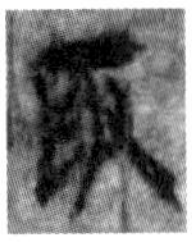
F01:110

73EJF3:43

73EJF3:87

73EJF3:88

73EJF3:159B

73EJF3:175+219+583+196+407

73EJF3:293

73EJF3:316

73EJF3:397+403

73EJF3:620

73EJD:6

73EJD:64

73EJD:245

73EJD:304B

73EJD:307B

72EJC:142

72EJC:161

72EJC:283

72EJC:290

73EJC:316A

73EJC:531A

73EJC:542B

72ECC:12A

## 段 0400

T23:932

T37:162

## 友 0401

T07:021

T07:160

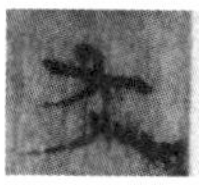
T28:054

T28:054

T29:042

T29:098

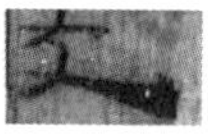
T37:521

H01:019

73EJC:478

## 度 0402

T10:103

T23:674

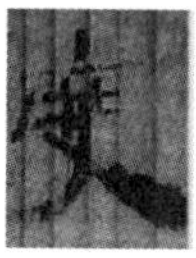
T24:186

T33:042

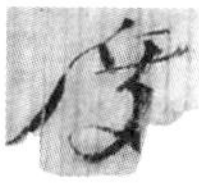
73EJF3:440

73EJD:39B

皁

0403

T10:034

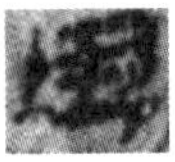
T23:765

T23:765

72EJC:116B

史

0404

T01:001

T01:007

T01:027

T01:034

T01:133

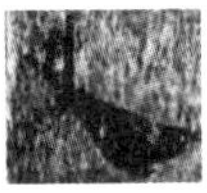
T02:022

T02:031

T03:078

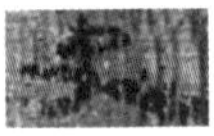
T03:108

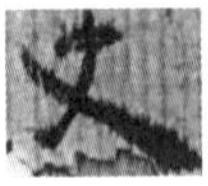
T03:113

T03:114

T04:041A

T04:056

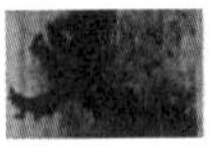
T04:098B

T04:102

T04:154

T04:188

T05:061

T05:068A

T05:068A

T05:068B

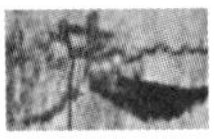
T05:072

T05:076

T05:076

T05:089

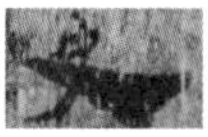
T06:023B

T06:027A

T06:056

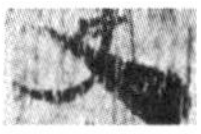
T06:090

T06:091

T06:145

T07:025

T07:088

T08:009

T08:050

T08:051A

T08:054A

T08:081

T08:088

T09:005

T09:012A

T09:052A

T09:086

T09:092A

T09:127

T09:139

T09:214

T09:223

T09:228

T09:232A

T09:255

T09:336

T10:055

T10:069

T10:070

T10:071

T10:071

T10:075

T10:075

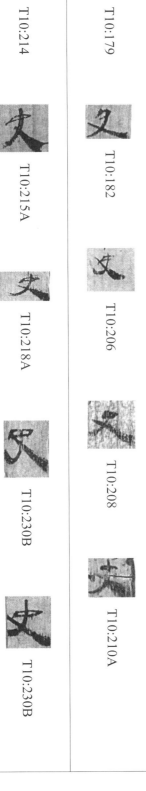

T10:077

T10:078

T10:079

T10:081

T10:083

T10:087

T10:087

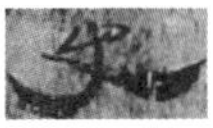
T10:120A

T10:120A

T10:120A

T10:147

T10:153

T10:154A

T10:155

T10:155

T10:156

T10:160

T10:166

T10:168

T10:179

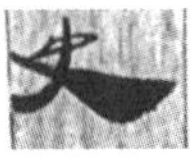
T10:179

T10:182

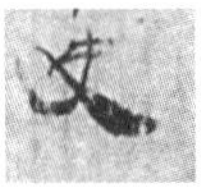
T10:206

T10:208

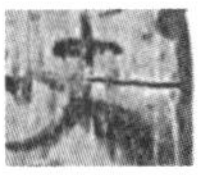
T10:210A

T10:214

T10:215A

T10:218A

T10:230B

T10:230B

T10:266

T10:290

T10:311

T10:315A

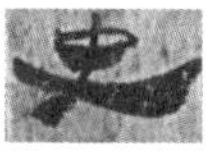
T10:316

T10:322

T10:409

T14:011A

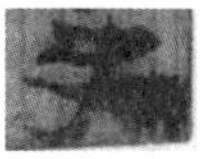
T14:016

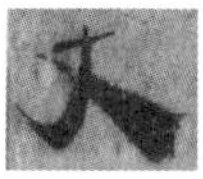
T14:033B

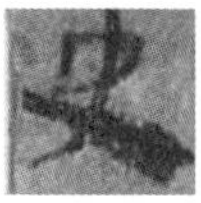
T21:001

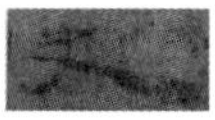
T21:038B

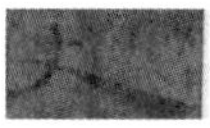
T21:038B

T21:043B

T21:043B

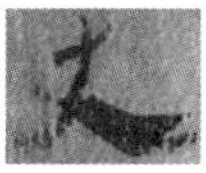
T21:102A

T21:103

T21:104

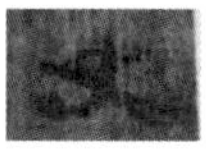
T21:108

T21:109B

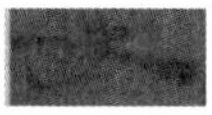
T21:110

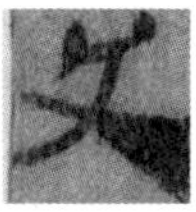
T21:165

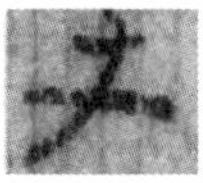
T21:179

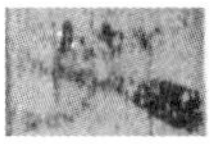
T21:278A

T21:278B

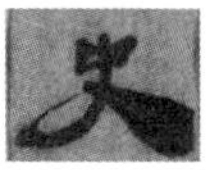
T21:308

T21:421

T21:423

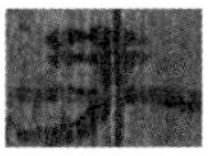
T21:500

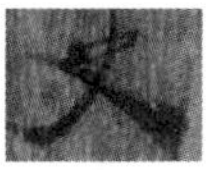
T22:011A

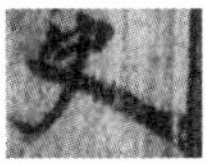
T23:015B

史部　史

T23:060

T23:064

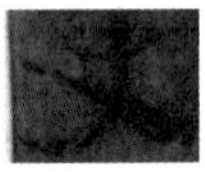
T23:079B

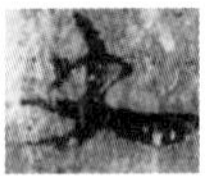
T23:089

T23:134A

T23:206

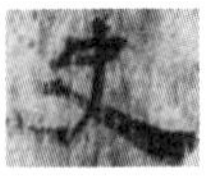
T23:245

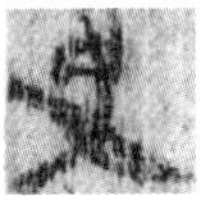
T23:259

T23:279A

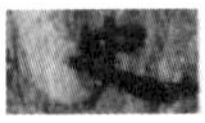
T23:284

T23:288

T23:311

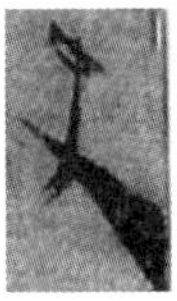
T23:344

T23:364B

T23:380

T23:459B

T23:481B

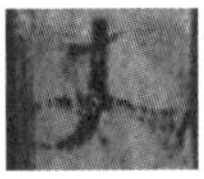
T23:494

T23:504

T23:548

T23:635

T23:658

T23:726

T23:744

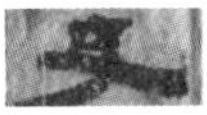
T23:750

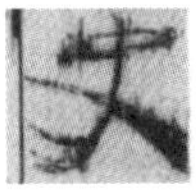
T23:808B

T23:819

T23:832

T23:849A

T23:878

T23:897A

T23:929

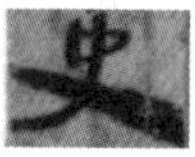
T23:978

T24:026

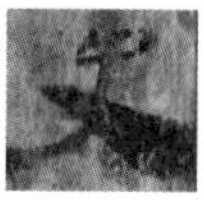
T24:032

T24:032

T24:113B

T24:155

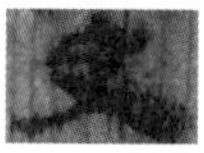
T24:247A

T24:249

T24:250

T24:266A

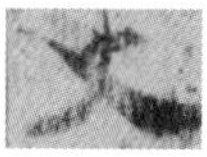
T24:411

T24:416A

T24:547

T24:556

T24:563A

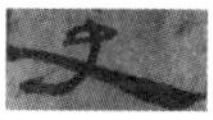
T24:726

T24:748

T24:845

T24:984

T24:992

T25:007A

T25:019

T25:030

T25:071

T25:088

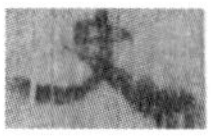
T25:101

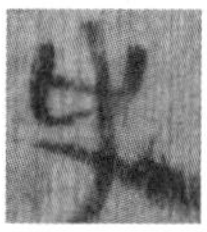
T25:129

T26:042

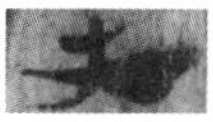
T26:080

T26:087
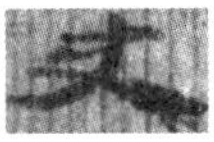
T26:140

T26:152

T26:174A

T26:210

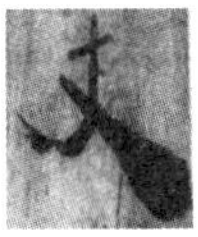
T26:246
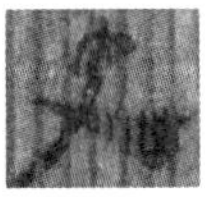
T27:013
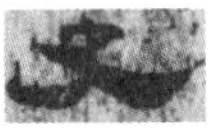
T27:029
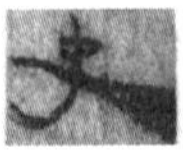
T28:054

T28:071

T28:080

T29:092

T30:043
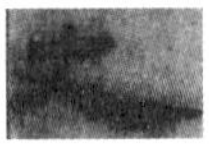
T30:086
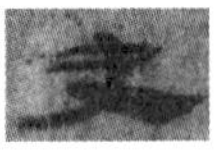
T30:088

T30:089
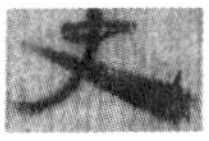
T30:120
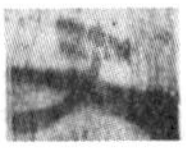
T30:165
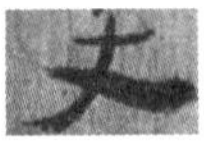
T30:205
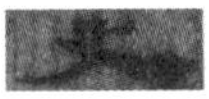
T30:265
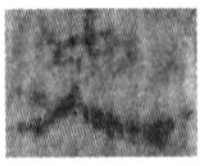
T31:012

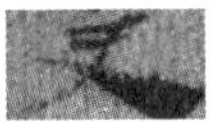
T31:066
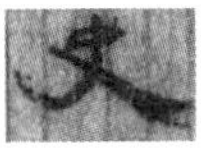
T31:144

T32:001
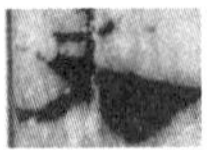
T32:006
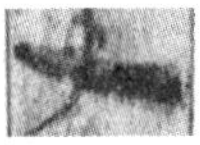
T32:056

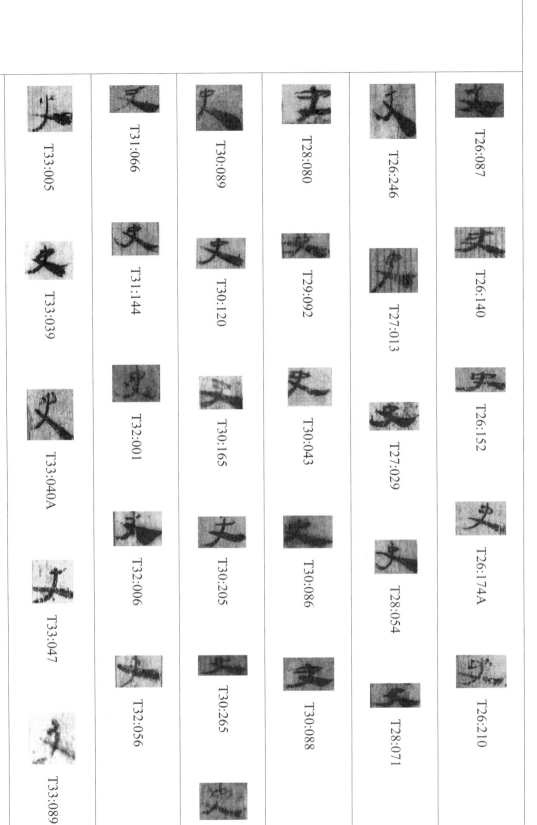

T33:005

T33:039
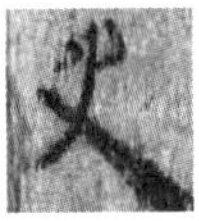
T33:040A

T33:047

T33:089

T34:004B
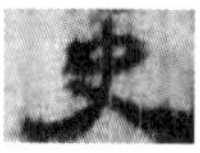
T34:006A

T34:006A

T34:012

T34:012

T35:007

T37:002

T37:005

T37:011

T37:023B
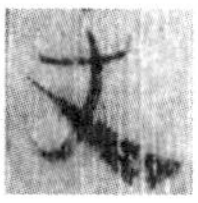
T37:055

T37:056

T37:061A
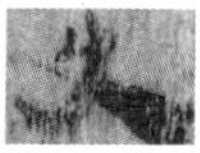
T37:082
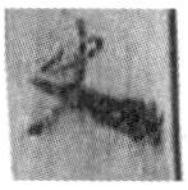
T37:085

T37:103
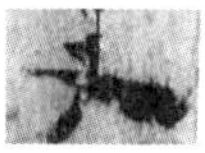
T37:230

T37:233
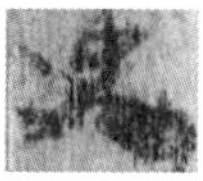
T37:242
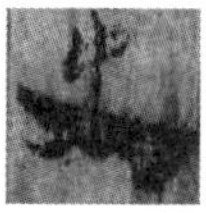
T37:338
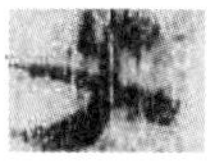
T37:404
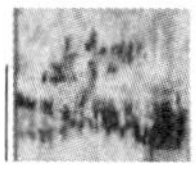
T37:419

T37:450

T37:457
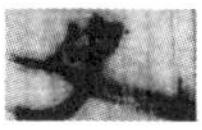
T37:465

T37:466

T37:477

T37:519A
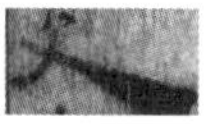
T37:521

T37:522A

T37:522A
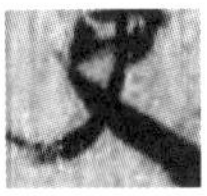
T37:527

T37:528
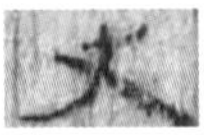
T37:529

T37:531

T37:547

T37:548

T37:709

T37:733

T37:739
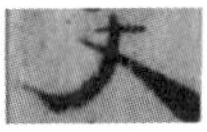
T37:743

T37:749A

T37:752A

T37:758
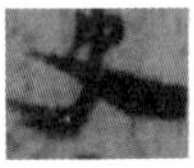
T37:770B

T37:774
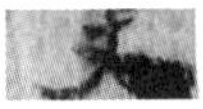
T37:778

T37:778

T37:782
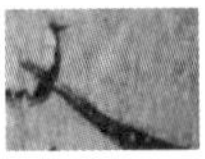
T37:783B

T37:784A
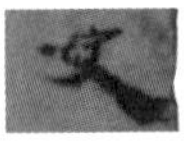
T37:788A
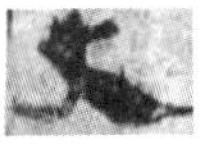
T37:792

T37:799A

T37:828A
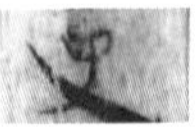
T37:835B

T37:878A

T37:878A
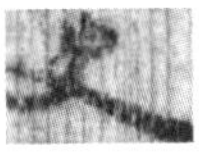
T37:885

T37:940
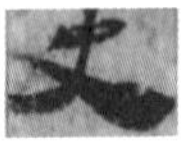
T37:958

T37:972
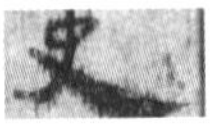
T37:976

T37:996

T37:1026

T37:1061B

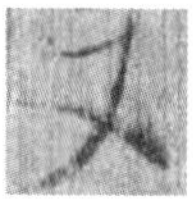
T37:1070

T37:1075A

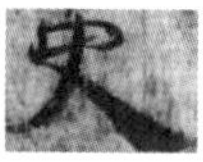
T37:1076A

T37:1079

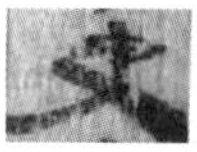
T37:1095B

T37:1100

T37:1113

T37:1117

T37:1130

T37:1163

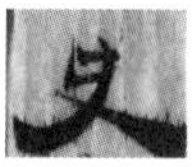
T37:1166

T37:1171

T37:1177

T37:1184

T37:1187

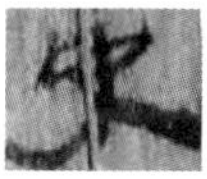
T37:1188

T37:1196

T37:1210

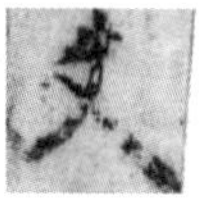
T37:1218

T37:1220

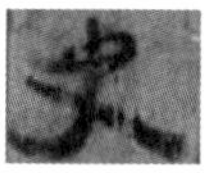
T37:1222

T37:1233B

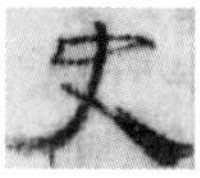
T37:1272

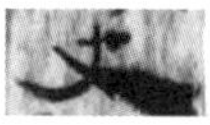
T37:1283

T37:1352B

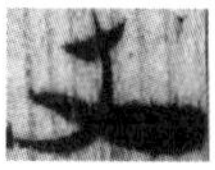
T37:1375A

T37:1389

T37:1397A

T37:1397A

T37:1436

T37:1445
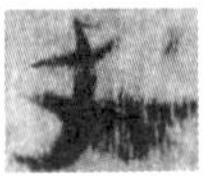
T37:1450

T37:1483
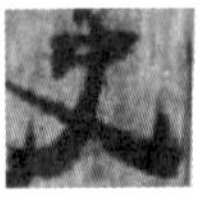
T37:1491
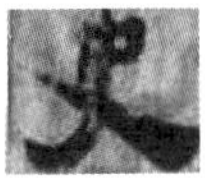
T37:1491
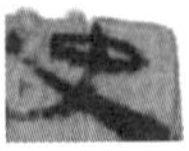
T37:1499A

T37:1501

T37:1502B
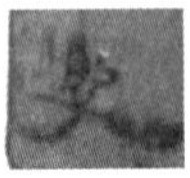
T37:1535B

T37:1537B

T37:1581

T37:1588

H01:004
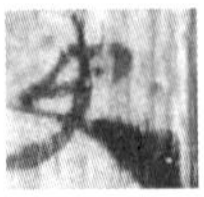
H01:014
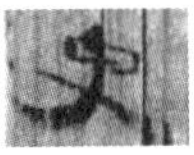
H01:040

H01:040

H01:051

H02:005A
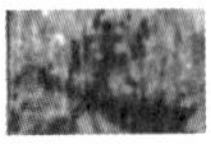
H02:045

H02:048A

H02:048B
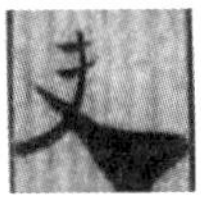
H02:050

H02:056B

H02:089

H02:099

F01:001

F01:001
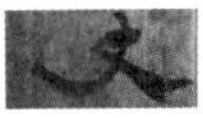
F01:012

F01:013

F01:023B

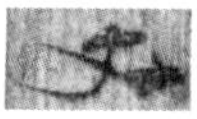
F01:034

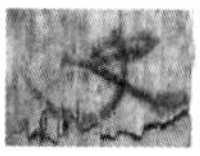
F01:034

F01:076

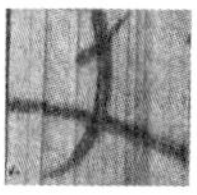
73EJF2:4

73EJF2:13

73EJF2:46B

73EJF3:1

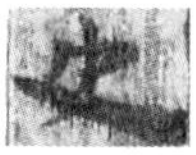
73EJF3:2

73EJF3:20

73EJF3:43

73EJF3:65

73EJF3:93

73EJF3:114+202+168

73EJF3:115

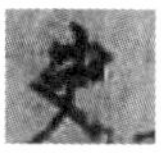
73EJF3:116B

73EJF3:118A

73EJF3:118A

73EJF3:120B

73EJF3:122

73EJF3:125B

73EJF3:157

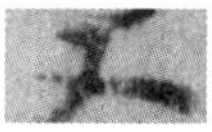
73EJF3:171

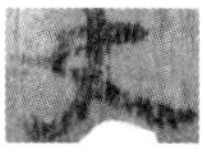
73EJF3:180B

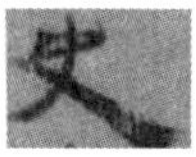
73EJF3:181

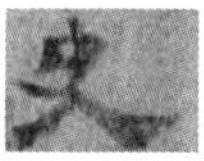
73EJF3:184B

73EJF3:189+421

73EJF3:470+564+190+243

73EJF3:205B

73EJF3:258

73EJF3:270

73EJF3:471+302

73EJF3:315A

73EJF3:344

73EJF3:347

73EJF3:350

73EJF3:384A
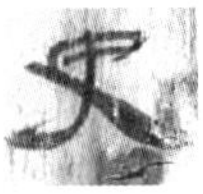
73EJF3:384B

73EJF3:384B

73EJF3:384B

73EJF3:384B

73EJF3:384B

73EJF3:384B

73EJF3:384B
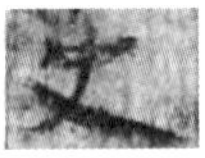
73EJF3:508

73EJF3:510B
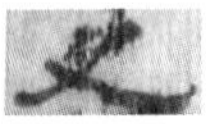
73EJF3:526

73EJF3:541

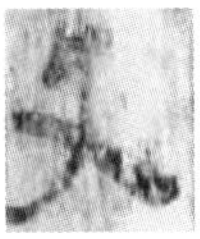
73EJF3:571
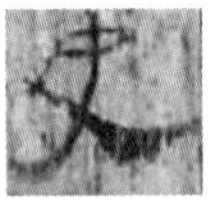
73EJT4H:8B

73EJT4H:8B
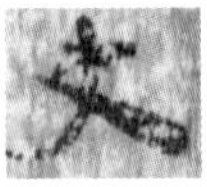
73EJD:2

73EJD:5

73EJD:6

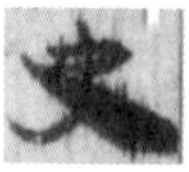
73EJD:6

73EJD:22

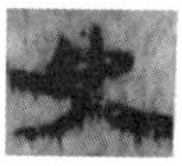
73EJD:44

73EJD:45

73EJD:53

73EJD:56

73EJD:62

73EJD:63

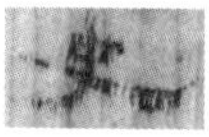
73EJD:64

73EJD:64

73EJD:79B

73EJD:99

73EJD:118

73EJD:121

73EJD:204

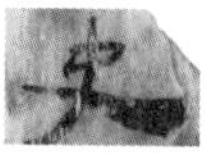
73EJD:241

73EJD:244

73EJD:252

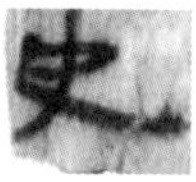
73EJD:371

73EJD:384

72EJC:2A

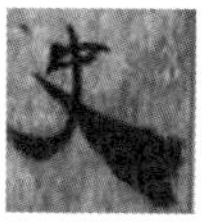
72EJC:8

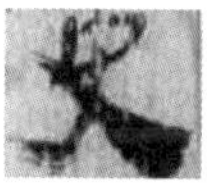
72EJC:161

72EJC:169

72EJC:216

72EJC:218

72EJC:219

72EJC:235A

72EJC:236

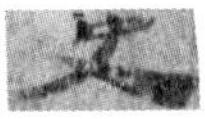
73EJC:307

73EJC:341

73EJC:360

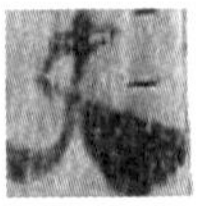
73EJC:368

73EJC:379

73EJC:435

73EJC:436

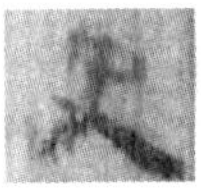
73EJC:529A

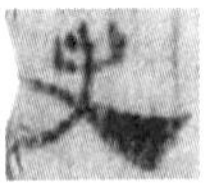
73EJC:555A

73EJC:599A

73EJC:656

73EJC:665

72EBS7C:1A

72EBS7C:2B

## 事

0405

T01:002

T01:002

T01:029

T01:090A

T01:141

T01:217A

T01:217A

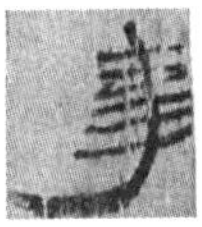
T02:046A

T02:053A

T03:053

T03:055

T03:055

T04:102

T04:108A

**史部** 事

T04:121

T05:007

T05:072

T06:026

T06:038A

T06:038A

T06:068A

T06:077A

T06:162

T07:058

T07:069

T07:117

T07:119

T07:145

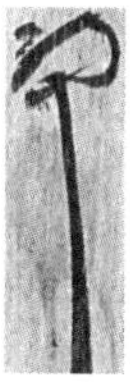
T07:145

T08:008

T08:112

T09:007

T09:012A

T09:019B

T09:025

T09:035

T09:052A

T09:092A

T09:104

T09:162A

T09:210

T09:211

T10:081

T10:115A

T10:120A

T10:120A

T10:121A

T10:121A

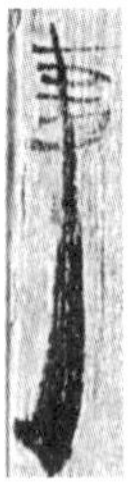
T10:207

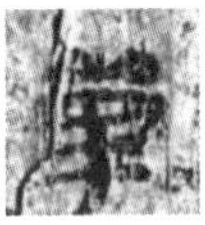
T10:208

T10:208

T10:211

T10:212

T10:213A

T10:216

T10:222

T10:229A

T10:231B

T10:253

T10:312A

T10:315A

T10:315A

T10:360

T11:010

T14:014

T15:002

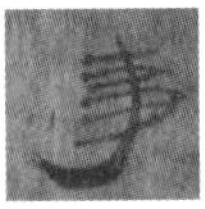
T21:038A

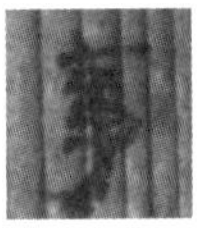
T21:039

T21:042A

T21:043A

T21:047

T21:059

T21:064

T21:103

T21:103

T21:125A

T21:143

T21:175A

T21:322

T21:341

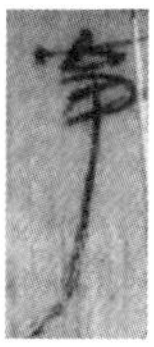
T22:099

T23:079A

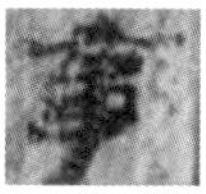
T23:131

T23:196A

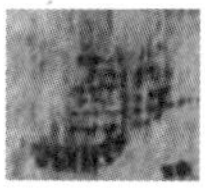
T23:210

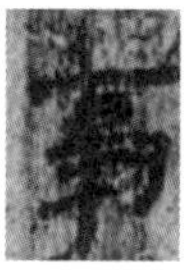
T23:291B

T23:309

T23:339

T23:453

T23:499

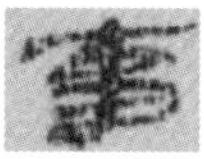
T23:620

T23:797B

T23:831

T23:897A

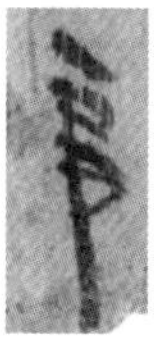
T23:960

T23:966

T23:967

T24:018

T24:019

T24:023A

T24:024A

T24:025

T24:040

T24:065A

T24:188

T24:245

T24:266A

T24:269A

T24:304

T24:407

T24:532A

T24:567

T24:816

T24:977A

T25:020

T26:001A

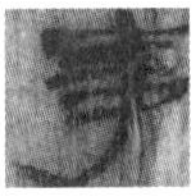
T26:016

T27:050

T28:064

T28:080

T29:029

T29:094

T29:114B

T29:116

T30:011

T30:059A

T30:068

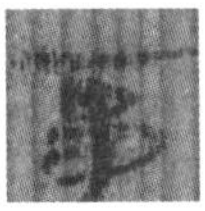
T30:076

T30:134

**史部** 事

T30:163

T30:169

T30:205

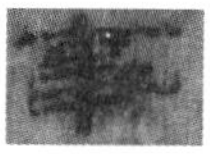
T31:064

T31:104A

T31:114A

T31:149

T33:028

T33:040A

T37:004

T37:035

T37:052

T37:109

T37:179A

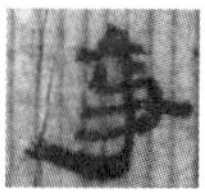
T37:346

T37:425

T37:521

T37:523A

T37:529

T37:530

T37:530

T37:531

T37:535B

T37:690

T37:706

T37:716A

T37:718

T37:733

T37:770A

T37:776A

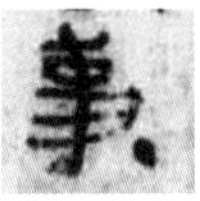
T37:792

T37:799A

T37:835A

T37:836A

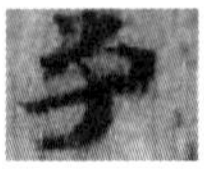
T37:857A

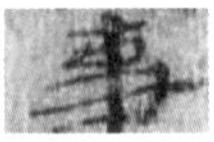
T37:870

T37:975

T37:1013

T37:1076A

T37:1092

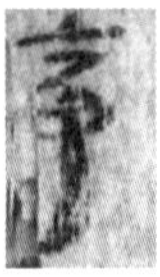
T37:1175

T37:1186A

T37:1188

T37:1233A

T37:1375A

T37:1439

T37:1453

T37:1462

T37:1491

T37:1498

T37:1519

H01:013

H01:014

H01:040

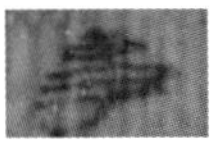
H02:012

H02:046

H02:047A

H02:048A

H02:048B

H02:077

F01:004

F01:013

F01:015

F01:015

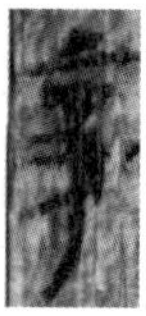
F01:025

F01:031

73EJF2:43

73EJF2:46A

73EJF3:1

73EJF3:67

73EJF3:125A

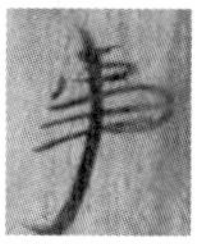
73EJF3:153

73EJF3:175+219+583+196+407

73EJF3:179A

73EJF3:182A

73EJF3:182A

73EJF3:254

73EJF3:430A+263A

73EJF3:433+274

73EJF3:315A

73EJF3:327

73EJF3:328A

73EJF3:328B

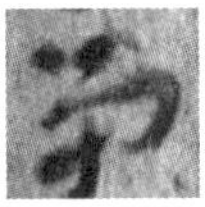
73EJF3:328B

73EJF3:392B

73EJF3:392B

73EJF3:427

73EJF3:466

73EJF3:526

73EJF3:610

73EJT4H:5A

73EJT4H:34

73EJD:2

73EJD:19A

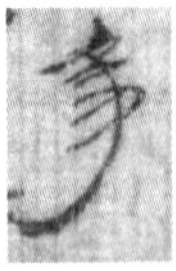
73EJD:42

73EJD:116A

73EJD:116A

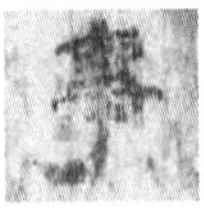
73EJD:140

73EJD:246

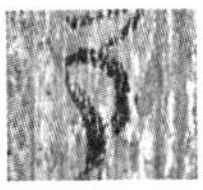
73EJD:266A

73EJD:281A

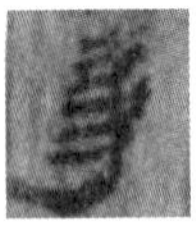
73EJD:288

73EJD:307B

72EJC:60

72EJC:142

72EJC:178A

73EJC:316A

73EJC:460

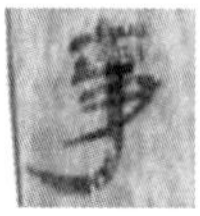
73EJC:522

73EJC:589

73EJC:600

73EJC:604

73EJC:604

73EJC:655

72ECC:1+2A

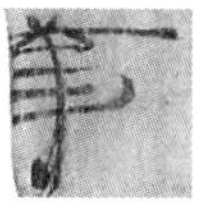
72ECC:24

72ECC:76

72EBS7C:2A

## 支

0406

T04:114B

T23:863

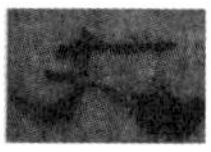
T29:115A

73EJD:116A

## 書

0407

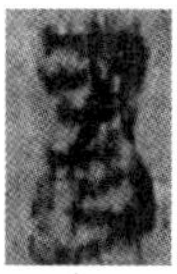
T01:001

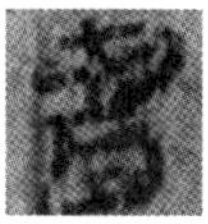
T01:002

T01:002

T01:126

T02:022

T03:013A

T03:060

T03:078

T03:112

T04:001

T04:063A

T05:068A

T05:071

T05:076

T05:076

T06:014B

T06:025

T06:027A

T06:187

T07:020

T07:022A

T07:025

T07:025

T07:112

T07:120

T07:181

T08:051A

T09:012A

T09:013

T09:025

T09:198

T10:120A

T10:206

T10:206

T10:217

T10:238

T10:247

T10:248

T10:304

T10:311

T10:315A

T10:319

T11:017

T14:032

T14:032

T14:033A

T15:001A

T21:001

T21:042A

T21:043A

T21:047

T21:047

T21:102A

T21:103

T21:103

T21:103

T21:106

T21:114

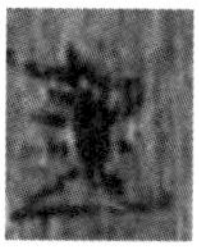
T21:114

T21:158A

T21:201

T21:237

T21:239

T21:264

T21:341

T21:368

T21:409

T21:442

T22:008

T22:087

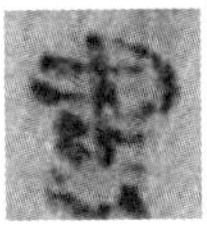
T22:114

T22:114

T23:007A

T23:008

T23:064

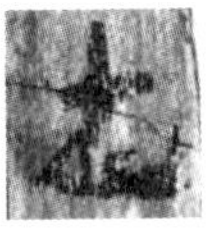
T23:076B
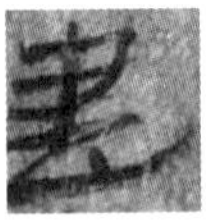
T23:131
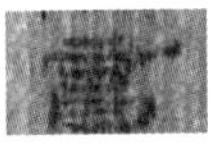
T23:157A

T23:210
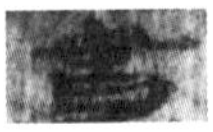
T23:213

T23:244

T23:277
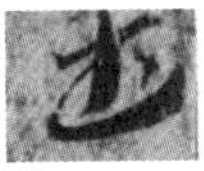
T23:301
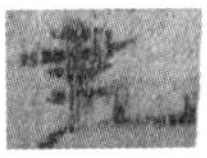
T23:357

T23:378

T23:413
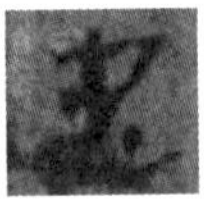
T23:494

T23:620
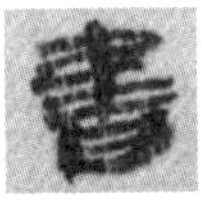
T23:620

T23:621

T23:634
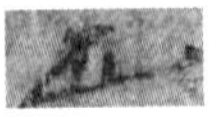
T23:637A

T23:725

T23:740A

T23:787

T23:797B
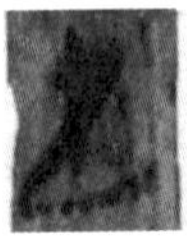
T23:886

T23:894A

T23:895

T23:907A

T24:009A

T24:024A

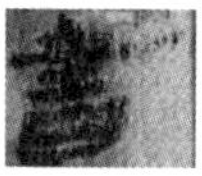
T24:024A

T24:024A

T24:026

T24:032

T24:034

T24:040

T24:040

T24:065A

T24:065A

T24:065A

T24:065A

T24:074

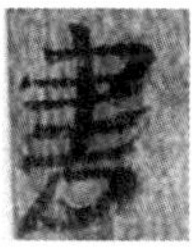
T24:132

T24:141

T24:247A

T24:312

T24:334A

T24:416A

T24:525

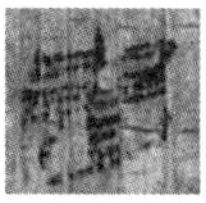
T24:527

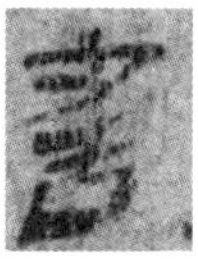
T24:532A

T24:616A

T24:828

T24:839

T24:989

T25:006

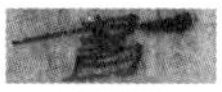
T25:030

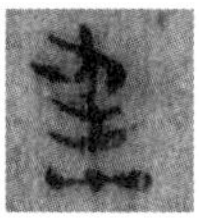
T25:069

聿部

書

T25:156

T25:169

T26:024

T26:057

T26:085

T26:088A

T26:088A
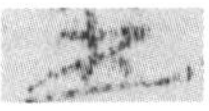
T26:102

T28:013B

T28:016
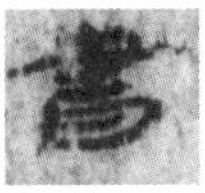
T28:028

T30:026

T30:026

T30:041

T30:046

T30:068
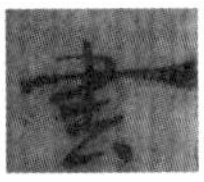
T30:068

T30:091

T30:143

T30:194

T30:205
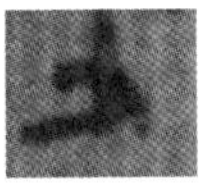
T30:259

T31:034A
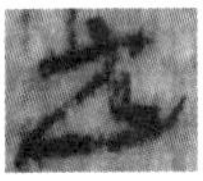
T31:035

T31:036

T31:064

T31:064
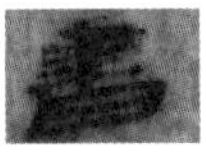
T31:064

T31:064

T31:064

聿部 書

T31:092A

T31:105

T31:114A

T31:155

T31:190

T32:003

T33:007B

T33:057

T34:001A

T34:003A

T34:040

T34:045

T37:004

T37:033

T37:035

T37:061A

T37:088A

T37:244

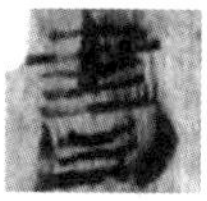
T37:276A

T37:294A

T37:520A

T37:522A

T37:522A

T37:526

T37:540

T37:628

T37:692

T37:705

T37:707A

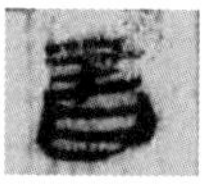
T37:715

T37:727A

T37:743

T37:743

T37:770A

T37:771

T37:776A

T37:779

T37:783A

T37:788A

T37:788A

T37:828A

T37:837

T37:851B

T37:949

T37:964

T37:1014

T37:1032A

T37:1060

T37:1061A

T37:1062A

T37:1070

T37:1075A

T37:1106

T37:1134

T37:1162A

T37:1188

T37:1247

T37:1311

T37:1407

T37:1409

T37:1432

T37:1439

T37:1449

T37:1450

T37:1502A

T37:1503A

T37:1519

H01:014

H01:040

H02:075

H02:077

F01:010

F01:012

F01:013

F01:013

F01:015

F01:015

73EJF3:39A

73EJF3:117A

73EJF3:120A

73EJF3:123A

73EJF3:125A

73EJF3:125A

73EJF3:153

73EJF3:153

73EJF3:155A

73EJF3:157

聿部 書

73EJF3:171

73EJF3:183A

73EJF3:184A

73EJF3:184A

73EJF3:185

73EJF3:194+198

73EJF3:232

73EJF3:311

73EJF3:327

73EJF3:349

73EJF3:449A

73EJF3:508

73EJF3:508

73EJT4H:68

73EJD:2

73EJD:2

73EJD:4

73EJD:19A

73EJD:22

73EJD:30

73EJD:33A

73EJD:34

73EJD:35

73EJD:36A

73EJD:40A

73EJD:42

73EJD:43A

73EJD:55B

73EJD:71A

73EJD:73A

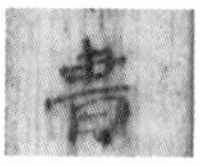
73EJD:140

73EJD:172

73EJD:197A

73EJD:237

73EJD:243

73EJD:260A

73EJD:260A

73EJD:260A

73EJD:260A

73EJD:271

73EJD:274

73EJD:285A

73EJD:293

73EJD:334

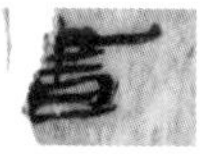
73EJD:350

73EJD:358

73EJD:388

72EJC:2A

72EJC:35

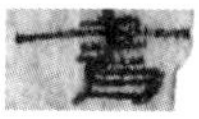
72EJC:108A

73EJC:291

73EJC:292

73EJC:300

73EJC:311

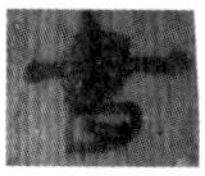
73EJC:458

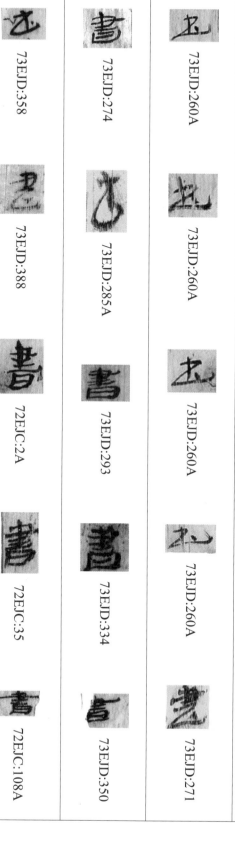

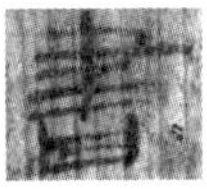
73EJC:512A

73EJC:551

73EJC:604

73EJC:634

72ECC:1+2B

72ECC:22

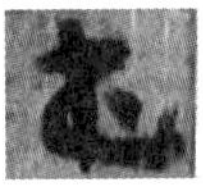
72EBS7C:2A

72EBS7C:2A

72EBS7C:2B

## 畫

0408

T30:186

## 晝

0409

T10:445

T24:743

## 堅

0410

T23:301

T29:098

73EJF3:298

73EJD:243

72EJC:281

豎

0411

T24:198

臣

0412

T01:018

T04:048

T06:179

T21:058

T23:878

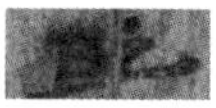
T24:597

T26:087

T26:087

T31:009

T37:753

F01:001

F01:001

F01:001

F01:002

F01:002

F01:002

73EJC:435

臧

0413

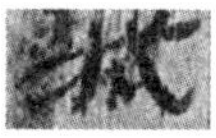
T04:011

T04:080

T06:052

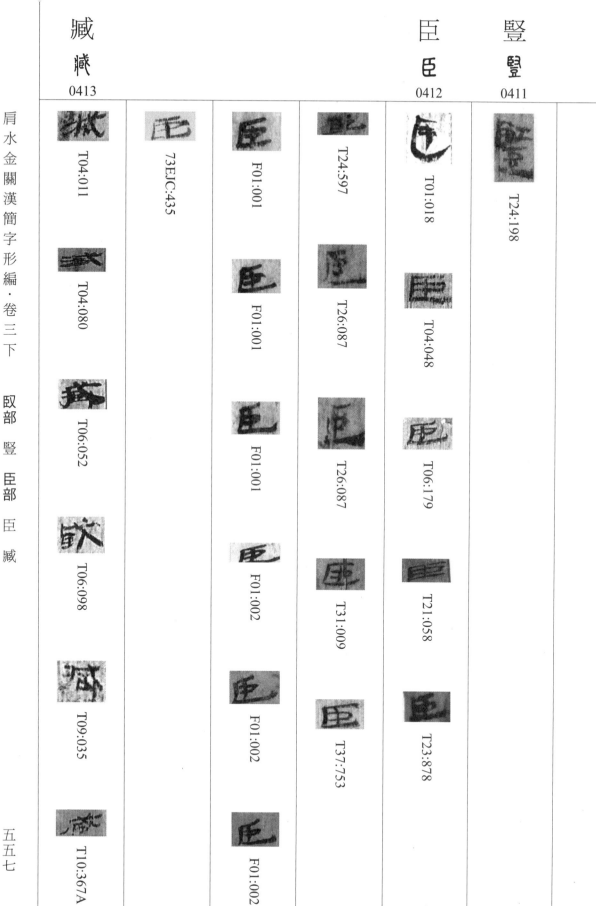

T06:098

T09:035

T10:367A

臣部 臧 殳部 毄 殿 段

## 臧

T21:060A

T24:245

T25:004

T29:127

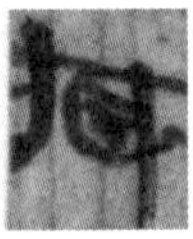
T30:011

T33:039

T37:968A

T37:1097A

T37:1451A

T37:1491

73EJD:4

73EJD:284B

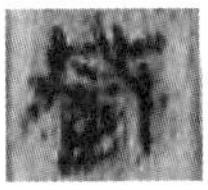
72EJC:225

## 毄 0414

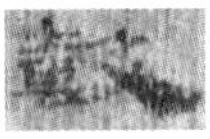
T24:852

T30:006

73EJC:600

## 殿 0415

T22:022

## 段 0416

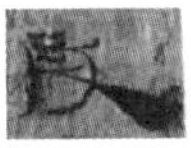
T10:216

T10:267A

T14:040

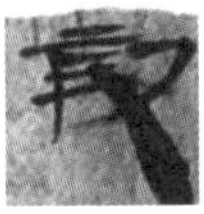
T23:481A

T23:603

T24:051

T25:127

T27:067

T27:069

T31:146

T37:455

T37:829

T37:1109

T37:1222

73EJF3:251A+636B+562A+234A+445A

73EJD:49A

73EJC:441

## 殺

殺

0417

T07:013A

T21:131A
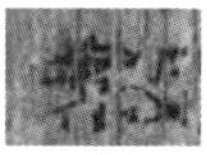
T23:153

T23:412

T23:464

T24:401

T24:719

T37:722

## 寸

寸

0418

T01:041

T03:049

T03:051

T03:095

T04:054

| | | | | | |
|---|---|---|---|---|---|
| T04:111 | T06:031 | T06:135B | T07:009 | T07:047 | T08:004 |
| T09:055 | T09:082 | T09:098 | T09:122 | T09:195 | T09:228 |
| T09:274 | T10:148 | T10:261 | T10:331 | T10:385 | |
| T14:005 | T14:013 | T21:205A | T21:262 | T21:290 | |
| T21:386 | T21:446 | T22:001 | T22:024 | T22:048 | |
| T23:148 | T23:985 | T24:158 | T24:316 | T24:553 | T25:005 |

T25:055

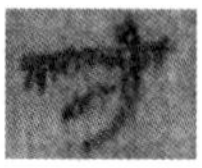
T25:109

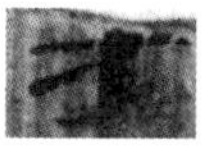
T25:191

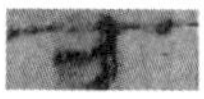
T26:023

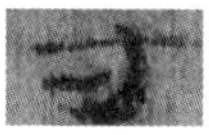
T26:046

T26:108

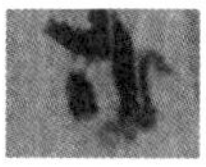
T26:118

T26:120

T26:196

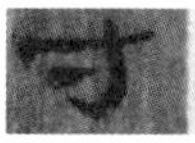
T26:238

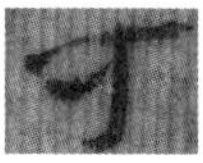
T27:019

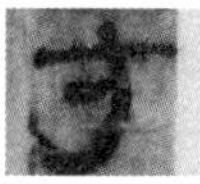
T27:092

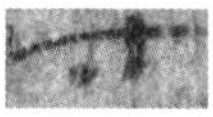
T28:094

T29:108

T30:020

T30:094A

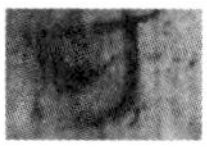
T30:132

T30:181

T31:073

T33:091

T34:007

T34:013

T34:033

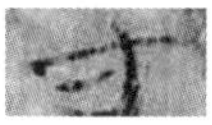
T35:005

T37:003A

T37:017

T37:019

T37:058

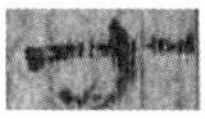
T37:076

T37:078

T37:079

T37:132

T37:365

T37:385

T37:414

T37:551

T37:563

T37:580

T37:618

T37:623

T37:653

T37:660

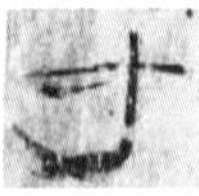
T37:669

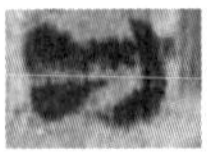
T37:672

T37:695

T37:710

T37:713

T37:717

T37:730

T37:742

T37:745

T37:753

T37:759

T37:785

T37:791

T37:794

T37:796

T37:797

T37:802

T37:831

T37:833A

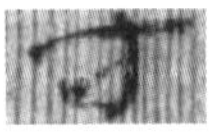
T37:847

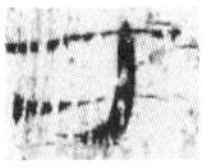
T37:861

T37:873

T37:874

T37:920

T37:983

T37:986

T37:992

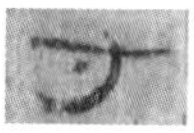
T37:993

T37:994

T37:995

T37:996

T37:999

T37:1006

T37:1057A

T37:1101

T37:1102

T37:1154

T37:1156

T37:1444

T37:1493

T37:1582

T37:1586

T37:1587

H01:023

H01:057

H02:017

H02:041

F01:031

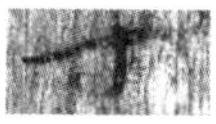
73EJF2:21

73EJF3:290+121

73EJF3:137

73EJF3:256

73EJF3:347

73EJF3:614

72EJC:5

72EJC:19

72EJC:43+52

72EJC:95

72EJC:154

72EJC:191

73EJC:338

73EJC:429

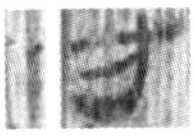
73EJC:468

73EJC:616

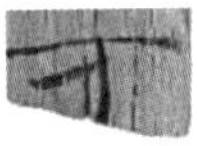
73EJC:642

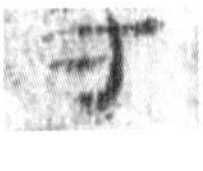
73EJC:662

72EDAC:6

## 寺

0419

72EJC:37

## 將

0420

T01:056

T01:173

T03:113

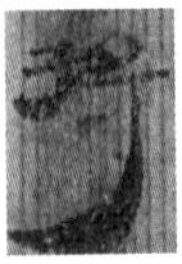
T04:098B

T05:007

T06:174

T06:183

T09:069

T09:121

T10:120A

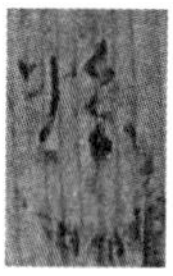
T10:163A

T10:241

T21:008

T21:059

T21:161

T21:293

T21:421

T22:001

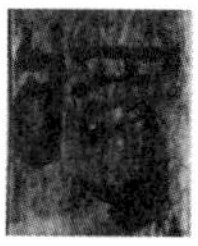
T22:094

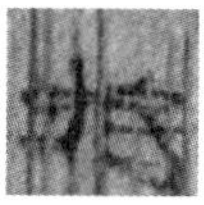
T22:111A

T22:111A

T22:111A

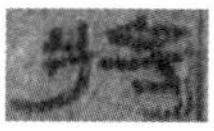
T22:111A

T22:111A

T23:121

T23:200:①

T23:253A

T23:457

T23:740A

T24:036

T24:036

T24:081

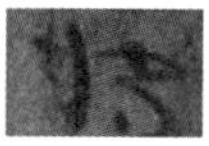
T24:245

T24:269A

T24:376A

T26:109

T26:235

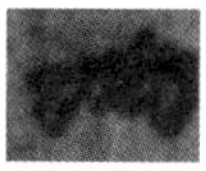
T28:107

T29:078

T29:097

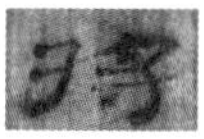
T30:021A

T31:026

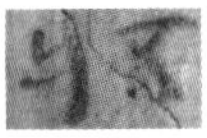
T31:198B

T33:028

T35:006

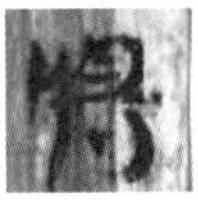
T37:007

T37:132

T37:332

T37:805A

T37:830

T37:1006

T37:1123

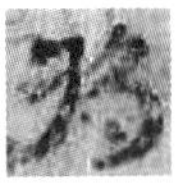
T37:1151A

H02:095

F01:012

73EJF3:38

73EJF3:38

73EJF3:115

73EJF3:115

73EJF3:154

73EJF3:154

73EJF3:164

73EJF3:325

73EJF3:587

73EJD:3

73EJD:5

73EJC:291

73EJC:600

## 0421 專

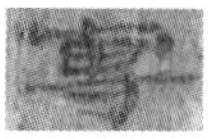
T24:845

T37:158

T37:1163

72ECC:75

## 0422 導

73EJF3:203

## 0423 皮

T01:019

T03:069

T03:088

T11:023

T14:005

T14:006

T21:084

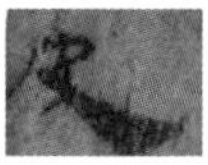
T28:018

T32:067

T37:1151A

T37:1542

## 0424 敊

T21:444

## 0425 效

T24:739

# 故

0426

T01:001

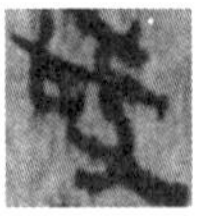
T01:001

T01:001

T01:001

T01:012

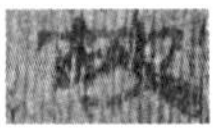
T02:094

T03:053

T03:053

T03:055

T03:055

T03:104

T04:055

T04:098A

T05:007

T09:001

T09:136

T10:372

T15:008B

T15:024A

T21:059

T21:112

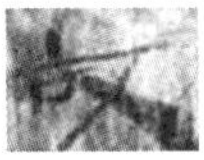
T21:288

T22:032

T22:075

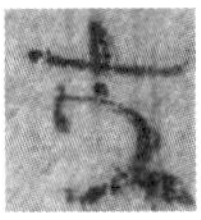
T22:114

T23:122

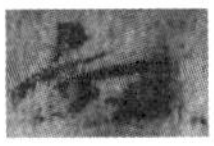
T23:237A

T23:275

T23:279A

T23:295

T23:359A

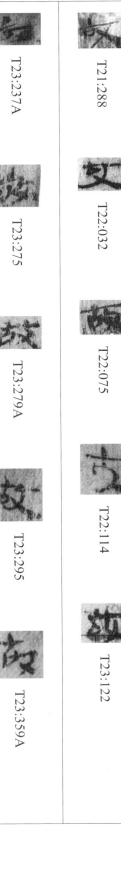

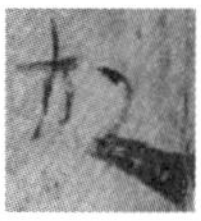
T23:495B

T23:497

T23:503

T23:932

T23:963

T23:964

T24:011

T24:013

T24:015B

T24:291

T24:339A

T24:377

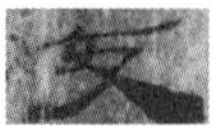
T24:578

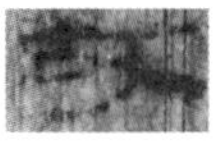
T24:731

T24:956

T25:101

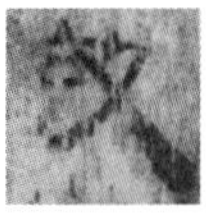
T26:004

T26:038

T26:112

T26:274

T29:071

T30:007+019

T30:028A

T30:144

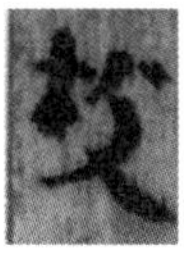
T30:179

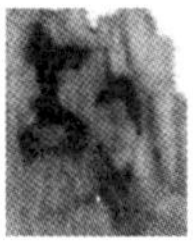
T31:127

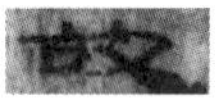
T31:128

T31:141

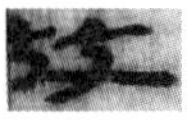
T37:486

T37:526

T37:526

T37:529

T37:530

T37:593

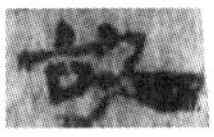
T37:746

T37:1026

T37:1143B

T37:1184

T37:1319

H01:003A

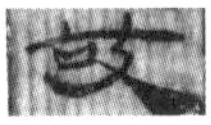
H02:002

73EJF3:116B

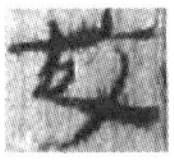
73EJF3:430B+263B

773EJF3:511+306+291

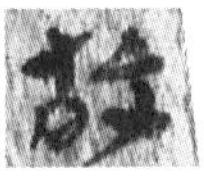
73EJF3:300

73EJD:16A

73EJD:48

73EJD:48

73EJD:214

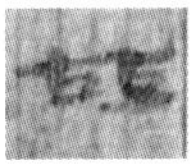
73EJC:551

73EJC:592A

73EJC:600

72ECC:16

## 政

0427

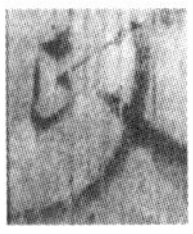
T23:731A

T23:966

T24:254

T24:790

T24:984

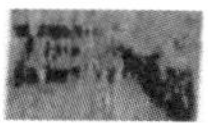
T25:004

T30:132

T31:028

T31:064

T35:003

T37:033

T37:059

T37:1173

73EJF3:281+18

73EJD:16A

73EJD:16B

# 數

0428

T05:120

T07:003

T07:112

T10:206

T10:406

T10:406

T15:011A

T23:080A

T23:298

T23:359A

T23:364A

T23:563

T23:674

T23:788B

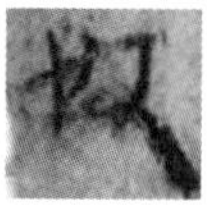
T23:807

# 敝

0429

T23:919A

T23:919A

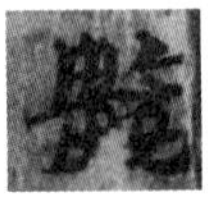
T23:967

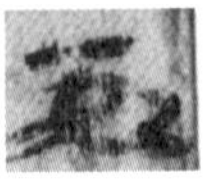
T24:073A

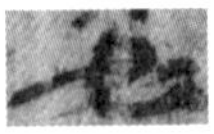
T24:073A

T24:192

T25:149B

T27:103

T29:044

T30:028A

T37:054

T37:627

T37:708B

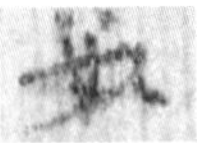
73EJF3:127B

73EJC:599B

T02:097

T04:056

T09:144A

T10:158

T10:179

T21:104

T23:134A

T23:207A

T23:239

T23:365B

T29:127

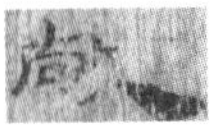
T30:214

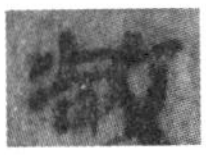
T31:064

T31:146

T37:082

T37:520B

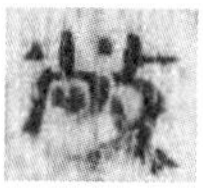
T37:752A

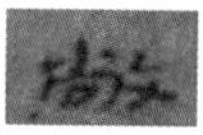
T37:788A

T37:1061A

T37:1070

73EJF3:1

73EJF3:65

73EJF3:93

73EJD:1

73EJD:173

73EJD:384

72EJC:268

73EJC:662

## 改

0430

72ECC:16

## 變

0431

T01:001

T23:797B

73EJC:607

## 更

0432

T01:001

T01:059

T01:081

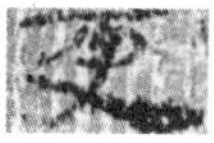
T01:114

T01:137

T01:149

T01:150

T01:151

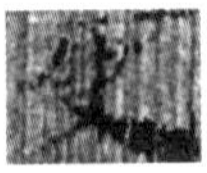
T01:155

T01:175

T01:182

T02:043

T02:099

T02:103

T03:004

T05:114

T06:050

T06:050

T08:040

T09:041

T09:045

T09:126

T10:228

T10:294

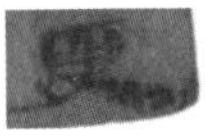
T21:059

T21:095

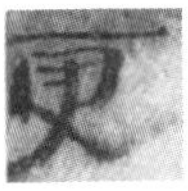
T21:286B

T21:295A

T22:120

T23:028

T23:405

T23:406B

T23:765

T23:897A

T23:920

T24:134

T24:282
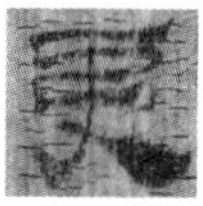
T24:545A

T24:563A

T24:724

T24:885
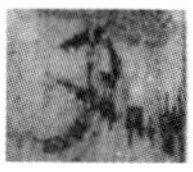
T24:939

T26:056

T27:021

T27:030

T28:030

T29:096

T30:003

T30:008

T30:012

T30:012

T30:013

T30:013

T30:014

T30:025

T30:028A

T30:118

T30:262

T30:263

T30:263
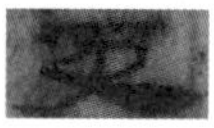
T30:267

T31:027

T33:040A

T37:279A

T37:470

T37:776A

T37:833A

T37:847

T37:912

T37:983

T37:992

T37:1006

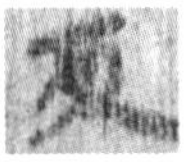
T37:1036

T37:1220

T37:1224

T37:1242

T37:1330

T37:1445

T37:1452

T37:1476

T37:1581

H02:001

73EJF3:161

73EJD:38

73EJD:388

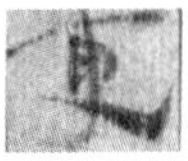
73EJC:413

73EJC:529A

敕

0433

T31:064

斂

0434

T22:003

救

0435

72EJC:43+52

72EJC:230

赦

0436

T01:235

T03:055

T06:138

T09:050

T23:093

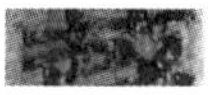

T23:108

T23:929

T24:249

T24:317

T24:773

T25:071

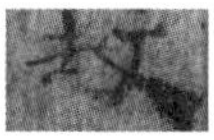

T26:055

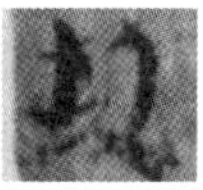

T26:087

T27:065

T28:079

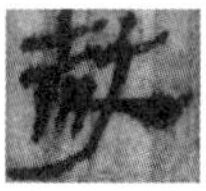

T30:007+019

T30:219

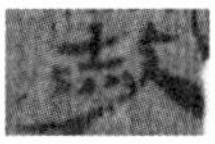

T31:066

T33:039

T33:050

T34:006A

T37:870

T37:933

H01:003A

H02:024

73EJF3:60

攴部 敇 敦 敗 寇

## 敦

0437

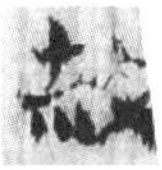

73EJF3:207

73EJF3:362

73EJC:466

72EBS7C:1A

T03:038A

T06:124

T09:009A

T09:104

T23:413

T23:655

T28:008A

T31:066

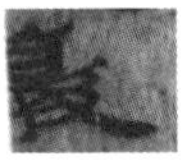

T31:131

F01:036

73EJF3:119A

73EJF3:436A

73EJD:37A

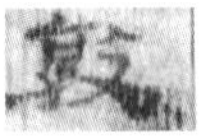

72EBS7C:1A

## 敗

0438

T33:088

73EJC:600

## 寇

0439

T10:131

T21:059

T21:373

T23:116

T23:145

T23:287A

T23:287A

T23:616

T24:852

T25:130

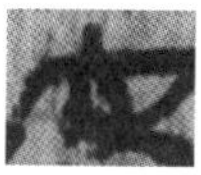
T30:032

T30:032

T30:040

T31:033

T37:025

T37:130

T37:155

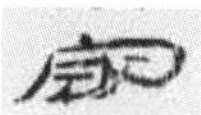
T37:670

73EJF3:83

73EJF3:420

73EJD:75B

73EJD:75B

73EJD:164

72EJC:141

## 收

0440

T01:183

T03:055

T05:023B

T07:013A

T07:025

T07:025

T09:246

T10:340

T23:007A

T23:079A

## 攻

0441

T23:342

T23:658

T24:024A

T24:134

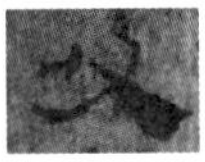
T29:100

T30:026

T32:003

T37:261

T37:273

T37:303

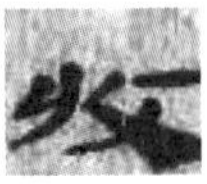
T37:525

T37:693

T37:743

T37:756

T37:1097A

T37:1168

T37:1315

73EJF2:8

73EJF3:251A+636B+562A+234A+445A

73EJF3:298

73EJF3:316

73EJF3:447B

73EJD:19A

73EJD:88B

T07:139

T24:911

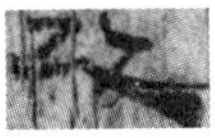
T24:955

## 牧

0442

T23:878

T24:335A

73EJF3:46

73EJF3:81+80

73EJF3:264

## 教

0443

T01:002

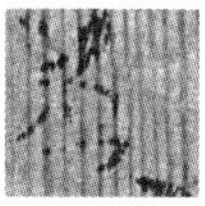

T05:097

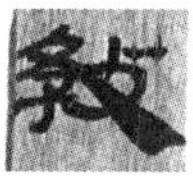

T09:008

T21:026

T21:303

T23:279A

T23:415

T23:604

T23:620

T23:885A

T23:909A

T24:077

T24:077

T24:201A

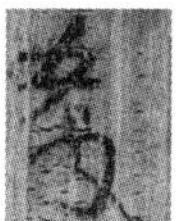

T25:015B

T25:176

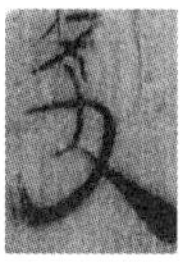

T27:101

T28:071

T30:081A

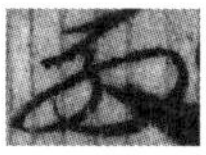

T37:1375A

73EJF3:433+274

73EJF3:384A

73EJF3:384A

73EJD:260A

73EJD:311B

72EJC:108A

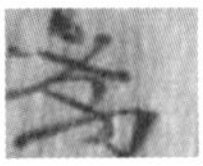
72EJC:249

73EJC:586A

73EJC:634

## 斅 0444

T23:883

按：《說文》，學「篆文。斅省」。

## 卜 0445

T02:071

T24:328

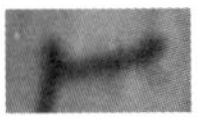
72EJC:278

## 貞 0446

T09:093

T23:818

T37:1231

T37:1590

## 占 0447

T01:069

T09:104

T09:140

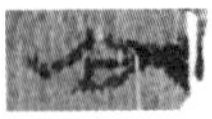
T09:208

T09:271B

T10:133

T10:134

T10:419

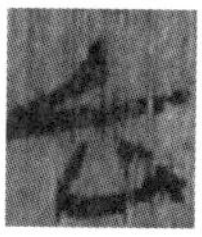
T22:001

T23:025

T23:463

T24:249

T24:264A

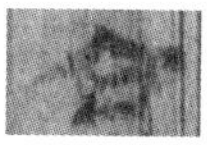
T24:563A

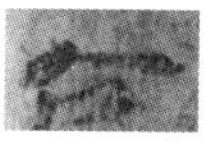
T24:730

T26:088A

T27:064

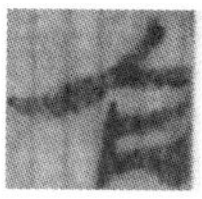
T30:243A

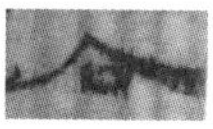
T31:014

T31:066

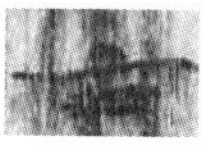
T37:521

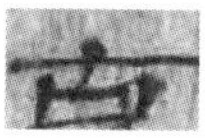
T37:524

T37:836A

T37:871

T37:916

T37:919

T37:999

T37:1014

T37:1097A

T37:1167A

T37:1184

T37:1462

H01:017

F01:010

73EJF3:156

73EJD:79B

73EJD:96

73EJC:529A

72EDIC:3

72EDIC:3

72EBS7C:1A

## 𠧞

0448

T09:094A

T10:152

T23:696

T23:878

T23:923

T24:954

T31:042A

T37:1081

按：《說文》，「古文兆省」。

## 用

0449

T01:041

T03:068

T04:066

T05:064

T05:079

T06:041A

T06:041A

T06:091

T07:017

T09:091

T09:104

T09:208

T09:314

T10:133

T10:134

T10:407

T21:050

T21:056

T21:058

T21:124

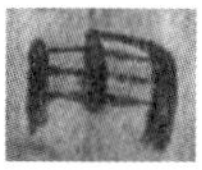
T21:124

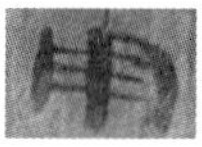
T21:124

T21:124

T21:154

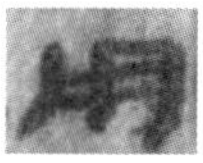
T21:314

T21:326

T22:145

T23:153

T23:276

T23:301

T23:499

T23:567

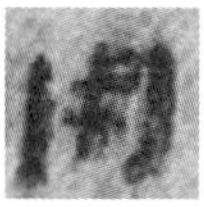
T23:660

T23:748

T23:897A

T23:897A

T23:899B

T23:905

T24:040

T24:165

T24:195

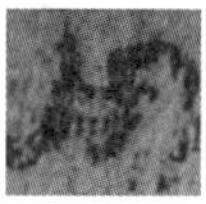
T24:200

T24:206

T24:248

T24:249

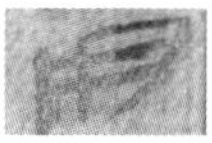
T24:250

T24:264A

T24:269A

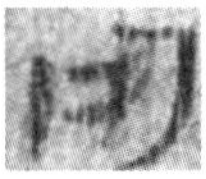
T24:339A

T24:374

T24:730

T25:123

T26:157

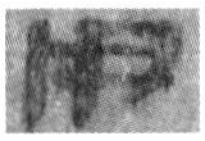
T26:245

T27:055

T28:101

T30:031

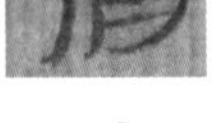
T30:068

T31:064

T31:066

T31:101A

T32:032A

T33:042

T37:036

T37:127

T37:175

T37:521

T37:535A

T37:674

T37:711

T37:711

T37:758

T37:758

T37:761

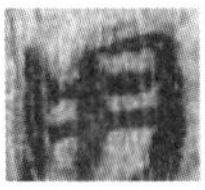
T37:762

T37:762

T37:768

T37:779

**用部** 用

T37:786B

T37:796

T37:808

T37:836A

T37:851A

T37:859

T37:919

T37:997

T37:999

T37:1015

T37:1042

T37:1058

T37:1097A

T37:1107

T37:1159

T37:1167A

T37:1443

T37:1584

H01:040

H02:006

H02:051

F01:009

F01:012
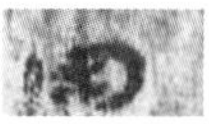
F01:013

F01:014

F01:088

73EJF3:37

73EJF3:48+532+485

73EJF3:57A

73EJF3:60

73EJF3:89

73EJF3:90

73EJF3:290+121

73EJF3:129

73EJF3:129

73EJF3:132

73EJF3:139

73EJF3:140

73EJF3:144

73EJF3:172

73EJF3:172

73EJF3:178A

73EJF3:194+198

73EJF3:433+274

73EJF3:315B

73EJF3:315B

73EJF3:326

73EJF3:329B

73EJF3:344

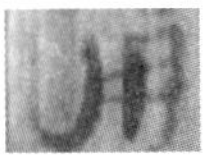
73EJF3:346

73EJF3:347

73EJF3:352

73EJF3:368

| Character | Image | Source |
|---|---|---|
| 用 |  | 73EJF3:369 |
| 用 |  | 73EJF3:370 |
| 用 |  | 73EJF3:371 |
| 用 | 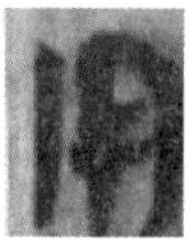 | 73EJF3:372 |
| 用 |  | 73EJF3:373 |
| 用 |  | 73EJF3:412 |
| 用 |  | 73EJF3:536+424 |
| 用 |  | 73EJF3:426 |
| 用 |  | 73EJF3:431 |
| 用 |  | 73EJF3:477 |
| 用 |  | 73EJD:6 |
| 用 |  | 73EJD:17 |
| 用 |  | 73EJD:65 |
| 用 |  | 73EJD:79B |
| 用 |  | 73EJD:200+175 |
| 用 |  | 73EJD:236 |
| 用 |  | 72EJC:283 |
| 用 |  | 72EJC:287 |
| 用 |  | 72EDAC:7 |
| 用 |  | 72ECC:1+2B |
| 用 |  | 72EBS7C:1A |

## 庸

0450

| Character | Image | Source |
|---|---|---|
| 庸 |  | T05:039 |
| 庸 |  | T06:093 |
| 庸 |  | T07:057 |
| 庸 |  | T07:099 |
| 庸 |  | T21:105 |

T21:373

T21:428

T22:099

T23:083

T23:174

T23:749

T24:019

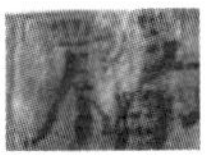
T24:321

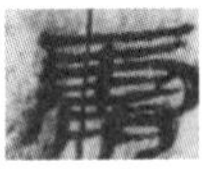
T24:541

T24:544

T24:711

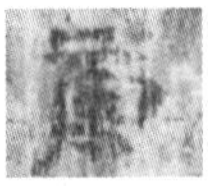
T24:765

T24:791

T24:796

T24:910

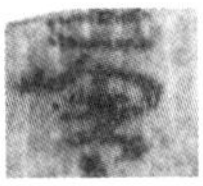
T24:931

T24:952

T24:970

T26:009

T26:051

T29:100

T30:012

T30:013

T30:263

T31:047

T33:053B

T37:584

T37:985

T37:993

## 甯

0451

T04:043

T10:208

T21:260

T21:265

T25:171

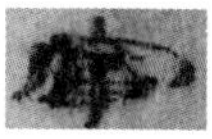

T26:009

T37:206

T37:843

T37:866

T37:1244

T37:1319

73EJD:315B

73EJC:338

73EJC:639

# 肩水金關漢簡字形編·卷四上

目
目
0452

T21:198A

T21:457

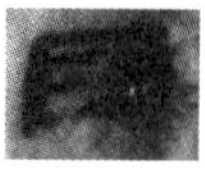
T23:310

T26:119

T28:038

T33:028

T37:1539

73EJD:8A

睢
睢
0453

T01:081

T01:134

T01:135

T01:150

T01:161

T02:043

T03:104

T05:014

T21:419

T21:430

T23:182

T24:255

T24:256

T24:541

T24:544

T24:706

T24:709

T24:754

T24:776

T24:791

T24:811

T24:938

T24:970

T37:550

73EJC:344

73EJC:427

## 瞀

0454

T21:011

T21:013

T21:014

T21:334

T28:011

T30:191

T37:777

73EJF3:150A

## 相

0455

T01:00

T03:045

T04:005

T05:036

T05:071

T06:035

T06:145

T07:122

T08:004

T08:076

T09:046

T09:094A

T09:095

T10:056

T10:104

T10:110A

T10:126

T10:179

T10:261

T10:297

T10:380

T21:423

T21:501

T22:011D

T22:061

T23:040A

T23:237A

T23:359A

T23:619

T23:619

T23:619
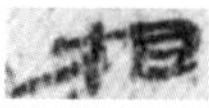
T23:620

T23:855A

T23:878

T23:881

T23:896A

T23:896B

T23:910

T23:919A

T23:955

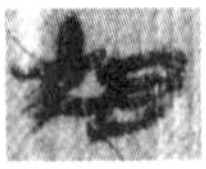
T23:995A

T4:023A

T24:061A

T24:073A

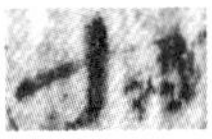
T24:073A

T24:073A

T24:245

T24:286

T26:035

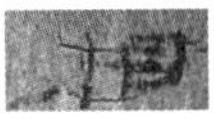
T27:055

T28:009A

T28:010

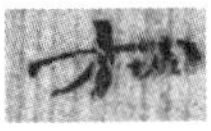
T30:068

T30:266

T31:029

T31:133

T32:046

T37:123

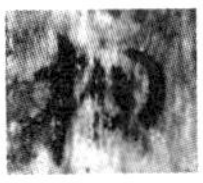
T37:124

T37:233

T37:552

T37:715

T37:782

T37:799A

T37:836A

T37:856

T37:925

T37:997

T37:1210

T37:1455

H01:004

H02:040

F01:001

F01:010

F01:011

F01:012

73EJF3:145

73EJF3:163

73EJF3:182A

73EJF3:183A

73EJF3:430A+263A

73EJF3:347

73EJF3:484

73EJF3:508

73EJF3:604A

73EJD:58A

73EJD:124B

73EJD:128

73EJD:243

73EJD:260A

72EJC:131

72EJC:236

72EJC:285

73EJC:590

72ECC:1+2A

72ECC:1+2B

督

0456

T01:002

T02:042

T23:825

T24:026

T27:101

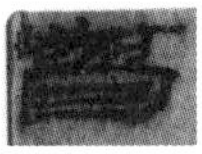
T30:086

73EJF3:402

73EJD:293

72EJC:2A

眇

0457

T23:763

73EJD:47

眑
0458

T23:924

睸
0459

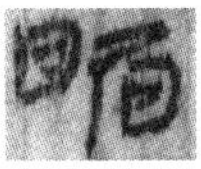
T27:059

䀠

0460

73EJD:138

## 嬰

0461

73EJD:138

## 省

0462

T02:018

T07:085

T08:038

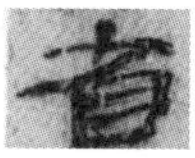
T21:281

T22:006

T23:200:①

T23:298

T23:330

T23:372

T23:454

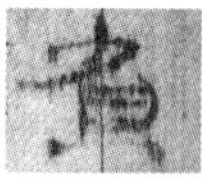
T23:947B

T24:118

T24:168

T24:991

T25:118

T28:055

T28:113

T29:097

T30:150

T37:1535B

H02:024

73EJF3:56

73EJF3:563

73EJF3:565

73EJD:164

73EJC:291

73EJC:408

盾

0463

73EJD:273

73EJC:554

自

0464

T03:055

T03:079

T03:104

T04:041A

T04:125

T05:007

T06:038A

T06:149

T06:151

T07:016

T07:060

T07:088

T07:105A

T07:159

T09:035

T09:052A

T09:065

T09:087

T10:120A

T10:121A

T10:212

T10:214

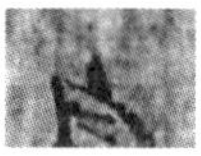
T10:216

T10:220A

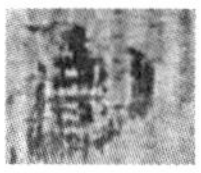
T10:222

T10:285

T10:312A

T10:313A

T11:001

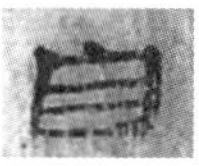
T14:032

T21:131B

T21:162A

T21:176

T21:212

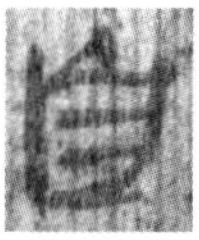
T21:294

T21:297

T22:074

T23:098

T23:238

T23:275

T23:279A

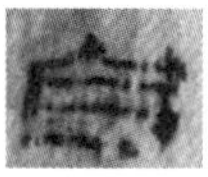
T23:295

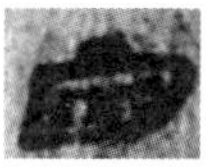
T23:298

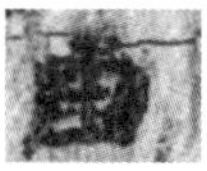
T23:335

T23:412

T23:463

T23:497

T23:677

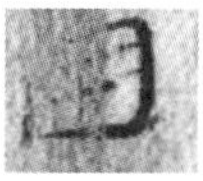
T23:710

T23:731B

T23:731B

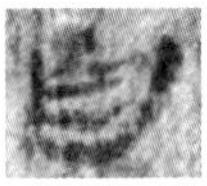
T23:797C

T23:861B

T23:896A

T23:897A

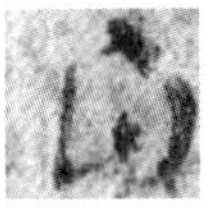
T23:919A

T23:953

T24:018

T24:061A

T24:073A

T24:078

T24:262

T24:334A

T24:464

T24:728A

T24:991

T25:007A

T26:072

T26:086

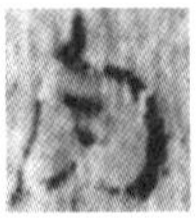
T26:087

T26:088A

T26:197

T26:199

T26:236

T26:299

T28:008A

T29:093

T30:102

T30:148A

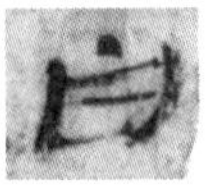
T30:209

自部 自

T30:243A

T31:086

T31:095
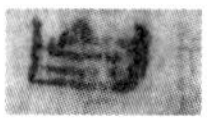
T31:139

T31:139

T31:144

T31:161

T33:039

T33:040A

T33:056A

T34:006A

T37:052

T37:055

T37:151

T37:332

T37:471

T37:521

T37:522A

T37:523A

T37:524

T37:527

T37:529

T37:530

T37:542A
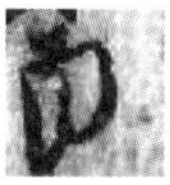
T37:617

T37:640

T37:692
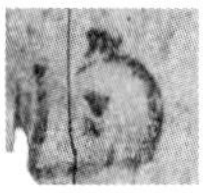
T37:708B

T37:756

T37:774

T37:776A

T37:780

T37:799A

T37:806+816

T37:871

T37:974

T37:1007

T37:1014

T37:1061A

T37:1067A

T37:1076A

T37:1454

T37:1473

T37:1491

H01:027

H01:027

H01:058

H02:050

H02:083

F01:010

F01:011

F01:025

F01:076

F01:084A

F01:117

F01:118A

73EJF3:87

73EJF3:88

73EJF3:124B

73EJF3:127A

# 皆

0465

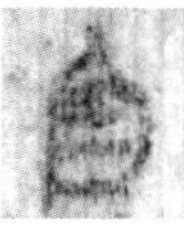
73EJF3:127B

73EJF3:177

73EJF3:335

73EJT4H:5B

73EJD:37A

73EJD:42

73EJD:49A

73EJD:307B

72EJC:140

72EJC:142

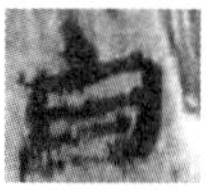
72EJC:290

73EJC:300

73EJC:341

73EJC:593

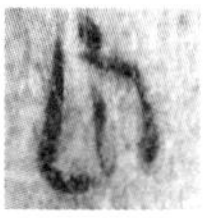
73EJC:675

72EDIC:5

T05:071

T06:036

T07:065

T07:112

T09:032

T09:087

T10:227

T10:228

T10:244

T21:059

## 白部 皆

T21:297
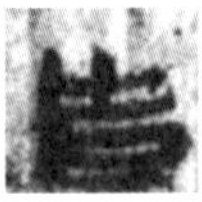
T23:213

T23:301

T23:323A

T23:357

T23:408

T23:765

T23:897A

T23:919A
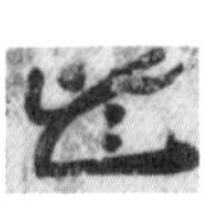
T24:140

T24:218

T24:416B

T24:416B

T24:477

T24:559

T24:592

T24:903

T24:918
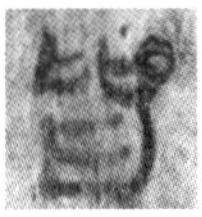
T24:924

T25:096

T26:225

T28:068

T28:105

T30:011

T30:062

T30:104

T30:180

T30:202

T30:214

T34:021

T35:006

T37:149

T37:523A

T37:527

T37:697

T37:1017

T37:1136

T37:1462

H01:028

H02:042

F01:013

73EJF3:112

73EJF3:179B

73EJF3:179B

73EJF3:336+324

73EJF3:337

73EJF3:383

73EJF3:404

73EJD:33A

73EJD:35

73EJD:300A

72EJC:46

72EJC:119

72EJC:131

72EJC:149

73EJC:433

73EJC:504

73EJC:529A

73EJC:550

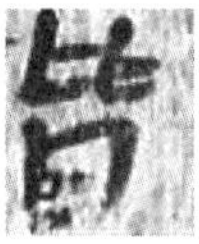
72ECC:13

72EBS7C:4

## 魯

0466

T23:303

T23:497

T26:172

T27:009

T27:019

T28:073

T30:014

T31:034A

T31:034B

T32:060

T37:754

T37:754

T37:847

T37:988

T37:995

T37:1418

H02:064

73EJF3:170

73EJF3:278

73EJF3:278

73EJF3:344

73EJF3:373

73EJF3:376

73EJF3:427

73EJC:599B

# 者

0467

T01:001

T01:001

T01:014A

T01:025

T01:037

T01:097

T01:107

T01:119

T01:177

T02:020

T03:098

T04:088

T04:121

T04:132

T04:206

T05:027

T05:106

T06:023A

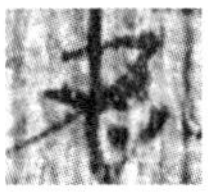
T06:135A

T06:135A

T07:023

T07:025

T07:098B

T08:003

T08:017

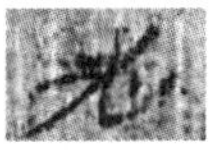
T08:021

T09:029A

T09:035

T09:061B

T09:088

T09:104

T09:212B

T09:243

T10:099

T10:208

T10:221A

T10:231A

T10:260

T10:263

T10:265

T11:004

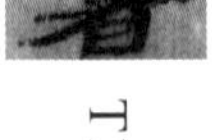
T14:034

T21:002

T21:059

T21:060A

T21:065

T21:117

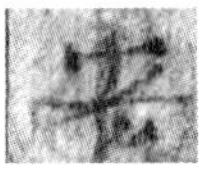
T21:131A

T21:131B

T21:170

T21:312A

T21:355

T21:500

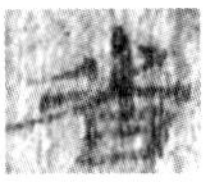
T22:021A

T22:032

T23:036

T23:210

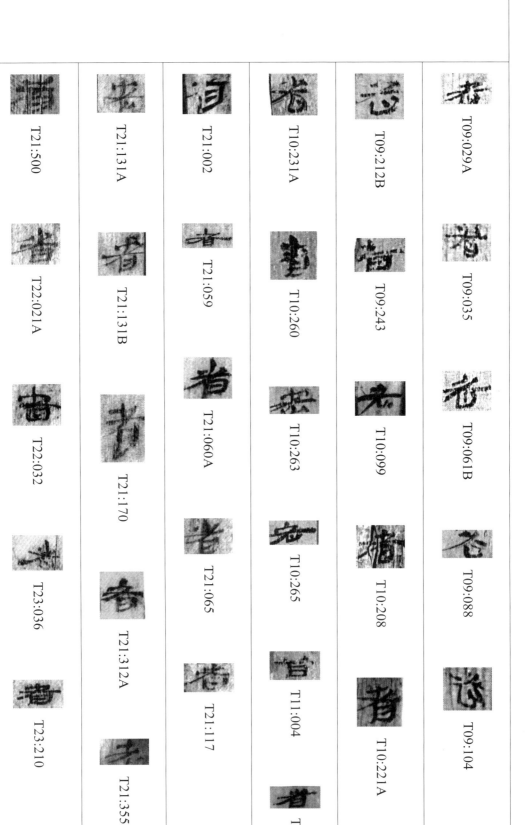

T23:364A

T23:364B

T23:406B

T23:415

T23:566

T23:619

T23:623

T23:631

T23:875

T23:897A

T23:959

T24:011

T24:015A

T24:040

T24:073A

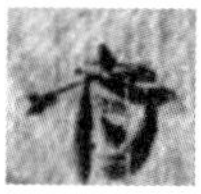
T24:077

T24:183

T24:248

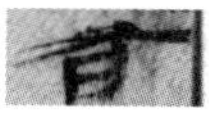
T24:250

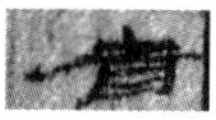
T24:264A

T24:267A

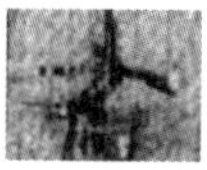
T24:455

T24:591

T24:658A

T24:820

T24:859

T25:006

T25:060

T25:106

T26:024

T26:027

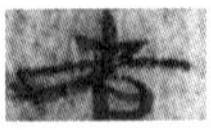
T26:031

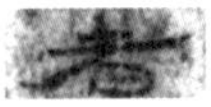
T26:032

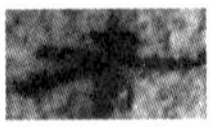
T26:032

T26:054

T26:068

T26:087

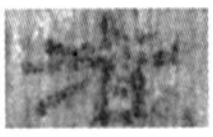
T26:136

T26:172

T27:007A

T27:055

T28:020

T28:038

T28:106

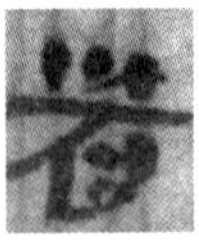
T30:011

T30:068

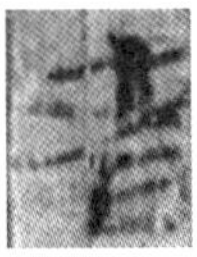
T30:072

T30:119

T30:134

T30:147

T30:153A

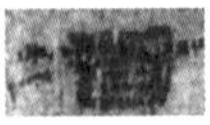
T30:185

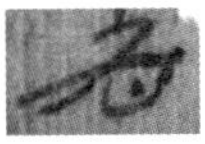
T30:259

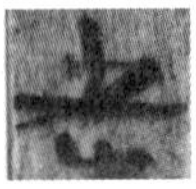
T31:005

T31:062

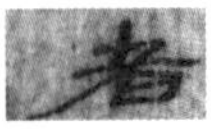
T31:064

T31:066

T31:102A

T31:124

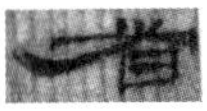
T31:152

T31:155

T32:033

T33:039

T34:011

T34:011

T35:003

T37:028A

T37:053

T37:393

T37:412

T37:450

T37:480A

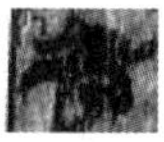
T37:491

T37:519A

T37:524

T37:527

T37:528

T37:645

T37:695

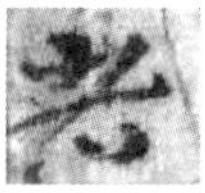
T37:706

T37:722

T37:725

T37:746

T37:770A

T37:786B

T37:786B

T37:836A

T37:851B

T37:968A

T37:975

T37:983

T37:1001

T37:1064

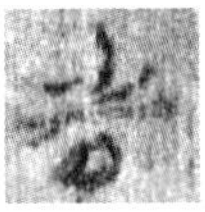
T37:1070

T37:1097A

T37:1192

T37:1326

T37:1367B

T37:1429A

T37:1450

T37:1451A

T37:1491

T37:1499A

T37:1585A

H01:022B

H01:024

H01:029

H01:040

H02:003

H02:048B

F01:002

F01:009

F01:012

F01:013

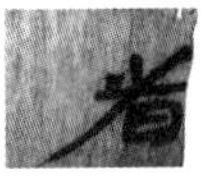
F01:014

F01:110

73EJF2:12

73EJF3:95

73EJF3:109

73EJF3:114+202+168

73EJF3:129

73EJF3:139

73EJF3:152

73EJF3:163

73EJF3:169

73EJF3:197+174B

73EJF3:178A

73EJF3:181

73EJF3:183B

73EJF3:183B

73EJF3:183B

73EJF3:470+564+190+243

73EJF3:225

73EJF3:261

73EJF3:268

773EJF3:511+306+291

73EJF3:336+324

73EJF3:344

73EJF3:354

73EJF3:370

73EJF3:382B

73EJF3:392B

73EJF3:464

73EJD:22

73EJD:65

73EJD:215

73EJD:304B

73EJD:316

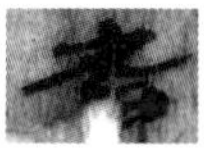
73EJD:365

72EJC:2A

72EJC:256+22

72EJC:131

72EJC:179

73EJC:291

73EJC:291

73EJC:365

73EJC:472

73EJC:529A

73EJC:599B

73EJC:600

73EJC:600

73EJC:607

73EJC:608

72EBS7C:4

## 𥏼

0468

T10:153

73EJC:291

按：金關簡不从「亏」。

## 百

0469

T01:093

T01:093

T01:123

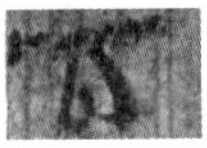
T01:208

T03:030

T03:038A

T03:071

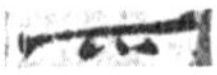
T03:104

T04:047A

T06:056

T06:106

T07:066

T07:085

T07:093

T07:135

T08:018

T09:012A

T09:055

T09:135

T09:237

T10:066

T10:068

T10:072

T10:073

T10:073

T10:082

T10:082

T10:089

T10:096

T10:101

T10:116

T10:117

T10:180

T10:225

T10:277

T10:414

T14:018

T15:012

T21:005

T21:006

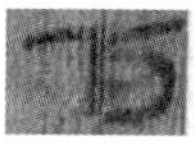
T21:052B

T21:061

T21:097

T21:142

T21:142

T21:150

T21:187

T21:204A

T21:210A

T21:227B

T21:230

T21:230

T21:266

T21:284

T21:284

T21:350A

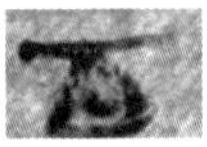
T21:418

T22:035

T22:085

T22:099

T22:103

T22:111A

T22:111A

T23:018

T23:026

T23:033A

T23:160

T23:355

T23:370

T23:373

T23:374

T23:383

T23:414

T23:417

T23:428

T23:481B

T23:508

T23:552

T23:560

T23:565

T23:567

T23:684

T23:697

T23:721

T23:883

T23:925

T23:928

T23:934

T23:963

T23:963

T23:963

T23:986

T24:003

T24:003

T24:076

T24:138

T24:205

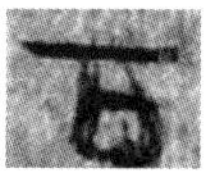
T24:205

T24:259

T24:326

T24:389

T24:389

T24:399

T24:423

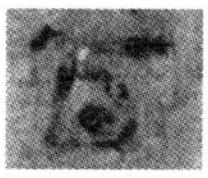
T24:534

T24:621

T24:806

T24:851

T25:017

T25:056

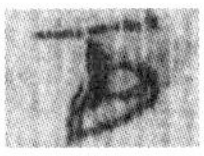
T25:059

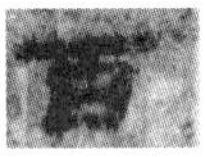
T25:079A

T25:112

T26:016

T26:023

T26:023

T26:023

T26:062

T26:122

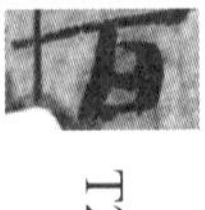
T26:122

T26:229A

T26:238

T27:017B

T28:028

T28:073

T28:102

T29:013A

T29:080

T29:118A

T30:002

T30:018

T30:024B

T30:031

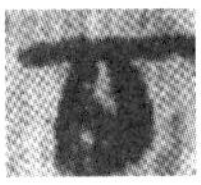
T30:032

T30:032

T30:032

T30:032

T30:036

T30:047

T30:047

T30:058

T30:058

T30:063

T30:066

T30:080A
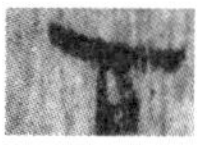
T30:102

T30:122A

T30:124+96+123

T30:256
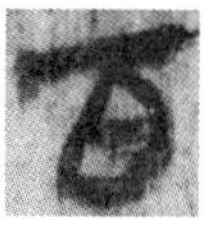
T31:078

T31:100

T31:104B

T32:010

T32:010

T32:032A
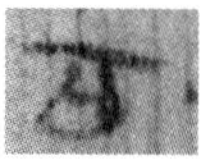
T32:032A

T32:039

T33:015

T33:029
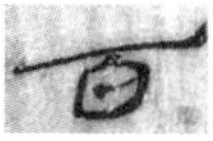
T34:010

T37:120

T37:262

T37:568

T37:700

T37:700

T37:767

T37:768

T37:851A

T37:960
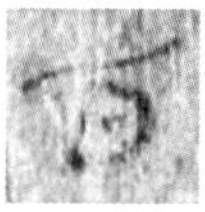
T37:1039A

T37:1121

T37:1264

T37:1273A

T37:1278A

T37:1525

T37:1557

H01:027

H01:027

H01:047

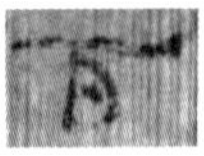
H02:007

H02:007

H02:020

H02:020

H02:020

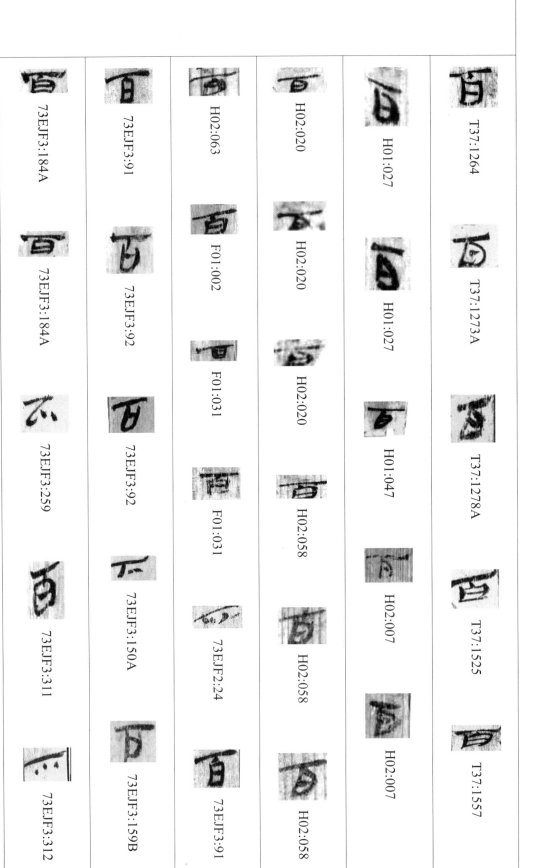

H02:058

H02:058

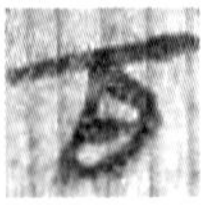
H02:058

H02:063

F01:002

F01:031

F01:031

73EJF2:24

73EJF3:91

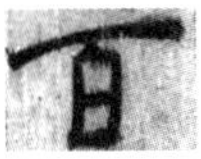
73EJF3:91

73EJF3:92

73EJF3:92

73EJF3:150A

73EJF3:159B

73EJF3:184A

73EJF3:184A

73EJF3:259

73EJF3:311

73EJF3:312

白部 百

73EJF3:331

73EJF3:437

73EJF3:464

73EJF3:520

73EJD:4

73EJD:4

73EJD:9

73EJD:38

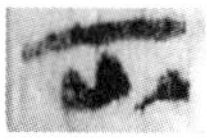
73EJD:39A

73EJD:82

73EJD:186A

73EJD:211

73EJD:227

73EJD:231

73EJD:231

72EJC:6

72EJC:55

72EJC:64

72EJC:89A

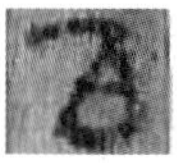
72EJC:225

72EJC:283

73EJC:295

73EJC:307

73EJC:399

73EJC:460

73EJC:461

73EJC:543

73EJC:543

73EJC:566

73EJC:600

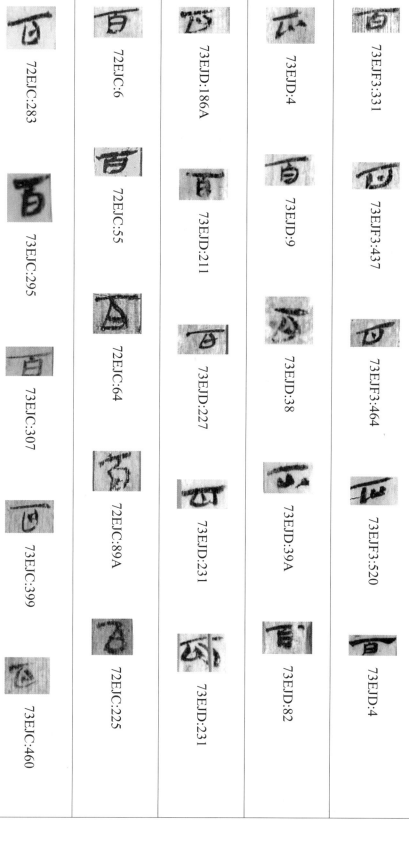

72EDAC:7

72EDAC:7

72EDAC:7

72EDAC:7

72EDIC:3

72EDIC:3

72EDIC:3

72EDIC:3

72EBS7C:4

## 鼻

鼻

0470

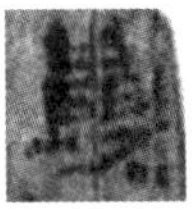
T21:024

T21:024

T24:795

T24:976

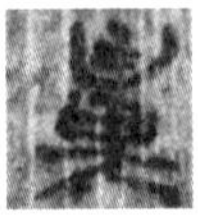
T26:179

## 習

習

0471

T03:051

T09:227

T23:288

T23:735

T37:1076A

T37:1081

T37:1432

73EJF2:7

73EJF3:184A

73EJF3:258

73EJF3:315A

## 羽

0472

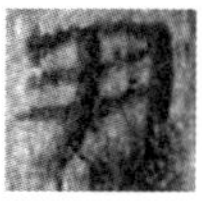
T21:065

T23:563

## 翟

0473

T01:032

T05:069

T09:081

T09:206

T10:132

T10:158

T21:425

T21:438

T23:055

T25:099

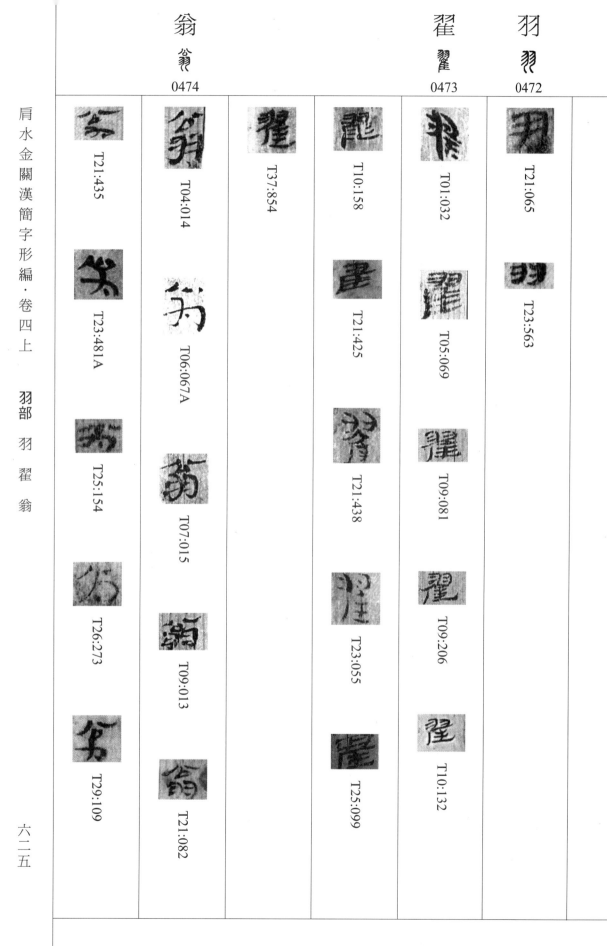

T37:854

## 翁

0474

T04:014

T06:067A

T07:015

T09:013

T21:082

T21:435

T23:481A

T25:154

T26:273

T29:109

T31:003B

T31:003B

T32:018

73EJF3:295A

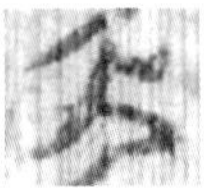
73EJD:201

## 翕 0475

T23:339

73EJF3:368

73EJF3:458

## 翊 0476

T30:224

F01:117

## 隻 0477

T10:069

T10:070

T24:563A

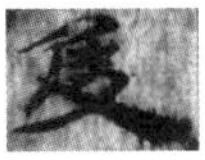
T30:122B

72EJC:252B

## 雒 0478

T01:006

T01:115

T01:128

T01:131

T02:042

T04:20

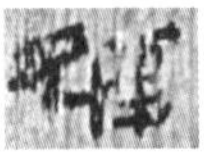
T09:040

T10:182

T10:290

T10:391

T21:016

T21:049

T23:974

T24:248

T24:266A

T24:266B

T25:166A

T27:020

T28:095

T30:243B

T30:266

T32:004

T35:011

T37:043

T37:713

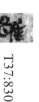

T37:830

T37:933

T37:1033

T37:1084

T37:1109

T37:1209

T37:1220

T37:1445

T37:1476

T37:1587

H01:050

H02:040

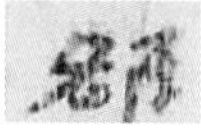
73EJF3:544

## 雀

雀

0479

T23:923

T37:526

## 雞

雞

0480

T07:001

T08:029

T10:069

T10:070

T21:131A

T21:131B

T21:131B

T23:389

T23:389

T23:633

T24:096

T24:096

T24:980

T33:014

T37:783A

T37:841

73EJT4H:53

73EJD:243

72EJC:252B

73EJC:591

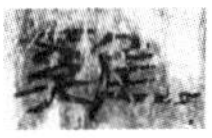
72ECC:5A

## 雛 0481

72ECC:5A

## 離 0482

T02:097

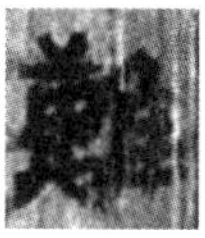
T21:177

T21:323

T21:374A

T23:198

T23:731B

T23:896A

T27:024

T27:052

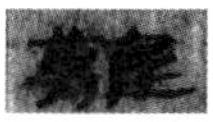
T29:097

T30:202

## 雝 0483

T01:140

T05:053

T05:073

T09:076

T22:093

T22:153

T23:897A

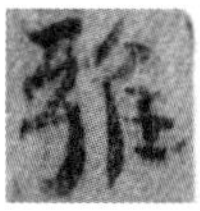
T23:897B

T37:1587

按：第四形左殘。

## 雜 0484

T08:035

T37:698 按：金關簡从「鳥」。

## 奪 0485

T23:619

T26:065

## 奮 0486

73EJF3:114+202+168

73EJF3:146

73EJF3:147

73EJF3:350

73EJF3:355

## 羊 0487

T09:003

T25:208

T32:071

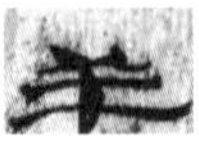
T37:1557

73EJF3:326

73EJF3:577

73EJD:261A

73EJC:407

羝
羝
0488

72ECC:5A

羭
羭
0489

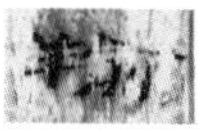
72ECC:5A

羣
羣
0490

T24:249

T37:1098B

美
美
0491

T06:092

T22:006

T24:416B

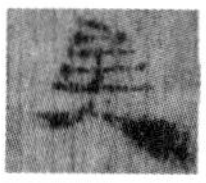
T25:101

T26:137

羌
羌
0492

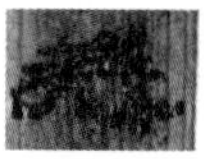
T04:098B

T24:321

T37:721

T37:805A

73EJC:366

T26:263

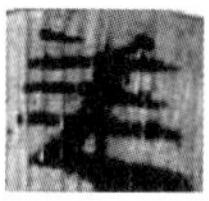
T37:586

## 靃 0493

T23:124

## 雧 0494

T06:074

T26:217

## 鳥 0495

T23:175A

## 鳳 0496

T01:001

T04:144

T08:008

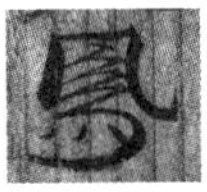
T08:051B

T09:087

T09:092A

T09:104

T09:311

T10:062

T10:065

T10:107

T10:116

T10:150

T10:209

T10:295

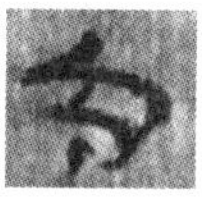
T10:311

T10:312A

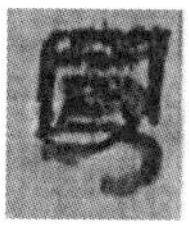
T10:341

T14:012

T21:140A

T21:281

T21:310

T21:348A

T22:067

T22:084

T23:309

T23:621

T23:743

T23:897A

T23:941A

T24:035A

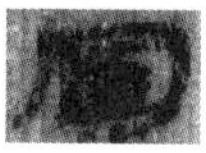
T26:016

T26:183

T26:220

T26:239

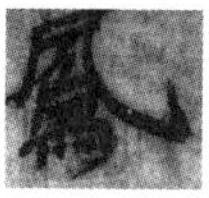
T31:064

T31:066

T34:006A

T37:521

T37:522A

T37:523A

T37:524

T37:529

T37:529

T37:536

T37:628

T37:740A

T37:778

T37:779

T37:782

T37:940

T37:961

T37:989

T37:1062A

T37:1076A

T37:1100

T37:1119

T37:1149

T37:1184

T37:1280

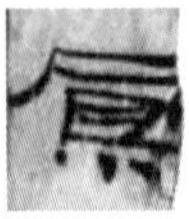
T37:1535A

F01:031

73EJF3:1

73EJF3:9

73EJF3:39A

73EJF3:43

73EJF3:44

73EJF3:119A

73EJF3:125A

73EJF3:125B

73EJF3:155B

73EJF3:179A

73EJF3:470+564+190+243

73EJF3:240

73EJF3:328A

73EJF3:531

73EJC:452

73EJC:539

72EBS7C:1A

## 鸞

0497

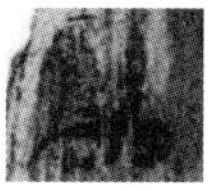
T23:175A

## 鶤

0498

T23:994B

T24:533A

T30:028A

## 鴻

0499

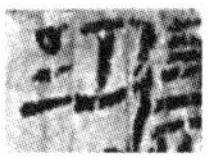
T07:092

T21:035B

T22:011A

T23:142

T23:307

T28:033

T32:036B

T37:626

T37:645

72EJC:2A

鳴

0500

T07:001

T09:119

T31:102A

T33:014

73EJF3:6

73EJF3:586

73EJD:243

73EJC:591

鶩

0501

T31:102A

⿰攸鳥

0502

73EJD:284A

73EJD:284B

烏

0503

T37:1091

T03:069

T24:131

73EJF3:430B+263B

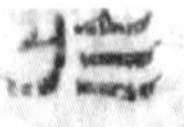

73EJC:557

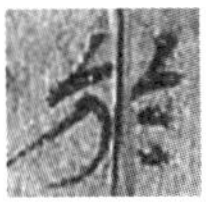

72ECC:1+2B

72ECC:7

按：《說文》，「象古文烏省」。

焉

0504

T30:010

73EJC:291

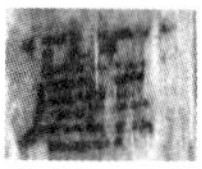

73EJC:467

# 畢

畢

0505

肩水金關漢簡字形編·卷四下

T07:112

T21:107

T21:260

T21:264

T22:005

T23:040A

T23:301

T23:823

T24:012

T24:204A

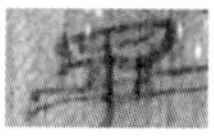
T24:269A

T24:269B

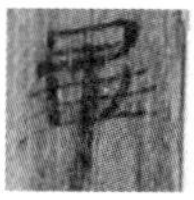
T24:275A

T24:762

T25:088

T26:276

T27:052

T30:012

T30:154

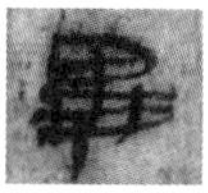
T30:263

T37:745

T37:1496

73EJF3:316

73EJD:4

73EJD:162

72EJC:155A

## 糞 0506

T01:018

T21:308

## 棄 0507

T25:090

72EJC:171

73EJC:504

## 再 0508

T01:096

T04:067

T04:068

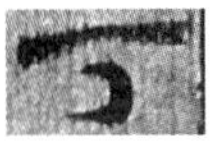
T04:108B

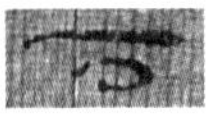
T04:110A

T04:200

T05:013

T05:095B

T06:044A

T06:178

T07:204

T08:028B
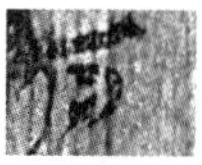
T08:085

T09:061A

T09:061B

T09:202A

T09:272A
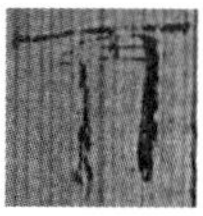
T09:317B

T09:319A

T10:353

T10:374A

T10:384

T10:399

T10:404

T14:037

T15:001A

T15:001B

T23:017B

T23:073A

T23:192

T23:279A

T23:557

T23:623

T23:734A
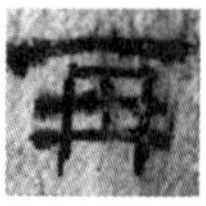
T23:784

T23:784

T23:896A

T23:927
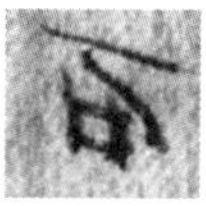
T24:077

T24:190B

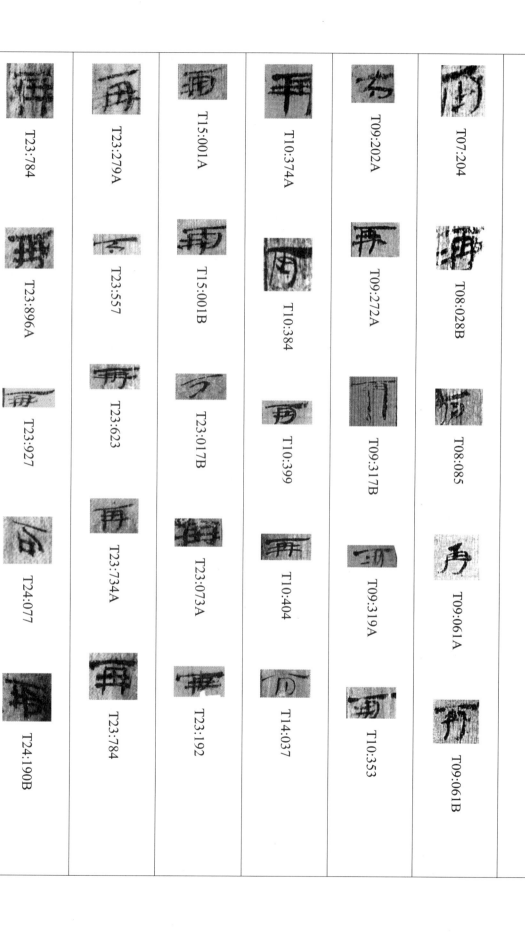

T24:193

T24:201A

T24:219A

T24:996

T26:138

T27:009

T29:025A

T29:065A

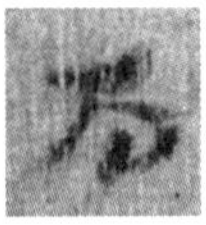
T29:114B

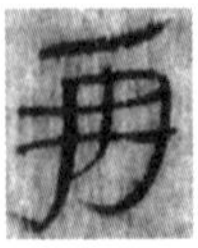
T30:028A

T30:028A

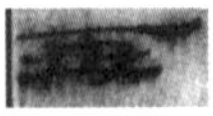
T30:086

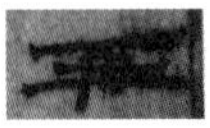
T30:109

T30:114

T30:114

T30:245

T31:161

T33:010

T34:045

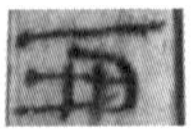
H01:060

H02:043A

H02:044

H02:047B

H02:056A

H02:056B

73EJF3:132A

73EJF3:183B

73EJF3:355

73EJF3:390

73EJF3:392B

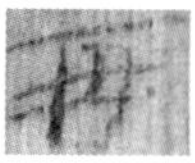
73EJT4H:60

73EJD:28A

72EJC:272A

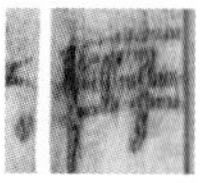
73EJC:526B

## 幼

0509

T09:059A

T23:374

T23:374

T23:481A

T23:481A

T23:481B

T23:692

T23:994B

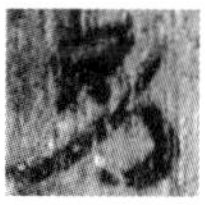
T24:001A

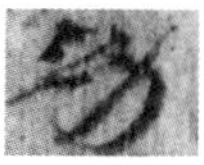
T26:003

T31:167

T33:007B

T33:054B

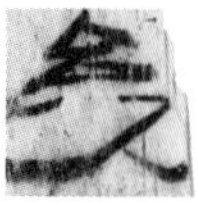
73EJD:385

72EJC:13

73EJC:569

73EJC:599B

## 幾

0510

T23:768

T31:140

73EJD:88A

## 惠

0511

T07:043

T10:221A

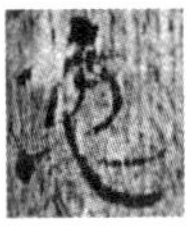
T10:221B

T10:262

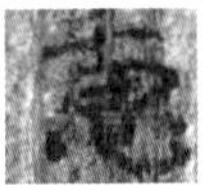
T21:375A

T21:439

T23:076B

T23:769A

T24:339B

T25:026

T30:035A

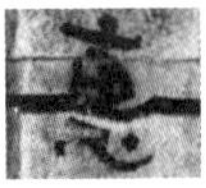
T30:035A

T30:097

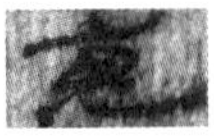
T30:122A

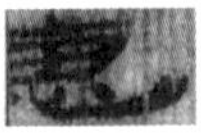
T30:169

T31:167

T33:040A

## 玄

0512

T07:146

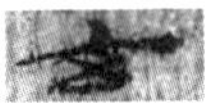
T23:146

T23:577

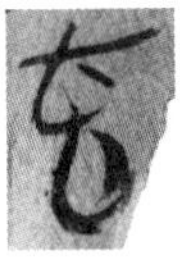
T23:950

T24:396

T37:162

73EJF3:326

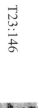

## 予

0513

T02:053A

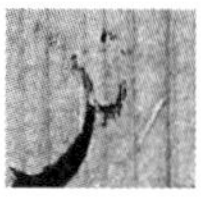
T10:215B

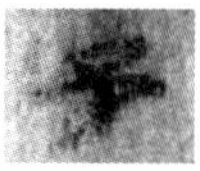
T11:023

T21:065

T21:073B

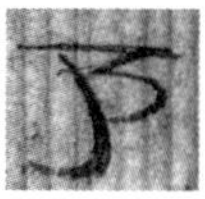
T21:162B

T23:019B

T23:404A

T23:677

T24:851

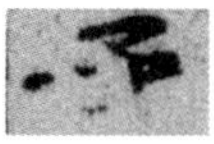
T24:976

T26:119

T30:070

T31:106

T37:524

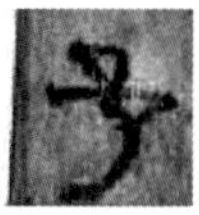
T37:1151A

H01:048

H02:080

73EJF3:194+198

73EJC:592A

## 舒

0514

T02:035

T21:315

T27:048

T30:012

T37:232

# 放

0515

T37:1581

73EJC:554

T03:078

T21:357

T23:295

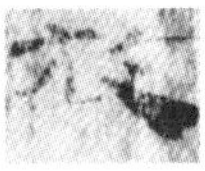
T23:577

T23:669B

T23:855A

T23:855B

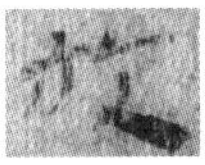
T23:918B

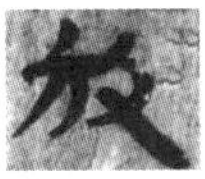
T24:194

T24:248

T27:047

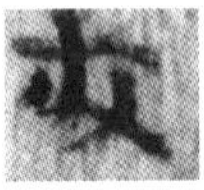
T30:179

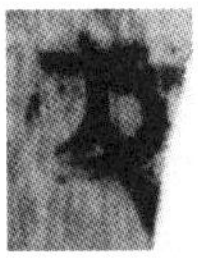
T30:180

T31:160

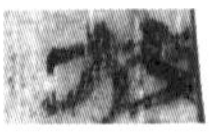
T37:025

T37:052

T37:052

T37:052

T37:162

T37:528

T37:629

T37:814

T37:835A

T37:1585A

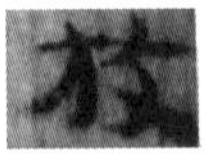
F01:082

# 爰

0516

73EJF2:6

73EJF2:36

73EJF3:98

73EJF3:108

73EJF3:271

73EJF3:314

73EJF3:319

73EJF3:326

73EJF3:429+434

73EJC:302

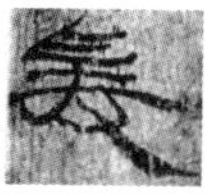
T09:102A

T10:102

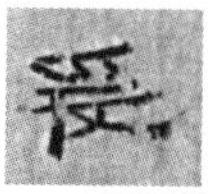
T10:206

T10:206

T14:032

T21:130A

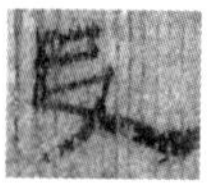
T21:239

T21:442

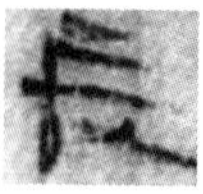
T22:114

T22:114

T23:497

T23:620

T23:896A

T23:896A

T24:041

T24:307

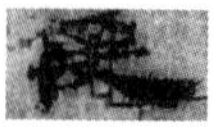
T25:030

T25:169

T28:016

T30:041

# 受

0517

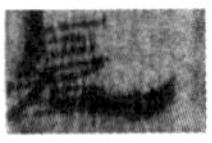
T30:113

T31:105

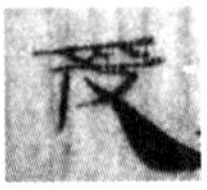
T34:003A

T37:776A

73EJD:4

73EJC:656

T01:104

T04:034

T04:069

T06:055

T06:162

T06:188

T07:015

T07:055

T08:016

T08:069

T09:234

T09:251

T10:073

T10:116

T10:174

T10:180

T10:212

T10:325

T11:002

T21:106

受部 受

T21:137
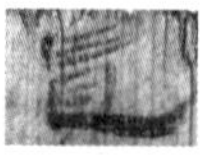
T21:189

T21:303

T21:326

T21:447

T22:095

T22:110
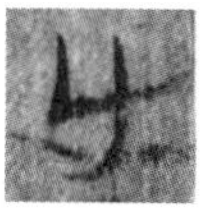
T23:035

T23:086

T23:279A

T23:389

T23:496

T23:585

T23:624

T23:642

T23:656

T23:666

T23:707

T23:769B
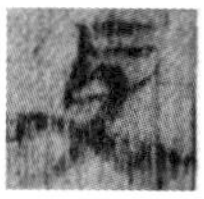
T23:769B

T23:804B
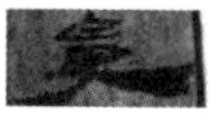
T23:977

T24:026

T24:031A

T24:038

T24:046

T24:108
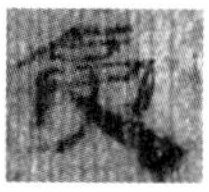
T24:268B

T24:409

T24:416A

T24:416A

T24:627A

T24:754

T24:770

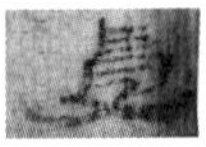
T24:949

T24:983

T25:105

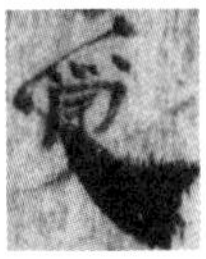
T26:003

T26:174A

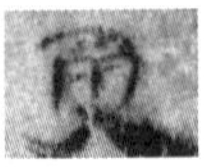
T28:079

T29:085

T30:001

T30:002

T30:002

T30:028A

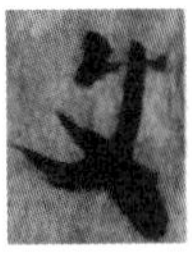
T30:070

T30:081A

T30:206

T31:023

T31:069

T32:026

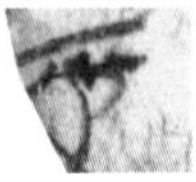
T33:010

T33:014

T37:332

T37:639

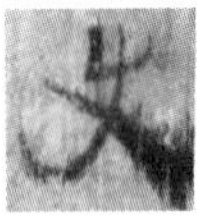
T37:1148

T37:1151A

T37:1327

T37:1517

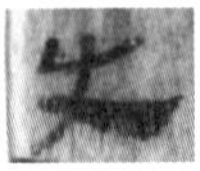
F01:010

F01:027

F01:027

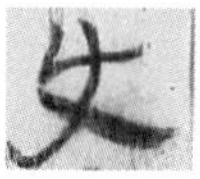
73EJF2:7

73EJF3:53

73EJF3:77A

73EJF3:92

73EJF3:110

73EJF3:116B

73EJF3:251A+636B+562A+234A+445A

73EJF3:311

73EJF3:460A

73EJD:2

73EJD:34

73EJD:56

73EJD:101A

73EJD:141

73EJD:142A

73EJD:214

73EJD:280+250A

73EJD:252

73EJD:287

73EJD:319B

73EJD:332

72EJC:3

72EJC:155A

# 叡

0518

72EJC:237

73EJC:293

73EJC:491

73EJC:547

73EJC:591

73EJC:611

72ECC:13

72ECC:38

72ECC:53

T01:002

T01:029

T01:087

T01:126

T01:166

T01:191

T02:082B

T02:104

T03:001

T03:004

T03:055

T03:055

T03:113

T03:114

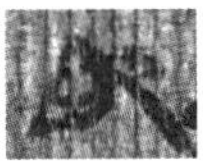
T03:114

T04:021

T04:028

T04:041A

T04:041A

T04:065

T04:168

T05:005

T05:007

T06:038A

T06:173

T07:021

T07:146

T09:012A

T09:029A

T09:035

T09:059B

T09:062A

T09:092A

T09:104

T09:104

T09:138

T09:139

T09:223

T09:231

T09:250

T10:003

T10:120A

T10:120A
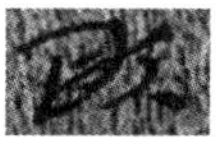
T10:120A

T10:120A

T10:121A

T10:125

T10:155

T10:206

T10:209

T10:210A

T10:212

T10:212

T10:214

T10:228

T10:311

T10:311

T10:312A

T10:312A

T10:313A

T10:313A

T10:315A

T10:315A

T10:350

T10:360
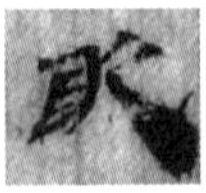
T11:001

T11:010

T15:011A

T21:039

T21:047
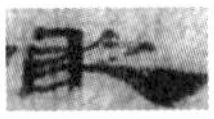
T21:059
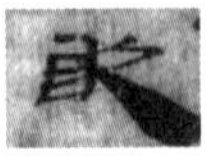
T21:059

T21:060A
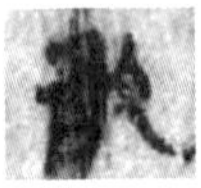
T21:060A

T21:089A

T21:108
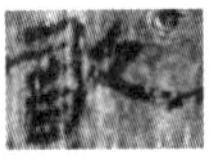
T21:108

T21:127

T21:141

T21:173

T21:239

T21:240A

T21:249A

T21:264

T21:322

T21:374A

T21:374A
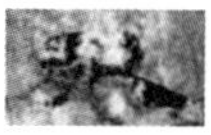
T21:392

T21:400

T22:011A

T22:073

T23:061

T23:260
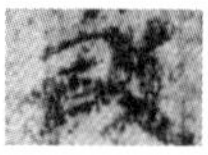
T23:279A
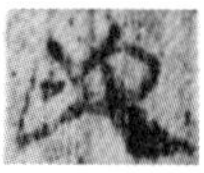
T23:282A

T23:302A

T23:350

T23:371
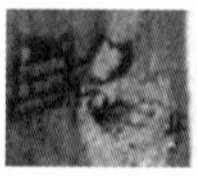
T23:573
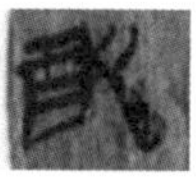
T23:573

T23:705
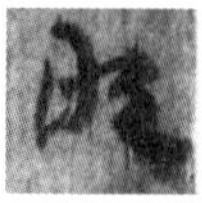
T23:731A

T23:771

T23:786

T23:788A

T23:855A

T23:855A

T23:897A

T23:929
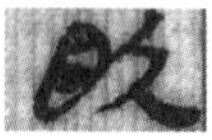
T24:015B

T24:023A

T24:023A

T24:024A

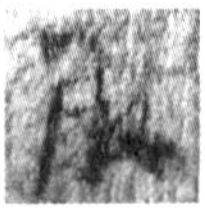
T24:025

T24:031A

T24:031A

T24:035A

T24:059

T24:112A

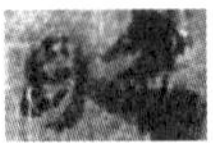
T24:132

T24:191

T24:201B

T24:245

T24:245

T24:249

T24:250

T24:262

T24:266A

T24:382A

T24:527

T24:532A

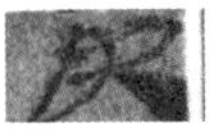
T24:532A

T24:555

T24:563A

T24:564

T24:567

T24:577

T24:710

T24:718

T25:006

T25:007A

T25:030

T25:057

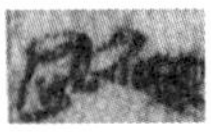
T25:074

𠬪部　叙

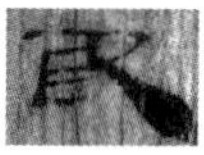
T25:087

T25:087

T26:024

T26:042

T26:042

T26:068

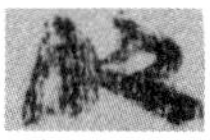
T26:072
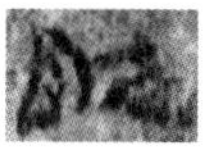
T26:087

T26:165

T26:236
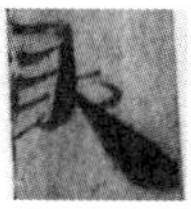
T26:237A

T27:008

T27:084

T28:016

T28:016

T28:039

T28:044

T28:044

T28:046A

T28:080

T28:092

T28:113

T29:015A

T29:025B
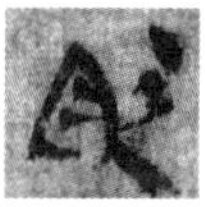
T29:028A

T29:029

T29:030
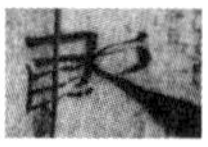
T29:115A

T29:116
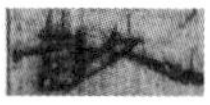
T29:125B

T30:016

T30:017

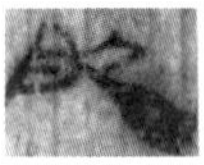
T30:021A

T30:034A

T30:041

T30:048

T30:059A

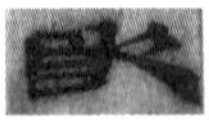
T30:059A

T30:064

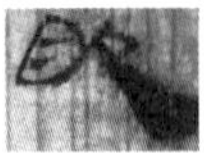
T30:087

T30:210A

T30:234

T30:240

T30:244

T31:020A

T31:022

T31:034A

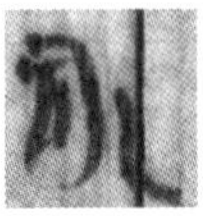
T31:034A

T31:065

T31:066

T31:066

T31:069

T31:083

T31:105

T31:111

T32:006

T33:039

T33:039

T33:040A

T33:040A

T33:041A

T33:072

T33:080A

T34:006A

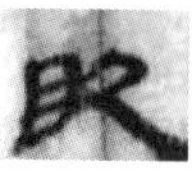
T34:006A

T34:027

T37:001

T37:004

T37:052

T37:059

T37:086

T37:112

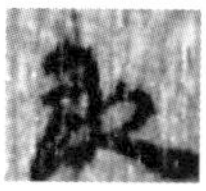
T37:151

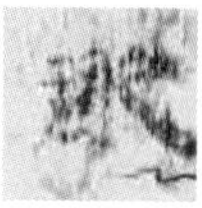
T37:152

T37:162

T37:172

T37:252

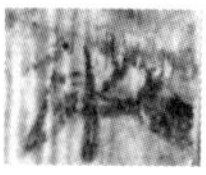
T37:270A

T37:427

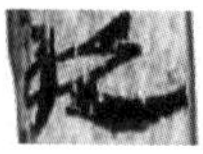
T37:446

T37:457

T37:519A

T37:519A

T37:521

T37:521

T37:523A

T37:524

T37:524

T37:526

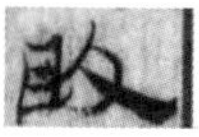
T37:527

T37:527

T37:529

T37:529

𣦼部 叡

T37:530

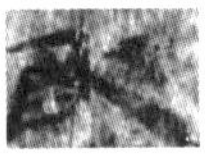
T37:530

T37:531

T37:531

T37:617

T37:684

T37:692

T37:721

T37:732

T37:770A

T37:780

T37:780

T37:784A

T37:799A

T37:806+816

T37:871

T37:876A

T37:878A

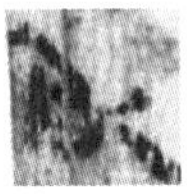
T37:931

T37:975

T37:1063

T37:1075A

T37:1075A

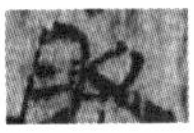
T37:1076A

T37:1076A

T37:1100

T37:1100

T37:1133

T37:1149

T37:1149

T37:1170

T37:1170

T37:1184

T37:1189

T37:1191A

T37:1200A

T37:1203A

T37:1252

T37:1451A

T37:1452

T37:1453

T37:1481

T37:1491

T37:1498

T37:1499A

T37:1499A

T37:1537A

T37:1537A

H01:003A

H01:014

H01:043

H02:028

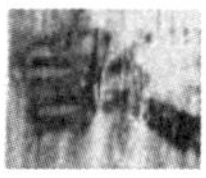
H02:028

H02:042

H02:050

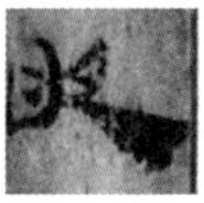
H02:082

F01:025

73EJF3:43

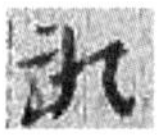
73EJF3:50+533

73EJF3:67

73EJF3:119A

73EJF3:254

73EJF3:313

73EJF3:325

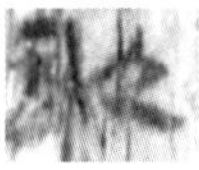
73EJF3:353

73EJF3:510A

73EJF3:518+517

73EJF3:528

73EJT4H:67

73EJD:6

73EJD:19A

73EJD:37A

73EJD:37A

73EJD:44

73EJD:45

73EJD:45

73EJD:68

73EJD:156A

73EJD:389

72EJC:7

72EJC:8

72EJC:15A

73EJC:293

73EJC:356

73EJC:445A

73EJC:494

73EJC:551

73EJC:555A

73EJC:603

73EJC:603

73EJC:653

73EJC:664

73EJC:665

72ECC:40A

72EBS7C:1A

72EBS7C:1A

殊
0519

72ECC:1+2B

殘
0520

F01:011

殄
0521

T23:667

T30:062

T37:345

T37:465

T37:778

73EJD:24

殖
0522

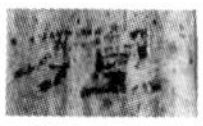
72ECC:5A

# 死

0523

T01:001

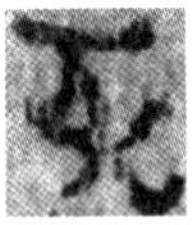
T01:001

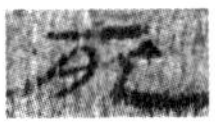
T04:048

T06:035

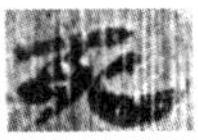
T06:069

T07:060

T07:069

T09:217

T10:131

T10:424

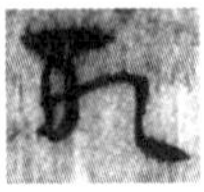
T15:002

T21:089A

T21:361

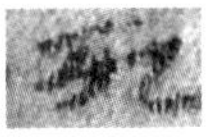
T21:410A

T23:043

T23:206

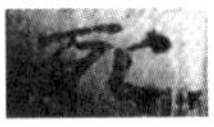
T23:206

T23:237A

T23:237A

T23:237A

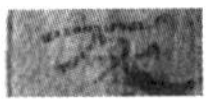
T23:362

T23:868

T23:877A

T24:443

T26:012

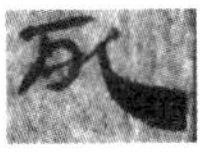
T26:192

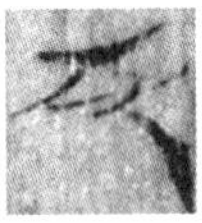
T26:284

T30:067

T31:075

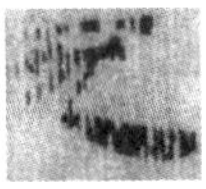
T31:168

T31:168

T34:003A

T37:084

T37:084

T37:084

T37:086

T37:407

T37:407

T37:407

T37:511B

T37:684

T37:1200A

H02:046

F01:001

F01:002

73EJF3:67

73EJF3:164

73EJF3:316

73EJF3:353

73EJF3:383
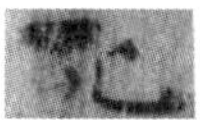
73EJD:38

72EJC:7

72EJC:91

73EJC:291

73EJC:599B

## 剮

0524

T21:374A

T21:486

T24:630
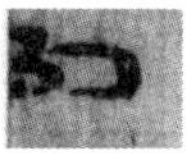
T30:043

T31:133

T37:522A

73EJF3:352

73EJD:3

73EJD:65

72EJC:74+78

骨

0525

T23:198

T23:412

T23:692

T30:070

T30:070

體

0526

T23:1010A

肉

0527

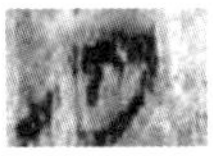
T23:198

T24:378

T26:144

T30:070

H01:032B

臚

0528

H01:016B 按：《說文》，「籀文臚」。

肫

0529

T21:024

腎
0530

T06:043

脾
0531

T26:095

73EJC:315

肝
0532

73EJF3:162

胃
0533

T10:002A

T21:374A

腸
0534

T02:079

T21:468

T30:070

H01:016A

膏
0535

72EJC:199

膌
0536

T06:069

背
0537

T05:073

脅
0538

T11:023

T23:711

T37:942A

肩
0539

T01:003

T01:018

T01:036

T01:036

T01:097

T01:108

T01:174D

T01:180

T02:022

T02:024

T02:083

T03:002

T03:104

T03:109

T03:113

T04:069

T04:113B

T05:068A

T05:071

T05:075

T05:076

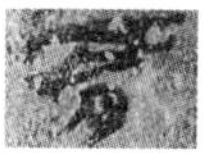
T06:001B

T06:004

T06:006

T06:007

T06:009

T06:010

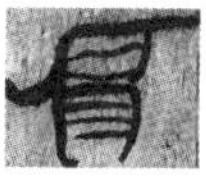
T06:012A

T06:026

T06:040

T06:045A

T06:122

T06:124

T06:132A

T07:020

T07:022A

T07:029

T07:089A

T07:102

T07:132

T08:008

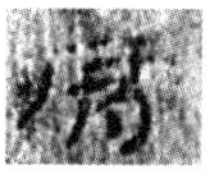
T08:031

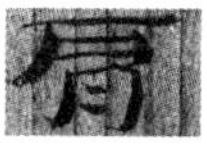
T08:051A

T09:013

T09:015

肉部　肩

T09:035

T09:047A

T09:059A

T09:089

T09:228

T09:336

T10:099

T10:131

T10:141

T10:142

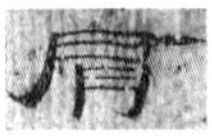
T10:143

T10:145

T10:146A

T10:163A

T10:179

T10:208

T10:215A

T10:248

T10:323A

T10:366

T10:378

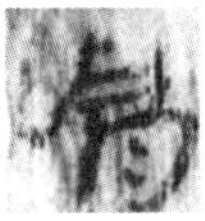
T11:009

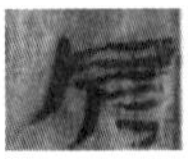
T14:014

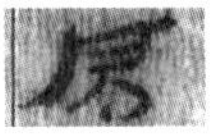
T15:013

T21:010

T21:019

T21:019

T21:021

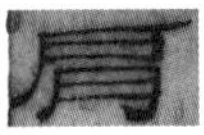
T21:036

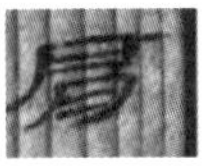
T21:039

T21:041

肉部　肩

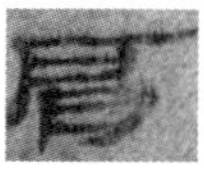
T21:042A

T21:047

T21:056
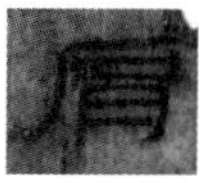
T21:069A

T21:098

T21:102A

T21:103

T21:109A

T21:308

T21:355

T21:426

T22:002

T22:002

T22:011D

T22:022

T22:028

T22:029

T22:066

T22:099
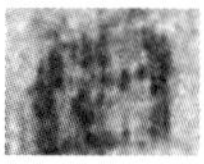
T22:137

T23:015A

T23:051

T23:052

T23:079A

T23:094
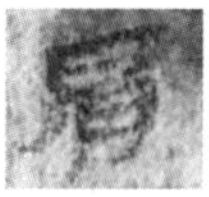
T23:164B

T23:178
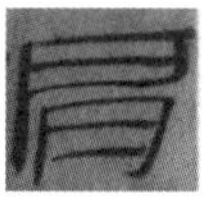
T23:203

T23:217A

T23:268

T23:275

T23:278

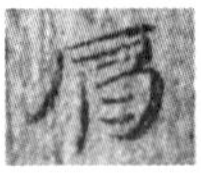
T23:290

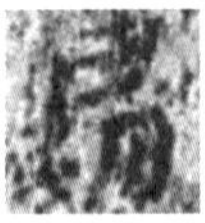
T23:292

T23:311

T23:327

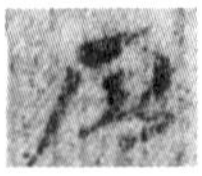
T23:330

T23:335

T23:335

T23:339

T23:340

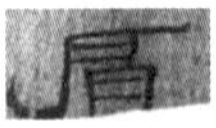
T23:354A

T23:381

T23:480

T23:496

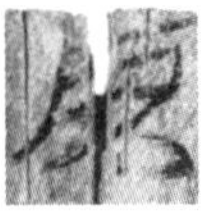
T23:569B

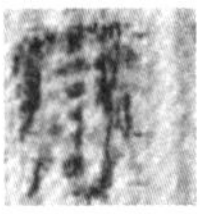
T23:586

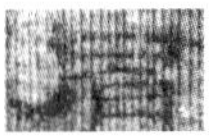
T23:617

T23:620

T23:620

T23:622

T23:629A

T23:642

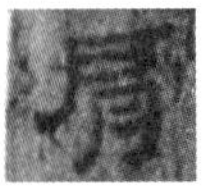
T23:668

T23:738

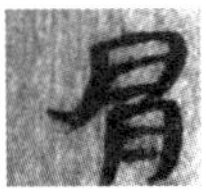
T23:762A

T23:786

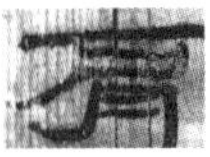
T23:853

T23:856

T23:884

T23:887

T23:930A

T23:933

T23:933

T23:933

T23:938

T23:966

T23:980

T24:007

T24:019

T24:026

T24:026

T24:026

T24:032

T24:130

T24:139

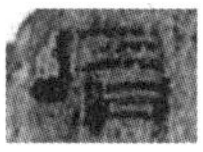
T24:197

T24:245

T24:265

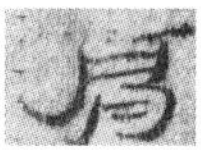
T24:274

T24:309

T24:376A

T24:398

T24:413

T24:514

T24:516A

T24:573

T24:586

T25:047

T25:108

肉部 肩

T26:001A

T26:011

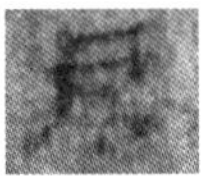
T26:011

T26:027

T26:047

T26:055

T26:072

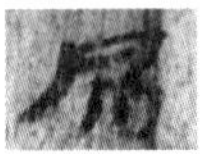
T26:080

T26:087

T26:088A

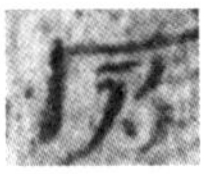
T26:088A

T26:219

T26:237B

T27:082

T28:013B

T28:072

T28:102

T29:029

T29:081

T29:097

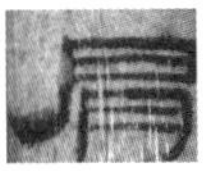
T29:119

T29:121

T30:167A

T30:204

T30:206

T30:206

T31:041

T31:064

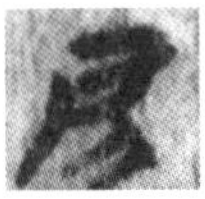
T31:114B

T31:148

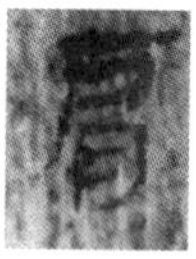
T31:151B

T32:041

T33:042

T33:051

T33:054B

T33:071A

T33:073

T34:003A

T34:004A

T34:010

T35:001

T35:009A

T37:002

T37:046

T37:047A

T37:048

T37:052

T37:056

T37:057

T37:061A

T37:067

T37:085

T37:085

T37:097

T37:204

T37:242

T37:244

T37:451

T37:456

T37:466

肉部

肩

T37:469

T37:520A

T37:520A

T37:521

T37:521

T37:522A

T37:528

T37:529

T37:530

T37:547

T37:566B

T37:638

T37:671

T37:678

T37:690

T37:707A

T37:714

T37:716A

T37:718

T37:738A

T37:743

T37:760

T37:770A

T37:779

T37:783A

T37:788A

T37:788B

T37:795

T37:798

T37:803A

T37:875

T37:877

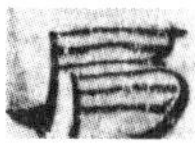
T37:907

T37:913A

T37:919

T37:962A

T37:975

T37:1020A

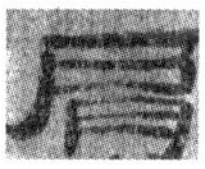
T37:1055

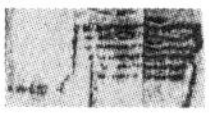
T37:1056

T37:1061A

T37:1062B

T37:1068

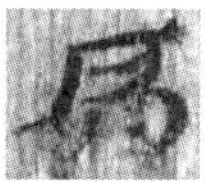
T37:1092

T37:1100

T37:1172

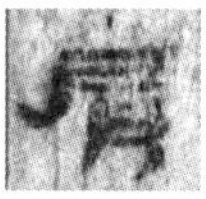
T37:1175

T37:1311

T37:1363

T37:1374

T37:1396A

T37:1406

T37:1407

T37:1423A

T37:1432

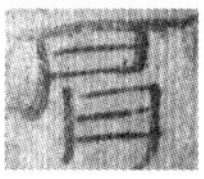
T37:1441A

T37:1472

T37:1502A

T37:1508

T37:1518

T37:1535A

H01:011

H02:012

H02:045

H02:053A

F01:014

F01:015

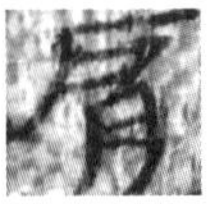
F01:025

F01:026

F01:081

73EJF2:20+29

73EJF3:31

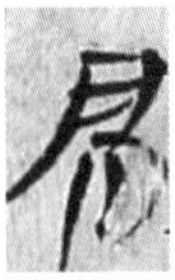
73EJF3:39A

73EJF3:41B

73EJF3:41B

73EJF3:54

73EJF3:101

73EJF3:106

73EJF3:107

73EJF3:117A

73EJF3:120A

73EJF3:123A

73EJF3:125A

73EJF3:150A

73EJF3:153

73EJF3:155A

73EJF3:155A

73EJF3:170

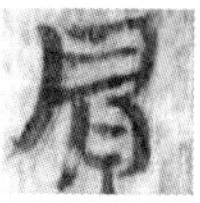
73EJF3:179B

73EJF3:184A

73EJF3:192

73EJF3:244

73EJF3:249

73EJF3:471+302

73EJF3:310

73EJF3:336+324

73EJF3:327

73EJF3:327

73EJF3:379

73EJF3:405

73EJF3:450B

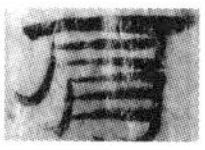
73EJF3:451

73EJF3:452

73EJF3:463

73EJF3:475

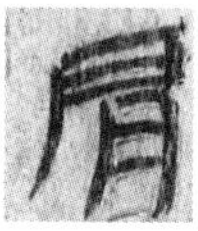
73EJF3:499

73EJF3:520

73EJF3:556

73EJF3:608B

73EJD:30

73EJD:33A

73EJD:33A

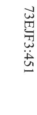

**肉部** 肩

73EJD:36A

73EJD:36A

73EJD:42

73EJD:42

73EJD:43A

73EJD:72

73EJD:99

73EJD:290

73EJD:291

73EJD:292

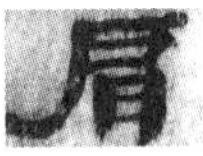
73EJD:308

73EJD:360

73EJD:366

72EJC:2A

72EJC:4

72EJC:4

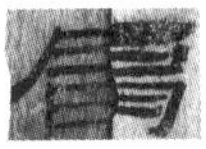
72EJC:29

72EJC:618+47

72EJC:618+47

72EJC:59

72EJC:113

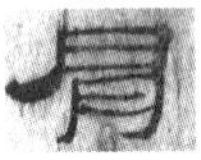
72EJC:242

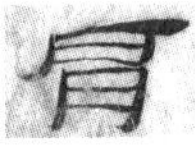
72EJC:243

72EJC:244A

72EJC:244B

72EJC:245A

72EJC:245B

72EJC:257

72EJC:289

73EJC:313B

73EJC:316A

73EJC:316A

73EJC:358

73EJC:444

73EJC:446A

73EJC:490

73EJC:537

73EJC:542A

73EJC:547

73EJC:589

73EJC:591

73EJC:595A

73EJC:596

73EJC:598

73EJC:604

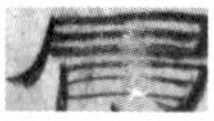
73EJC:605

73EJC:673　按：或涉下「水」字訛从「水」。

## 臂

0540

T23:320

T37:1557

## 腹

0541

T01:168

T21:024

T23:359A

T26:238

T26:238

## 股

0542

T23:1063

## 脛

0543

T09:076

## 胲

0544

T23:692　按：用作「骸」。

## 肎

0545

T11:023

T24:277

73EJD:156B

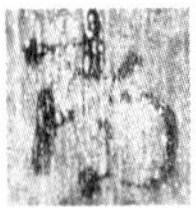

72EJC:200A

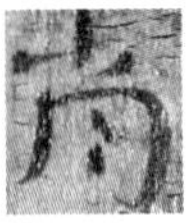

72EJC:200A

## 脫

0546

T01:001

T23:731B

72ECC:13

## 臘 0547

T28:113

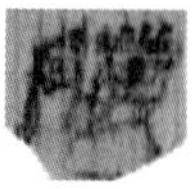
73EJF3:127A

73EJF3:151

73EJF3:390

按：金關簡或从「蒚」。

## 胙 0548

T25:095

## 隋 0549

T01:001

T37:994

73EJF3:429+434

73EJF3:496

73EJD:26A

73EJD:26A

## 脅 0550

H01:032B

## 胡 0551

T01:011

T01:015

T01:176

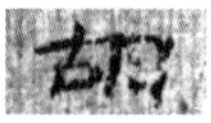
T02:016

T03:031

T04:009

T05:036

T06:060

T07:076

T10:120A

T10:182

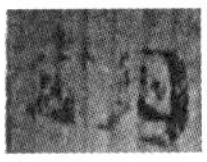
T10:357
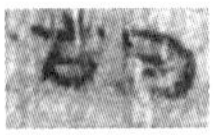
T14:002

T21:047
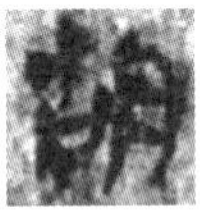
T21:066
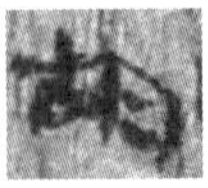
T21:130A

T21:176

T21:318

T22:052

T23:029

T23:174

T23:242

T23:493

T23:577
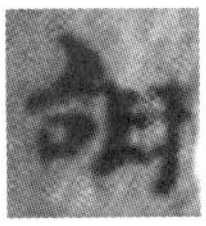
T23:666

T23:776

T23:777

T23:825

T23:896A

T24:245

T24:247A

T24:273

T24:395

T24:523

T24:703

T25:023

T26:181

T28:070

T28:114

T29:046

T30:213

T30:215+217

T31:070

T31:095

T37:082

T37:482

T37:710

T37:1091

T37:1151A

T37:1151B

T37:1369

H01:018

H02:045

73EJF3:46

73EJF3:84

73EJF3:110

73EJF3:165

73EJF3:251A+636B+562A+234A+445A

73EJT4H:90

73EJD:1

73EJD:75B

72EJC:156

72EJC:216

73EJC:341

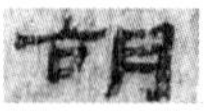
73EJC:609

72ECC:1+2B

72ECC:32

## 脯

0552

T07:082

T10:407

T23:769A

T32:015

## 脩

0553

T08:024

T08:084

T09:120

T24:902

T26:118

T29:098

T35:013

T37:055

T37:730

T37:748

H01:032B

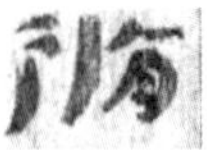

73EJF3:111

## 脘

0554

H01:016A

## 朐

0555

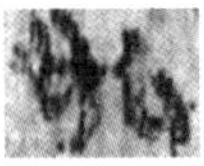

T01:001

T32:015

## 胥

0556

T01:001

T21:270

T23:894A

T23:894A

T37:1324

## 脂

0557

T21:330

T21:423

T24:225

T37:236

73EJF3:332

## 膾

0558

T10:344

## 散

0559

T23:481A

T23:481B

## 膠

0560

72ECC:47

## 腐

0561

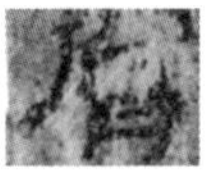

T23:062

肩

0562

T06:131

T10:409

T23:237A

T23:637A

T24:318

T37:786B

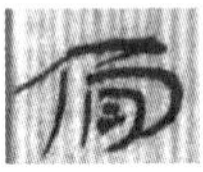
H02:046

73EJD:253

72ECC:69

肥

0563

T11:005

T24:649

72EJC:6

肚
0564

T06:043

肱
0565

T10:406

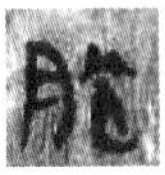
T37:1151A

胬
0566

T26:151B

# 刀

0567

T01:024

T01:025

T01:049

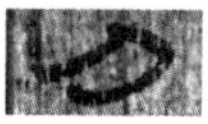
T01:153

T01:184

T05:090

T09:078

T10:293

T21:099

T21:226

T22:015

T23:715

T23:717A

T23:774

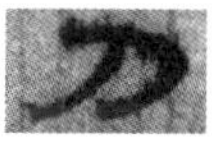
T24:551

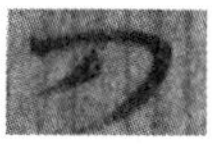
T27:005

T30:119

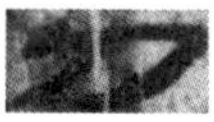
T30:164

T31:223

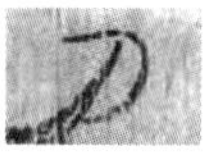
T35:005

T37:057

T37:543

T37:767

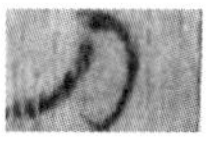
T37:874

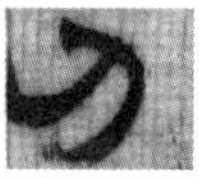
H01:035A

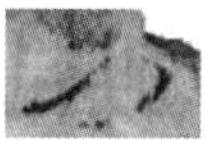
73EJC:332

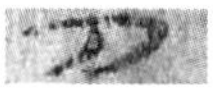
73EJC:552

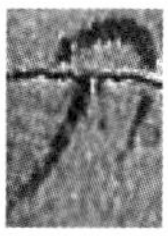
72ECC:1+2B

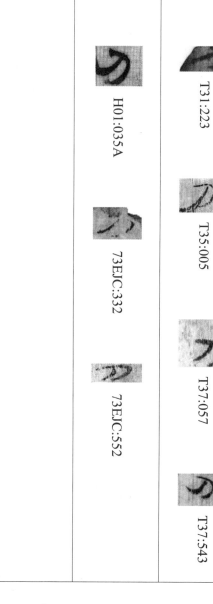

削

0568

T03:102

T06:187

T24:142

73EJD:265A

利

0569

T01:028

T01:037

T01:073

T01:167

T02:003

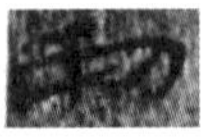
T02:022

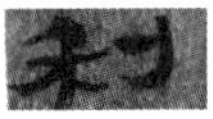
T03:049

T04:059

T04:076

T05:007

T05:055A

T06:087

T06:101

T06:145

T07:006

T07:043

T07:051

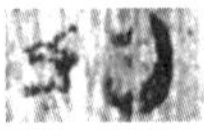
T07:057

T08:016

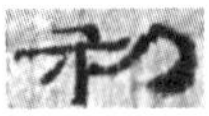
T09:087

T09:102A

T09:127

T09:134

T09:251

T10:120A

T10:121A

T10:222

T10:305

T21:015

T21:021
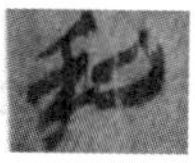
T21:043B

T21:095
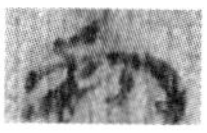
T21:239

T21:306

T21:420

T22:062

T23:056

T23:080A

T23:082

T23:287A
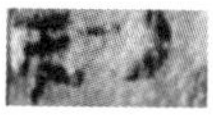
T23:467
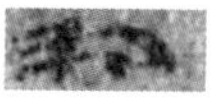
T23:620

T23:620

T23:657

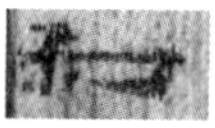
T23:737

T23:780
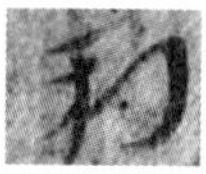
T23:877A
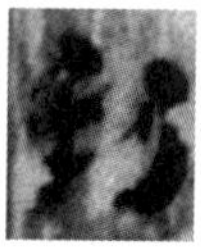
T23:966

T23:991

T24:156

T24:170

T24:264A

T24:270

T24:275A

T24:291
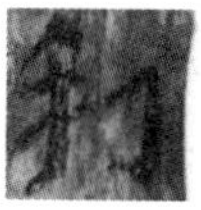
T24:612
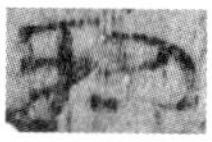
T24:694

T24:755

T24:964

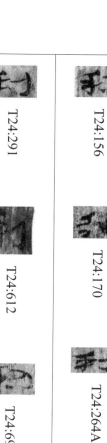

T24:967

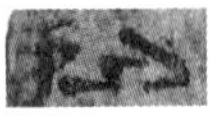
T24:987

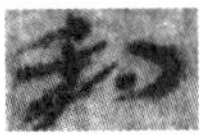
T25:063

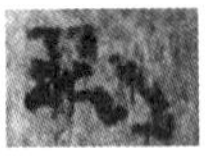
T26:073

T27:069

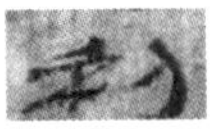
T27:110

T28:031

T28:043

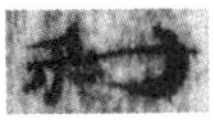
T30:039

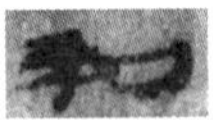
T31:026

T31:027

T31:084

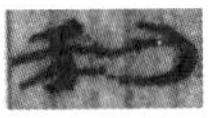
T31:144

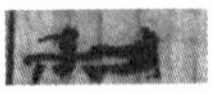
T32:039

T33:039

T37:028A

T37:052

T37:059

T37:079

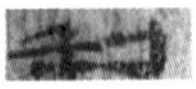
T37:107

T37:357

T37:377

T37:525

T37:564

T37:622

T37:766

T37:899

T37:1111

T37:1123

T37:1151A

T37:1174

T37:1192

T37:1512

H02:099

F01:001

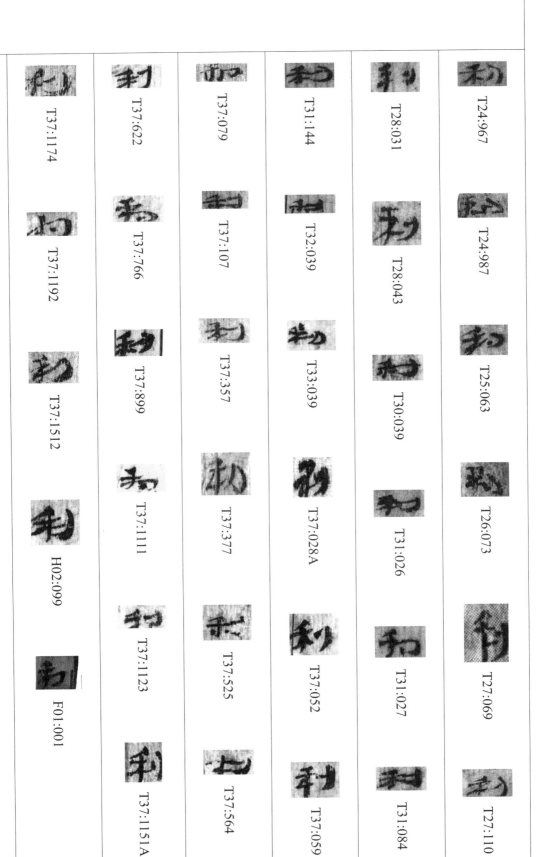

73EJF3:240

73EJF3:278

73EJF3:373

73EJF3:376

73EJF3:444

73EJF3:444

73EJF3:530

73EJD:180

73EJC:359

73EJC:539

73EJC:599B

73EJC:610

# 初

0570

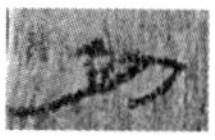
T04:107

T07:074

T08:075

T09:009A

T09:086

T09:217

T10:066

T10:376

T11:031A

T21:175A

T23:187

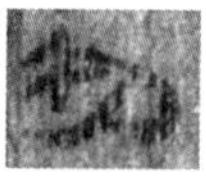
T23:931

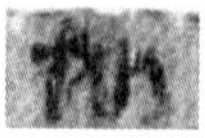
T24:078

T24:235

T24:284

T25:030

T29:125B

T30:062

T30:134

T31:040

T31:117

T31:131

T31:140

T31:140

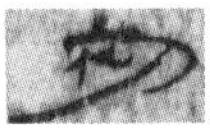
T32:005A

T33:042

T33:058

T33:067B

T37:223

H01:004

H02:050

72EJC:15A

73EJC:410

72EDAC:7

則

0571

T08:057

T15:001A

T15:001B

T21:261

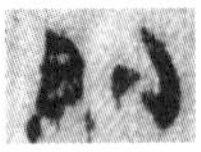
T22:110

T24:844

T24:878

T24:916

T25:156

T30:008

T31:086

T31:141

T37:104

T37:107

T37:525

T37:1491

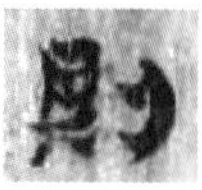
T37:1491

73EJF3:141

73EJF3:531

72EJC:180

72EJC:180

72EJC:180

73EJC:503

## 剛
0572

T11:023

## 刻
0573

T26:065

## 副
0574

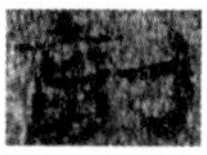
T03:049

T10:465

T21:252

T24:385

T27:128

T35:002

73EJC:310B

73EJC:617

## 辨 0575

T04:108A

T21:131B

T21:131B

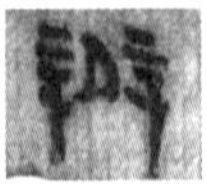
T21:239

73EJF3:94

73EJF3:390

72ECC:3

## 列 0576

T29:044

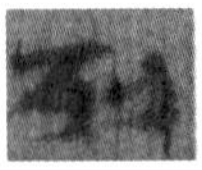
T30:244

73EJF3:104

## 删 0577

T11:015

T22:111A

T22:111A

T33:040A

T33:040B

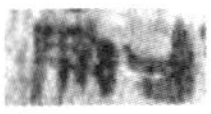
73EJC:437

## 剽 0578

T01:264

## 封 0579

T21:024

按：左殘。

## 制 0580

T21:001

T22:020

T28:071

T30:090

T37:223

T37:772

## 罰 0581

T23:301

T24:140

T37:497

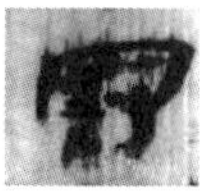
T37:1429A

73EJD:260A

## 券 0582

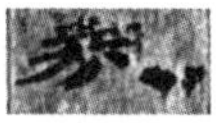
T02:020

T06:068B

T09:304

T26:016

F01:027

F01:031

## 刺

0583

T06:135A

T22:039

T23:494

T24:034

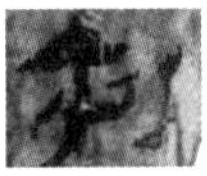
T24:342

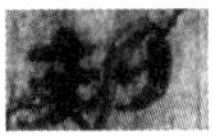
T26:080

T26:095

T28:054

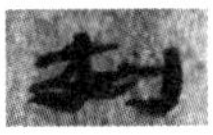
T28:071

T34:012

F01:012

73EJD:2　按：金關簡从「夾」。

## 劇

0584

T06:053　按：右殘。

## 刁

0585

T04:083

73EJF3:38

## 刚

0586

T23:674

## 0587 刃

T26:228
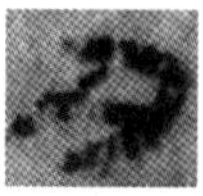
T28:105

T37:057

73EJF3:315B

73EJF3:383
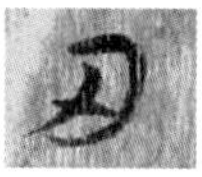
72ECC:14A

## 0588 劒

T01:024

T01:025

T01:153

T01:184
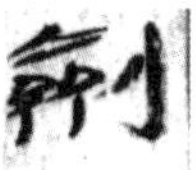
T01:186

T01:283

T04:031

T04:033

T05:026

T05:038

T05:073

T07:005

T09:093

T10:268

T10:293

T21:016

T21:226

T21:252

T21:319

T21:332

T21:407
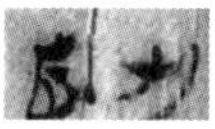
T22:015
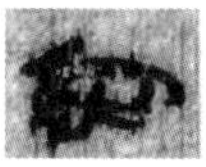
T22:032

T22:059

T22:124

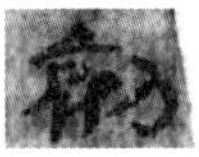
T22:134

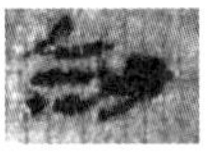
T23:158

T23:769A

T23:774

T23:937

T24:122

T24:129

T24:241

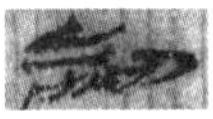
T24:551

T24:740

T24:834

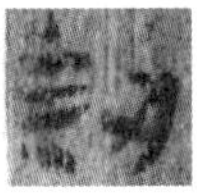
T24:857

T25:005

T25:048

T25:063

T26:177

T27:003

T29:073

T30:119

T30:120

T30:137

T30:146

T30:164

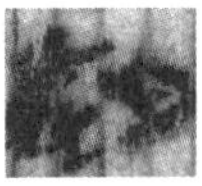
T30:171

T30:248

T30:265

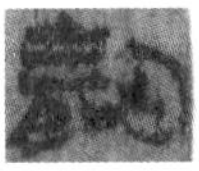
T31:031

T37:874

T37:1126

T37:1334

T37:1383

H01:062

H02:032

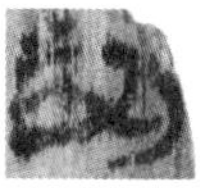
73EJD:91A

73EJD:224

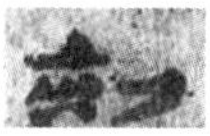
72EJC:162

73EJC:536

73EJC:552

73EJC:554

耒

0589

T24:065B

耕

0590

T23:917A

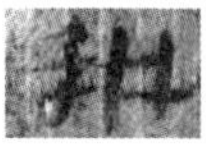
T23:917A

73EJF3:46

73EJF3:161

72EJC:80

角

0591

T05:061

T06:121

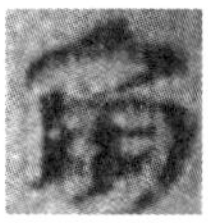
T21:046

T21:046

T22:009

T24:190A

T24:190A

T26:238

T32:071

73EJD:47

73EJC:600

觿
觿
0592

T21:324

觻
觻
0593

T01:010

T01:020

T01:033

T01:044

T01:057

T01:085B

T03:053

T03:082

T04:042B

T04:064

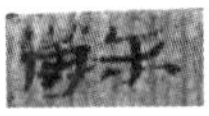
T04:076

T04:102

T04:182

T05:055A

T05:068A

T05:083

T06:039B

T06:051

T06:083A

T06:083A

角部 觻

T06:127

T06:191

T07:005

T07:037

T07:040

T07:051

T08:003

T08:045A

T08:105A

T08:105A

T09:005

T09:007

T09:042

T09:068A

T09:087

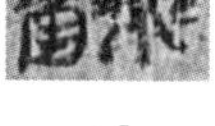
T09:121

T09:123

T09:143

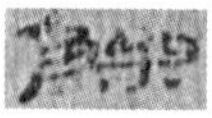
T09:201

T09:229

T09:238

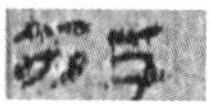
T09:243

T10:063

T10:102

T10:123A

T10:156

T10:162

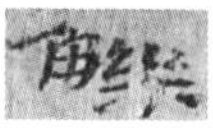
T10:226A

T10:242

T10:288

T10:326

T10:352

T11:007

T11:008

T14:001

T15:010

T21:015

T21:047

T21:056

T21:101

T21:102A

T21:212

T21:272

T22:111A

T23:055

T23:131

T23:341

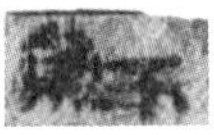
T23:373

T23:384

T23:386

T23:631

T23:661

T23:773

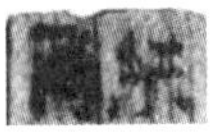
T23:774

T23:804B

T23:866B

T23:924

T23:932

T24:022

T24:028

T24:070A

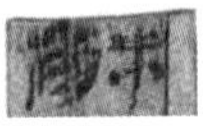
T24:099

T24:121

T24:167

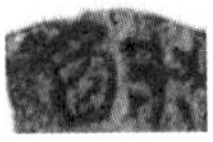
T24:170

T24:239
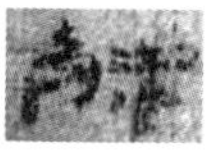
T24:333

T24:374

T24:384A
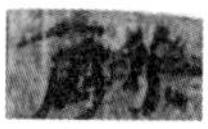
T24:515

T24:554

T24:557

T24:788
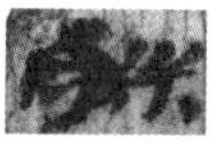
T24:951

T24:964

T25:046

T25:113

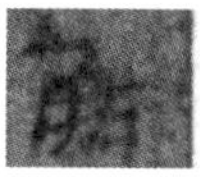
T26:011

T26:054

T26:063

T26:073

T26:118
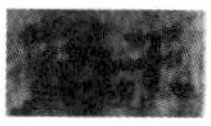
T26:133

T26:154

T26:156

T27:001

T27:011
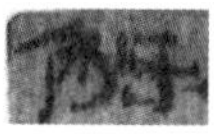
T27:056
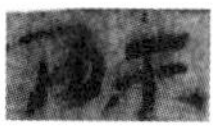
T28:050

T28:091A

T29:005

T29:135

T30:020
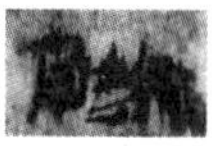
T30:039

T30:062

T30:132

T30:149

T30:157

T30:182

T31:050

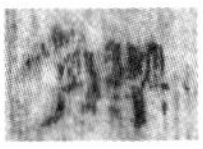
T31:054A

T31:054B

T31:085

T31:088

T31:114B

T32:014

T34:012

T35:004

T37:006

T37:052
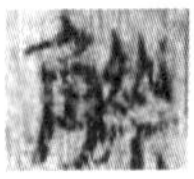
T37:055

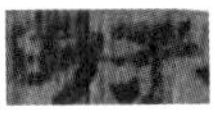
T37:079

T37:103

T37:237

T37:243

T37:357

T37:389

T37:491

T37:517

T37:522A

T37:523A

T37:523A

T37:536

T37:611

T37:621

T37:622

T37:628

T37:631

T37:678

T37:716A

T37:742

T37:745

T37:756

T37:759

T37:778

T37:779

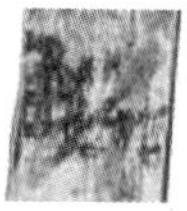
T37:803A

T37:827

T37:846

T37:862

T37:889

T37:932B

T37:984

T37:992

T37:996

T37:998

T37:1007

T37:1027

T37:1028

T37:1061A

T37:1078

T37:1092

T37:1125

T37:1130

T37:1149

T37:1152

T37:1154

T37:1163

T37:1174

T37:1195

T37:1331

T37:1333

T37:1414

T37:1450

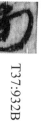

T37:1458A

T37:1460

T37:1466

T37:1495

T37:1512

T37:1581

T37:1582

T37:1585A

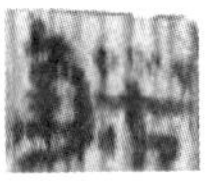
H01:023

H02:012

H02:016

73EJF2:38

73EJF3:49+581

73EJF3:65

73EJF3:118A

73EJF3:175+219+583+196+407

73EJF3:244

73EJF3:272

773EJF3:511+306+291

73EJF3:314

73EJF3:373

73EJF3:376

73EJF3:423

73EJF3:446

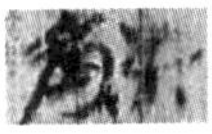
73EJF3:446

73EJF3:462

73EJF3:467

73EJF3:538　 73EJF3:558

 73EJD:6　73EJD:40B　73EJD:62

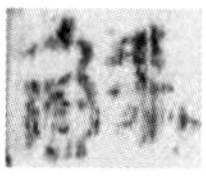

 73EJD:134

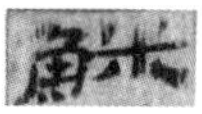

73EJD:210

73EJD:211

73EJD:276

73EJD:365

72EJC:121

72EJC:136

72EJC:154

73EJC:300

73EJC:311

73EJC:313A

73EJC:373

73EJC:428

73EJC:454

73EJC:549A

73EJC:609

72ECC:38

72EDIC:2

按：「觻得」之「觻」有時省作「角」。

73EJF3:287A

73EJC:607

73EJC:659

72ECC:47

# 解

解

0595

T01:181

T07:005

T07:041

T07:087

T08:051A

T09:197

T09:215B

T10:410

T21:021

T21:066

T23:132

T23:410

T23:525B

T23:812

T23:875

T24:015B

T24:190B

T24:191

T24:193

T24:198

T24:201A

T24:201B

T24:201B

T24:416A

T24:995

T25:090

T26:002A

T29:098

T30:035B

T37:063

T37:797

T37:1487

F01:027

73EJF2:12

73EJF3:138

73EJF3:496

73EJD:332

72EJC:116B

73EJC:295

73EJC:498

72ECC:13

## 觝

0596

T04:018

## 𧢲

0597

T06:069

T06:069

# 肩水金關漢簡字形編·卷五上

竹

0598

T11:010

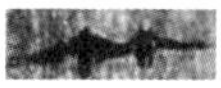

T21:430

箭

0599

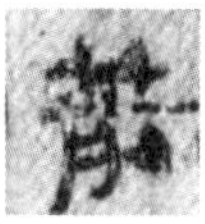

T23:530

T23:615

F01:026

73EJC:552

72ECC:37

節

0600

T01:124

T01:174A

T02:096

T04:069

T14:021

T21:042A

T21:271A

T23:071

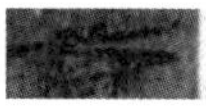

T23:620

T24:267A

T24:269A

T24:275A

T24:534

T24:566A

T24:723

T24:748

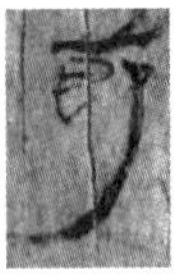
T24:818

T24:828

T24:944

T25:007A

T27:052

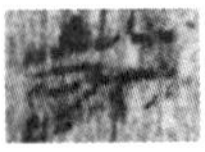
T28:046A

T28:053A

T30:033A

T30:043

T30:068

T30:240

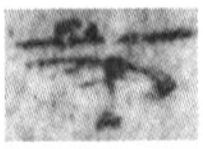
T31:080

T37:156

T37:519A

T37:1575

H02:047A

73EJF2:2

73EJD:40B

73EJC:492

按：金關簡中構件「竹」常與「艸」混同。

## 籍

0601

T01:001

T01:158

T03:113

T05:068A

T05:106

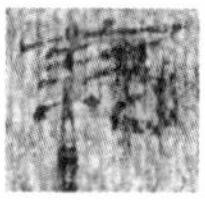
T06:017

T07:049

T09:009B

T09:011

T09:035

T09:059B

T10:214

T10:218A

T10:240

T10:320

T14:020

T21:035A

T21:035B

T21:060A
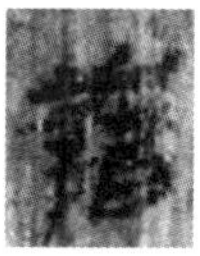
T21:108

T21:227A

T22:017

T22:125

T23:086

T23:112

T23:247

T23:350

T23:372

T23:841

T24:031A

T24:533A

T24:600
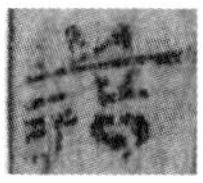
T25:084
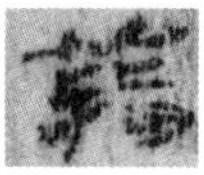
T25:211

T26:031

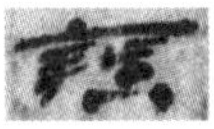
T26:162

T26:235

T27:002B

T27:073A

T28:022

T28:055

T29:048

T30:022

T30:087

T30:091

T30:144

T31:065

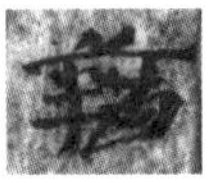
T31:076

T33:039

T33:048

T34:001A

T34:003A

T37:001

T37:519A

T37:529

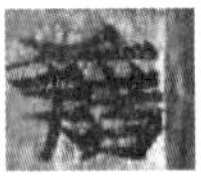
T37:530

T37:530

T37:738A

T37:776A

T37:828A

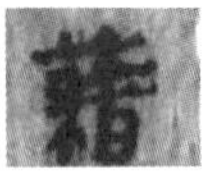
T37:857A

T37:968A

T37:1009

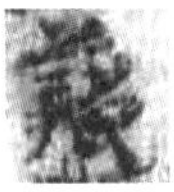
T37:1047A

T37:1100

# 籥

0602

T37:1197A

T37:1213

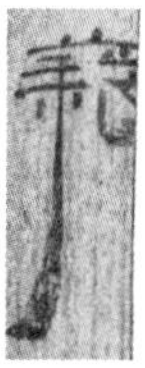

T37:1215

T37:1451A

T37:1491

T37:1504B

H02:006

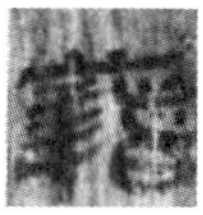

H02:028

H02:082

F01:027

73EJF3:185

73EJD:135B

73EJD:336

73EJC:446A

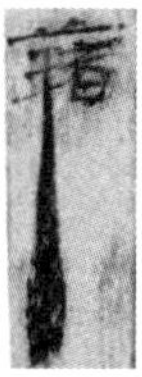

73EJC:518

73EJC:537

73EJC:590

73EJC:603　按：與「籍」同形。

73EJF3:289

# 等

0603

T01:001

T03:043

T03:056

T03:102

T03:102

T05:071

T05:113

T06:037

T06:179

T07:021

T07:137

T07:160

T08:078

T10:206

T11:015

T21:047

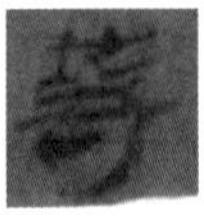

T21:103

T21:239

T21:306

T22:049

T22:055

T23:064

T23:192

T23:232B

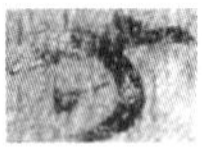

T23:237A

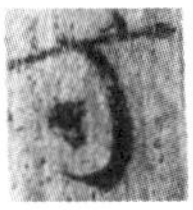

T23:323A

T23:328

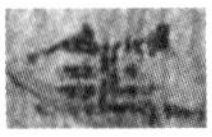

T23:362

T23:589

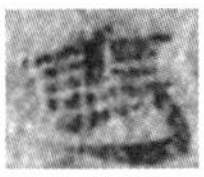

T23:620

T23:620
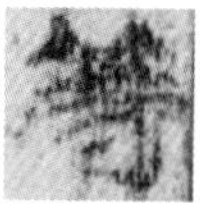
T23:716
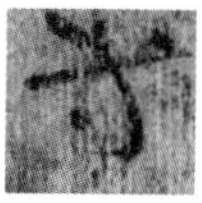
T23:918B

T23:955

T24:040

T24:132

T24:221
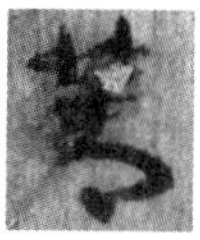
T24:559
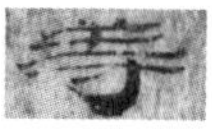
T28:020
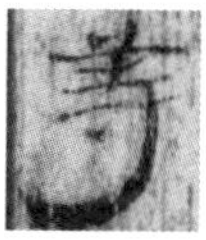
T28:037

T28:054

T29:042

T29:098
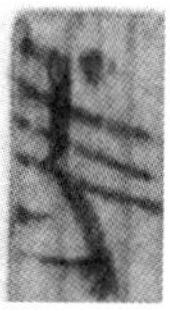
T30:011
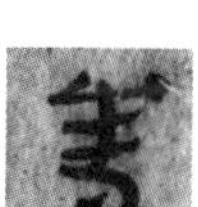
T30:026
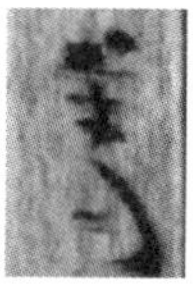
T30:070

T31:092A

T31:149
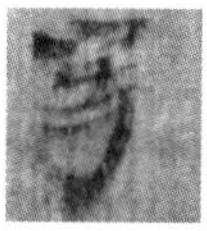
T31:162A

T37:004

T37:006

T37:229

T37:527

T37:708A

T37:1347

T37:1535B

H01:014

F01:010

F01:117

73EJF3:171

73EJF3:171

73EJF3:184A

73EJF3:261

73EJF3:401

73EJT4H:5A

73EJC:300

73EJC:443

73EJC:444

73EJC:500

73EJC:529A

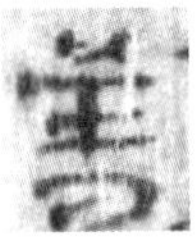
73EJC:529A

73EJC:529A

73EJC:604

## 符

0604

T09:087

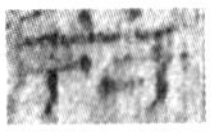
T21:117

T21:136

T22:099

T22:099

T24:019

T24:124

T24:854

T24:869

T26:016

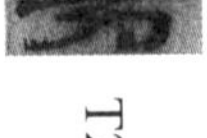
T26:016

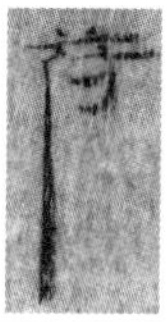
T27:048

T30:062

T34:011

T37:088A
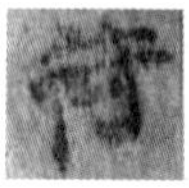
T37:152

T37:175

T37:176

T37:625

T37:754

T37:755
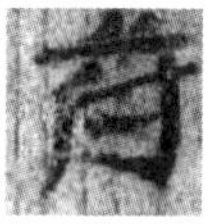
T37:756

T37:758

T37:761

T37:762

T37:1007

T37:1058

T37:1059

T37:1149

T37:1398A

T37:1410

F01:031

F01:031

73EJC:310B

按：與「符」同形。

## 簹

0605

T23:663A

## 箅

0606

T24:225

## 笥

0607

T24:343

H01:016B

## 箸

0608

T28:026

73EJC:348

## 箾

0609

H01:040

## 籠

0610

T37:1550

## 笠

0611

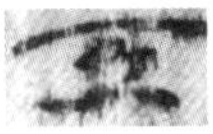

T24:073A

按：《說文》，「笠或省」。

箱
0612

T10:151

T10:262

T23:108

T26:036

T30:020

T35:004

T37:858

T37:859

T37:1022

T37:1034

H02:003

H02:009

H02:041

策
0613

T23:767

箠
0614

T23:731B

73EJF3:383

笞
0615

T01:093

T01:093

T03:053

## 箴 0616

T05:070

## 筑 0617

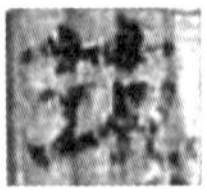
73EJT4H:35

## 筭 0618

T09:328

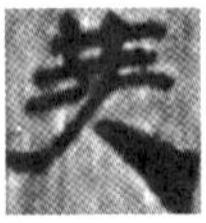
T10:131

T10:131

T10:222

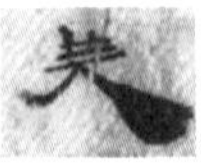
T23:565

T24:132

T24:134

T24:134

T30:214

T37:523A

T37:1266

73EJC:493

## 算 0619

T23:787

T25:149B

T27:017A

T27:057

## 笑

0620

T23:289

## 第

0621

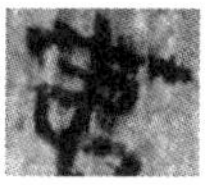

T01:001

T01:001

T01:001

T03:084

T04:029

T04:091

T05:002

T06:084

T07:005

T07:107A

T07:159

T07:170

T08:085

T09:229

T10:124A

T10:124B

T10:188

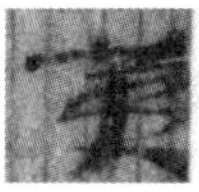

T21:162A

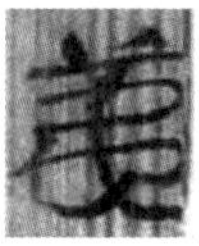

T21:321

T21:421

T21:468

T22:067

T23:054

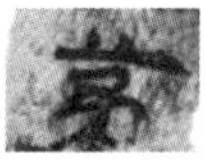

T23:113

T23:176

T23:375

T23:608

T23:666

T23:764

T23:766

T23:866B

T23:978

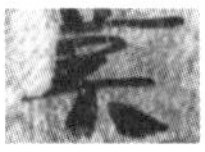
T24:019

T24:033

T24:067

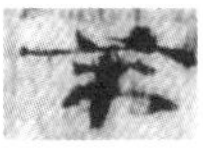
T24:143

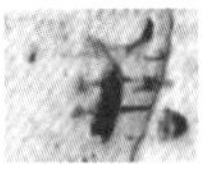
T24:143

T24:143

T24:143

T24:143

T24:143

T24:143

T24:393

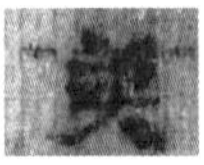
T26:016

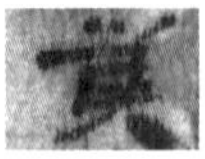
T26:016

T26:051

T26:185

T26:238

T28:024

T28:025

T29:072

T30:005

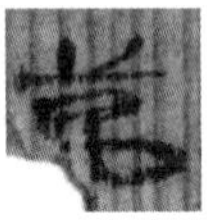
T30:076

T31:066

T31:129

竹部 第

T31:142

T33:011

T33:032

T37:050

T37:104

T37:114

T37:176

T37:491

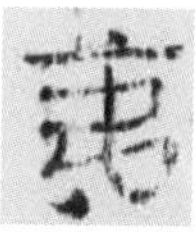
T37:1012

T37:1039A

T37:1090

T37:1123

T37:1266

H01:005

H02:063

F01:031

73EJF3:85

73EJF3:130

73EJF3:242

73EJF3:326

73EJF3:326

73EJF3:437

73EJF3:557

72EJC:38

72EJC:73

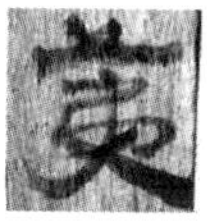
72EJC:248

73EJC:460

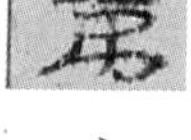
73EJC:585

73EJC:663

72EDAC:7

72EBS7C:1A

## 答

0622

72ECC:12A

## 簿

0623

T01:091

T01:117

T03:057

T04:124

T05:114

T08:002A

T08:016

T08:051A

T10:062

T10:064

T10:065

T10:107

T10:150

T10:179

T10:220A

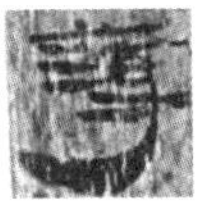
T10:328

T10:397

T21:161

T21:162A

T21:199B

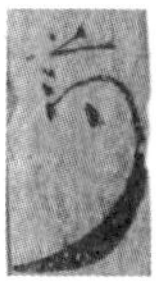
T21:304

T21:431

T22:037

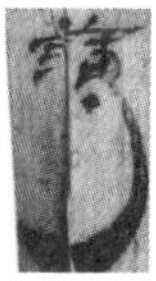
T22:100

T23:094

T23:280

T23:758

T23:884

T24:007

T24:032

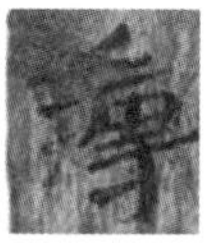
T24:032

T24:144

T24:564

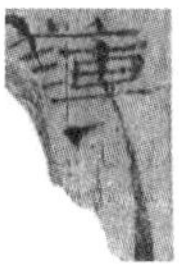
T24:797

T25:087

T25:100

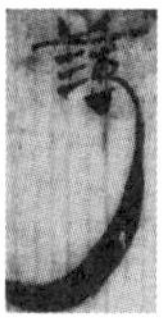
T26:130

T29:048

T29:097

T29:114B

T30:011

T30:034A

T31:023

T31:149

T32:047

T33:042

T33:055

T34:030

T35:014

T37:049B

# 箕

0624

T37:226

T37:276A

T37:777

T37:780

T37:836A

T37:1339

T37:1499A

T37:1537A

T37:1538

T37:1546

F01:117

73EJF2:30+31

73EJF3:150A

73EJF3:478

73EJF3:512

73EJF3:520

73EJD:148A

73EJD:336

73EJC:493　按：與「薄」同形。

T04:023A

T04:023B

T08:029

T10:219A

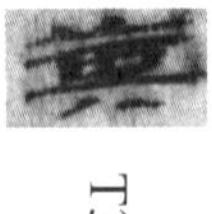
T31:084

T37:1543

T02:018

T03:071

T04:001

T04:080
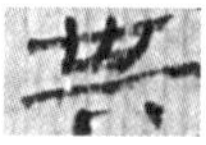
T08:070

T10:067

T10:067

T10:082

T10:096
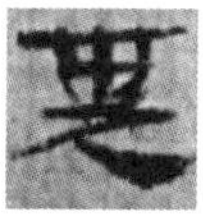
T10:117

T10:221A

T10:397

T10:416

T15:020

T21:066

T21:097
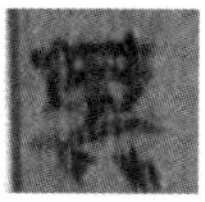
T21:097

T21:180

T21:180

T21:284

T21:404

T21:454

T22:091
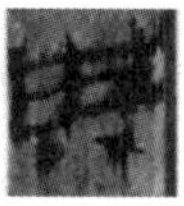
T23:077A

T23:208B

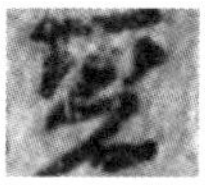
T23:413

T23:434

T23:570B

T23:619

T23:710

T23:747

T23:764

T23:764

T23:768

T23:770

T23:823

T23:929
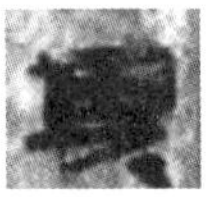
T24:003

T24:026

T24:185
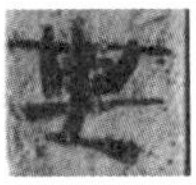
T24:201A

T24:201B
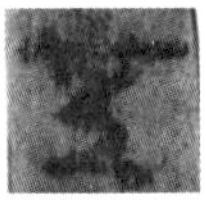
T24:211

T24:288

T24:318
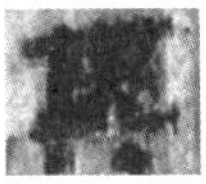
T24:326

T24:354

T24:739

T24:739

T24:833

T24:846
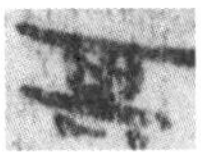
T26:082

T28:027

T28:128

T29:019A

T30:004

T30:018
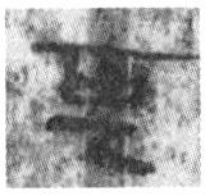
T30:035B

T30:058

T30:058

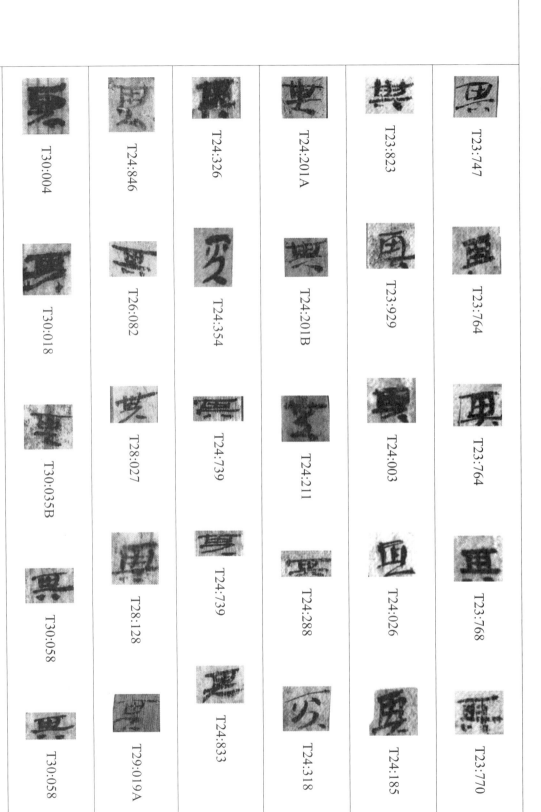

**箕部** 箕

T30:067

T30:080A

T30:080B

T30:202

T30:202

T30:206

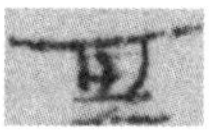
T30:216

T31:029

T31:077

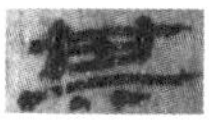
T31:101A

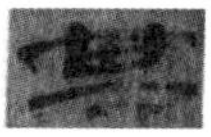
T31:101A

T31:102A

T31:104A

T31:141

T32:075

T33:001

T34:021

T37:522B

T37:770A

T37:779

T37:963

T37:1151B

T37:1193

H01:017

H01:034

H02:048B

H02:053A

73EJF2:28

73EJF3:91

73EJF3:92

**箕部** 箕

73EJF3:160

73EJF3:178A

73EJF3:264

73EJF3:372

73EJF3:587

73EJD:33A

73EJD:34

73EJD:88B

73EJD:332

72EJC:618+47

72EJC:180

72EJC:180

72EJC:180

73EJC:291

73EJC:306

73EJC:308

73EJC:311

73EJC:398

73EJC:398

73EJC:543

73EJC:543

72ECC:1+2A

72EBS7C:2A

72EBS7C:4

按：《說文》，𠔁「籀文箕」。金關簡中「箕」「其」用法已分化。

## 典

0625

T24:245

## 畀

0626

72EJC:94

## 亓

0627

T03:007

T14:019

T26:105

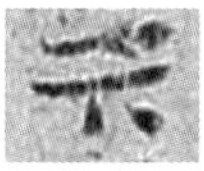

73EJF3:25+543

## 左

0628

T01:102

T01:178A

T03:001

T03:001

T04:025

T04:063A

T05:009

T09:010

T09:104

T10:104

T10:406

T21:051

T21:064

T21:270

T21:387

T22:001

T22:099

T22:111A

T23:019B

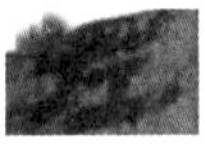
T23:306

T23:308

T23:359A

T23:359A

T23:974

T24:019

T24:026

T24:157

T24:268B

T24:328

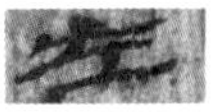
T24:715

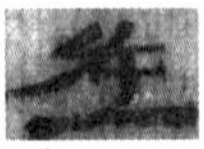
T26:016

T26:032

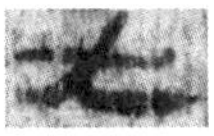
T26:095

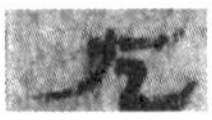
T26:238

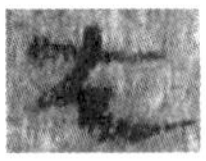
T26:238

T27:013

T27:046

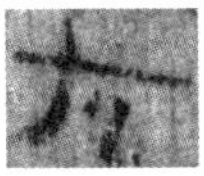
T29:102

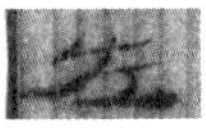
T30:021A

T31:027

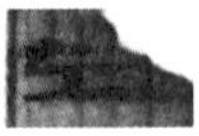
T31:099

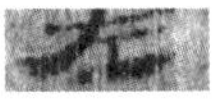
T31:148

T33:048

T37:020

T37:034

T37:090B

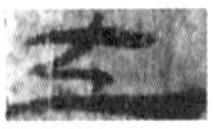
T37:272B

T37:276B

## 左部 左

T37:425

T37:457

T37:523A
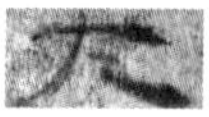
T37:523B

T37:529

T37:701

T37:752A

T37:798

T37:961
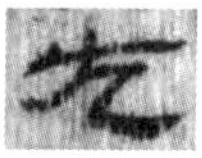
T37:982

T37:1000

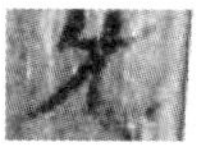
T37:1151B

T37:1184

T37:1242

T37:1473

T37:1482

T37:1522

H02:013

F01:031

F01:085

F01:117

F01:117
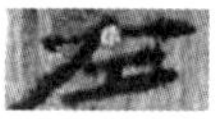
73EJF3:3

73EJF3:6

73EJF3:273+10

73EJF3:15

73EJF3:281+18

73EJF3:19

73EJF3:30+21

73EJF3:24

73EJF3:27

73EJF3:28

73EJF3:28

73EJF3:29

73EJF3:415+33

73EJF3:415+33

73EJF3:61

73EJF3:96

73EJF3:96

73EJF3:97

73EJF3:97

73EJF3:98

73EJF3:99

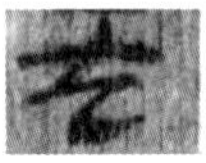
73EJF3:100

73EJF3:118A

73EJF3:118B

73EJF3:148

73EJF3:189+421

73EJF3:194+198

73EJF3:280

73EJF3:351

73EJF3:359

73EJF3:361

73EJF3:362

73EJF3:416+364

73EJF3:365

73EJF3:366

73EJF3:367

73EJF3:385

73EJF3:402

73EJF3:413

73EJF3:414

73EJF3:449A

73EJF3:458

73EJF3:586

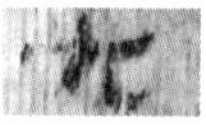
73EJD:107B

73EJD:246

72EJC:204

73EJC:531B

73EJC:600

73EJC:600

差

0629

T10:131

工

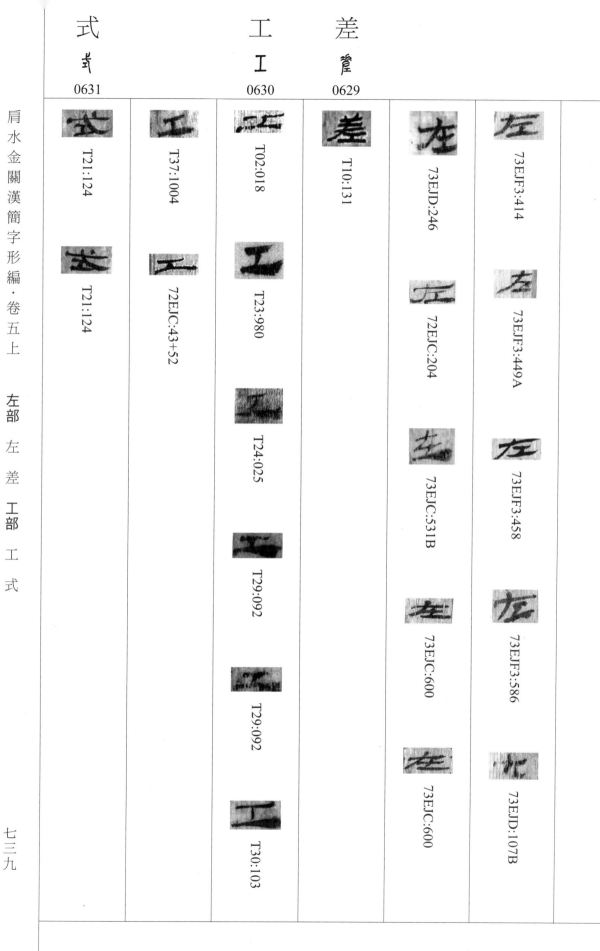

0630

T02:018

T23:980

T24:025

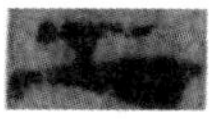
T29:092

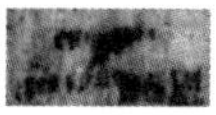
T29:092

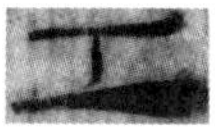
T30:103

T37:1004

72EJC:43+52

式

0631

T21:124

T21:124

## 巧

0632

T21:087

T22:065

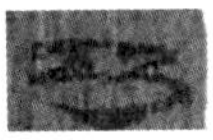

T23:362

## 巨

0633

T23:359A

T23:359B

T37:1077

T37:1143B

73EJF3:337

## 巫

0634

T31:051A

## 甘

0635

T01:001

T05:068A

T07:165

T09:011

T09:029A

T09:034B

T09:322A

T09:384

T10:120A

T10:121A

T10:313A

T10:315A

T10:375

T10:377A

T10:378

# 甚

0636

T24:092A

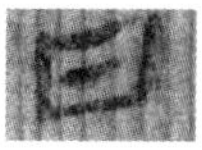
T24:897

T25:006

T25:086

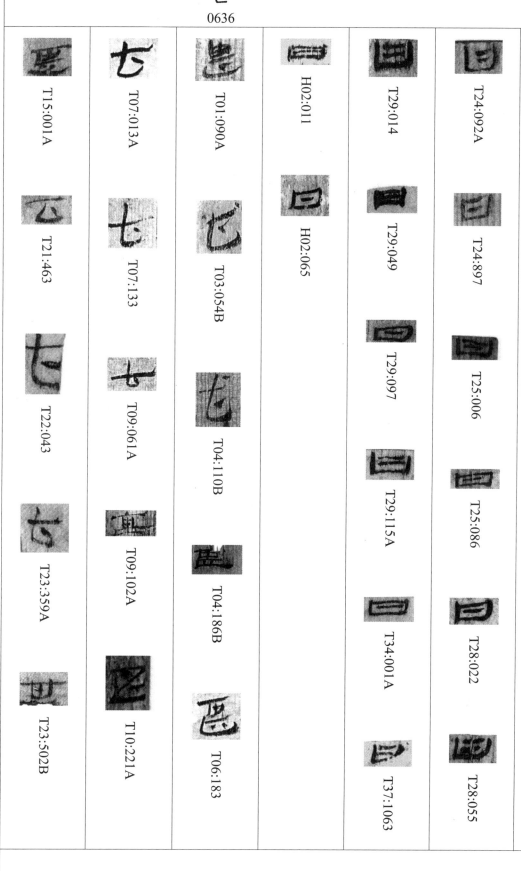

T28:022

T28:055

T29:014

T29:049

T29:097

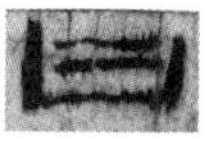
T29:115A

T34:001A

T37:1063

H02:011

H02:065

T01:090A

T03:054B

T04:110B

T04:186B

T06:183

T07:013A

T07:133

T09:061A

T09:102A

T10:221A

T15:001A

T21:463

T22:043

T23:359A

T23:502B

T23:788B

T23:896B

T23:953

T23:976A

T24:073A

T24:142

T24:597

T24:790

T24:989

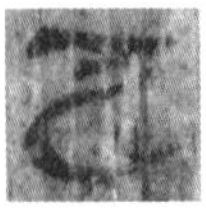
T26:020B

T26:150

T29:098

T29:114B

T30:028A

T30:028A

T30:049B

T30:169

T30:204

T31:165

T37:086

T37:268A

T37:786B

H01:073B

H02:047A

H02:048A

73EJF3:159B

73EJF3:182A

73EJF3:183B

73EJD:26A

# 曰

0637

73EJD:153

72EJC:179

73EJC:599B

T01:001

T03:013A

T03:015

T03:055

T07:025

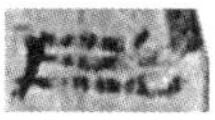
T09:058

T09:059A

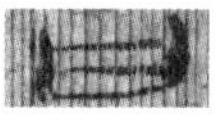
T09:092B

T10:115B

T10:125

T10:267B

T10:425

T10:527B

T14:007

T15:020

T21:001

T21:175B

T21:213

T21:454

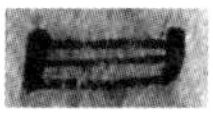
T21:455

T22:006

T23:014

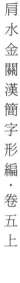

T23:408

T23:490

T23:518A

T23:520

T23:738

T23:747

T23:823

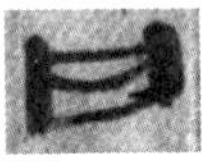
T23:978

T24:024A

T24:104

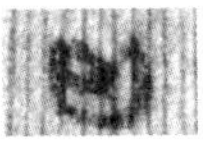
T24:112B

T24:130

T24:240B

T24:264B

T24:266B

T24:532B

T24:835

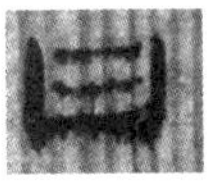
T25:006

T25:166A

T26:216

T27:011

T28:071

T30:090

T30:157

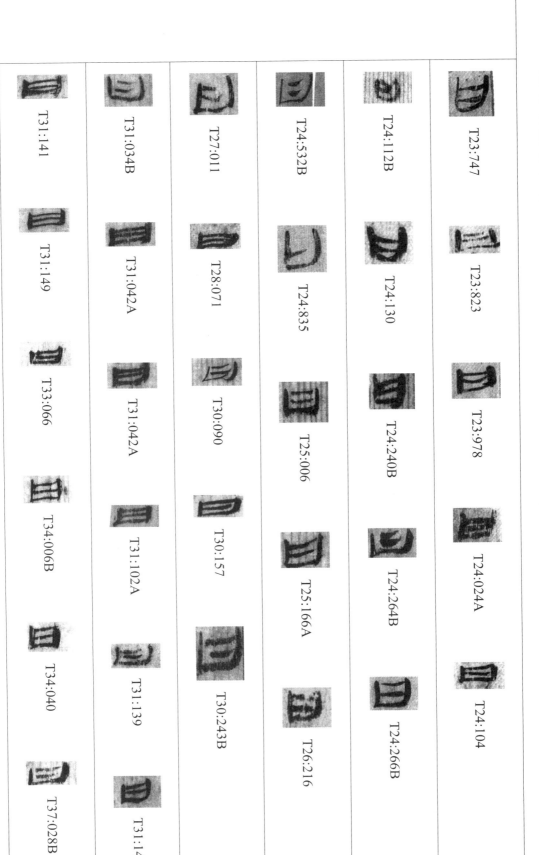

T30:243B

T31:034B

T31:042A

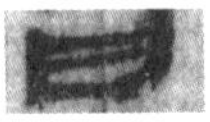
T31:042A

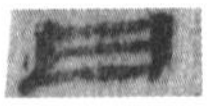
T31:102A

T31:139

T31:140

T31:141

T31:149

T33:066

T34:006B

T34:040

T37:028B

T37:090B

T37:223

T37:272B

T37:519B

T37:520A

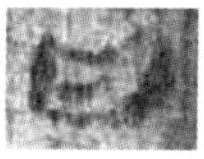
T37:522B

T37:772

T37:1052B

T37:1139

T37:1139

T37:1139

H02:048A

H02:101

F01:003

73EJF3:50+533

73EJF3:164

73EJF3:164

73EJF3:330

73EJF3:518+517

72EJC:15B

72EJC:37
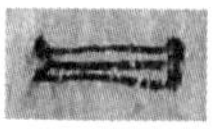
72EJC:179

72EJC:267B

73EJC:529B

73EJC:531B

73EJC:607

73EJC:607

## 沓

0638

T07:013A

## 曹

0639

T02:040

T04:197

T05:027

T08:051A

T09:255

T10:179

T10:216

T21:239

T21:262

T23:311

T23:448

T23:784

T23:924

T24:112A

T24:878

T31:149

T37:1079

T37:1217

73EJF3:65

73EJF3:179A

73EJF3:347

73EJF3:508

73EJD:33A

73EJD:285A

## 乃

0640

72ECC:36

T04:169

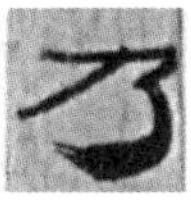
T10:425

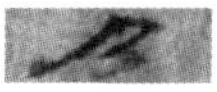
T21:059

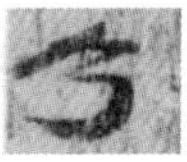
T21:213

T23:238

T23:363

T23:677

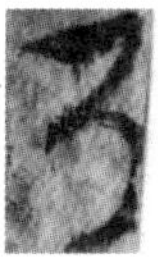
T24:318

T26:286

73EJD:107B

73EJD:107B

## 卤

0641

T01:020

T04:098A

T04:172

T08:115

T21:056

T23:258

T23:497

T24:239

T24:557

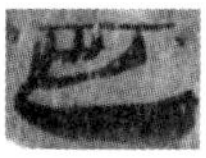
T24:844

T28:081

T28:113

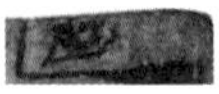
T29:107

T29:115A

T31:069

T37:1198

H01:003A

H02:002

H02:065

72EJC:7

73EJC:293

## 寧

0642

T08:009

T23:766

T27:109

T31:059A

T37:727A

73EJF3:183A

73EJF3:402

73EJD:150

## 可

0643

T01:001

T01:027

T01:075

T02:079

T03:101

T04:121

T06:132B

T07:046

T07:100A

T07:113

T10:120A

T10:208

T10:208

T15:020

T15:024B
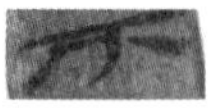
T21:058

T21:073A

T21:131B

T22:051

T23:019A

T23:147

T23:301

T23:404A

T23:677

T23:896A

T24:065A

T24:142

T24:245

T24:250

T24:269A

T24:334A

T24:367A

T25:038

T26:196

T29:033
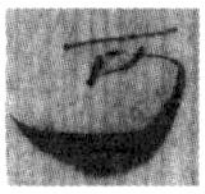
T30:090

T31:066

T32:072

T37:087
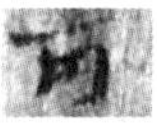
T37:223

T37:492

T37:741

T37:742

T37:772

T37:1167A

H01:058

H02:048A

H02:048A

H02:048B

H02:048B

H02:071

F01:002

F01:004

F01:004

F01:077A+078A

73EJF3:124B

73EJF3:124B

73EJF3:160

73EJF3:161

73EJF3:183B

73EJF3:430B+263B

73EJF3:319

73EJF3:392B

73EJF3:505

73EJD:11

73EJD:26A

73EJD:89A

73EJD:107B

73EJD:200+175

## 奇

0644

73EJD:200+175

73EJD:363

72EJC:15A

72EJC:79B

73EJC:291

73EJC:311

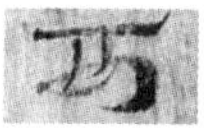
73EJC:593

73EJC:593

72ECC:4

72EBS7C:1A

T23:657

T24:211

T24:264A

T31:100

72EDAC:7

72EDAC:7

72EDAC:7

## 羲

0645

T24:132

## 乎

0646

T04:119

T10:002A

T23:019A

T23:279A

T23:495B

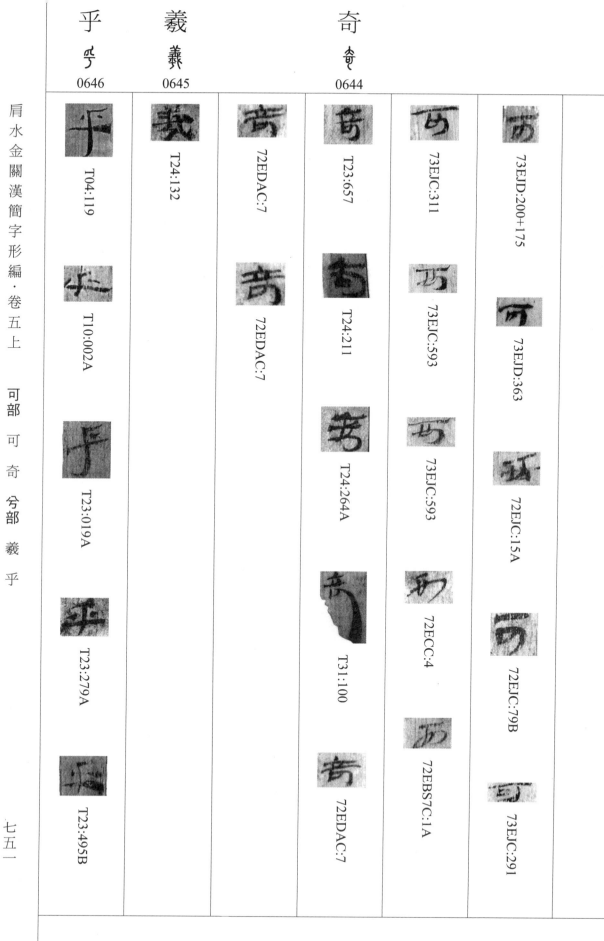

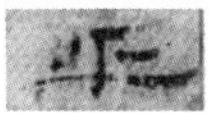
T24:104

T31:102A

T37:708A

73EJF3:183A

73EJD:200+175

73EJC:291

## 亏

0647

T23:344

T23:482

T24:039

T24:073A

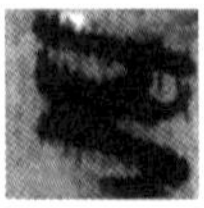
T24:871

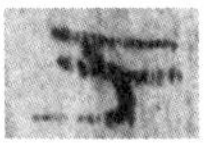
T24:968

T26:071

T29:114B

T30:201

T37:482

T37:983

H02:048A

73EJF3:86

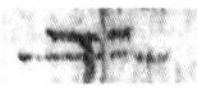
73EJD:174

73EJC:550

## 平

0648

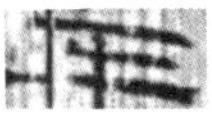
T01:005

T01:029

T01:034

T01:073

T01:073

T01:114

T01:134

T02:077

T02:077

T02:100

T03:055

T04:052
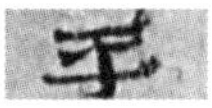
T04:060

T05:039

T05:069

T06:028

T06:040
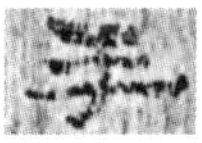
T06:042

T06:121

T06:141

T06:151
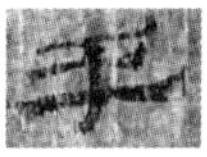
T07:027A

T07:039

T07:097

T08:032

T08:039

T09:006
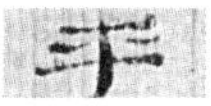
T09:019A

T09:026

T10:108
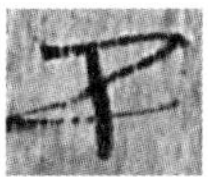
T10:125
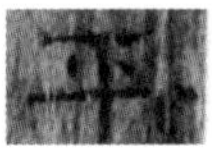
T11:009

T14:006

T14:017
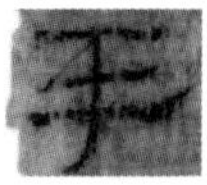
T14:041

T15:005A

T15:008A

T21:040

T21:042A
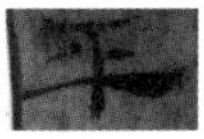
T21:042A

T21:044

T21:063A

T21:096

T21:101

T21:103

T21:112

T21:119

T21:137

T21:156
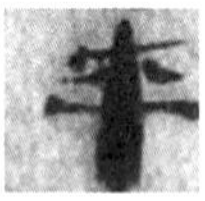
T21:180

T21:206A

T21:265

T21:315

T21:356

T22:034

T23:016

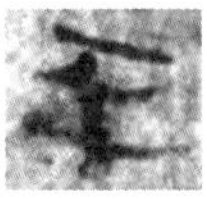
T23:385

T23:492B
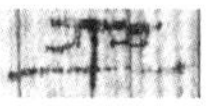
T23:766

T23:810

T23:969

T24:021

T24:026

T24:034

T24:046

T24:117

T24:132

T24:190A
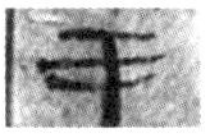
T24:258

T24:258

T24:392

T24:532A

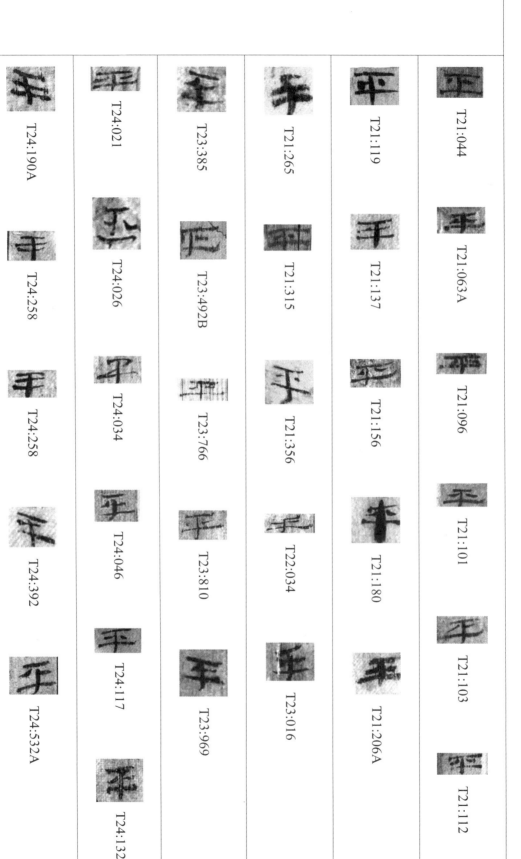

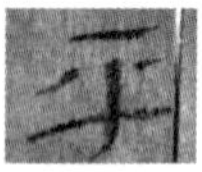
T24:532B

T24:542

T24:550

T24:563A

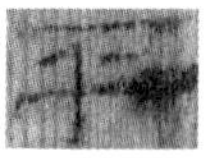
T24:566A

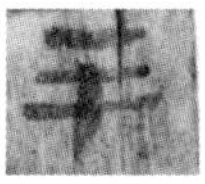
T24:640

T24:725

T24:956

T24:974

T25:013

T26:009

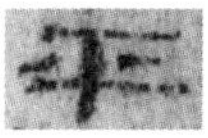
T26:009

T26:172

T26:184

T26:263

T26:265

T27:029

T27:049

T28:007

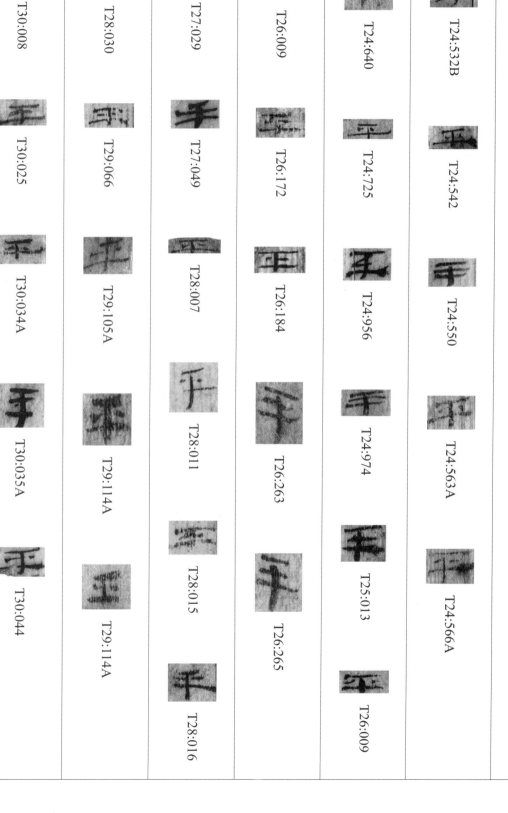

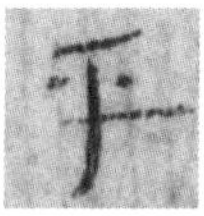
T28:011

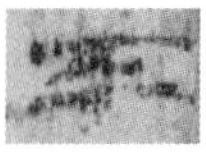
T28:015

T28:016

T28:030

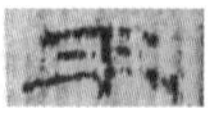
T29:066

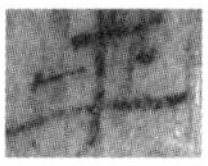
T29:105A

T29:114A

T29:114A

T30:008

T30:025

T30:034A

T30:035A

T30:044

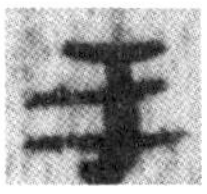
T30:102

T30:140

T30:205

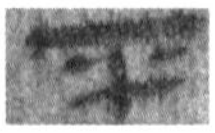
T30:244

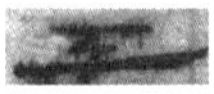
T30:267

T31:038

T31:080

T31:107

T31:147

T31:161

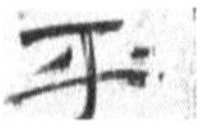
T33:052

T37:079

T37:083

T37:090B

T37:097

T37:107

T37:152

T37:161A

T37:175

T37:176

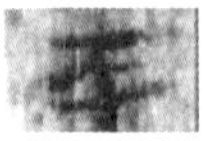
T37:177

T37:290A

T37:460

T37:519A

T37:521

T37:521

T37:522A

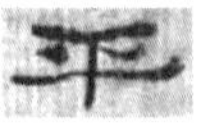
T37:522A

T37:524

T37:525

T37:527

T37:530

T37:560

T37:561

T37:585A

T37:591

T37:615

T37:617

T37:621

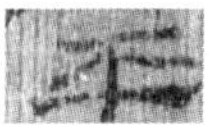
T37:625

T37:639

T37:640

T37:648B

T37:651A

T37:675

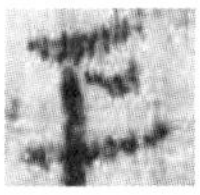
T37:706

T37:745

T37:749A

T37:754

T37:755

T37:756

T37:758

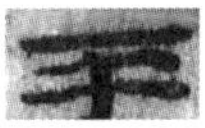
T37:758

T37:762

T37:774

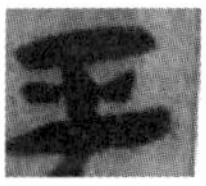
T37:785

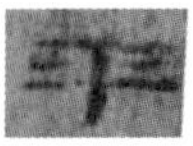
T37:788A

T37:803A

T37:833A

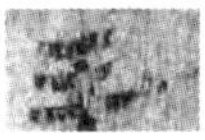
T37:844

T37:866

T37:875

T37:913A

T37:962A

T37:1045

T37:1058

T37:1061A

T37:1184

T37:1207

T37:1229A

T37:1244

T37:1317

T37:1319

T37:1408

T37:1412

T37:1415

T37:1456

T37:1470

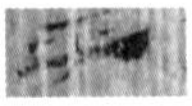
T37:1492

T37:1494

T37:1503A

T37:1584

H01:023

H02:041

F01:014

F01:036

F01:084A

73EJF3:17

73EJF3:41B

73EJF3:44

73EJF3:45

73EJF3:106

73EJF3:178A

73EJF3:194+198

73EJF3:251B+636A+562B+234B+445B

73EJF3:346

73EJF3:431

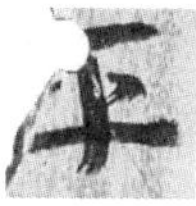
73EJF3:568A

73EJD:42

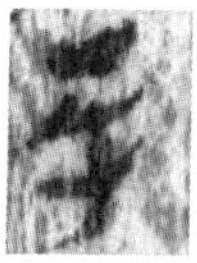
73EJD:118

73EJD:284B

73EJD:358

72EJC:14

72EJC:18

72EJC:63A

72EJC:76

72EJC:182

72EJC:237

73EJC:293

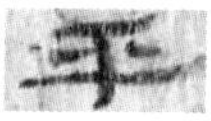
73EJC:359

73EJC:363

73EJC:424

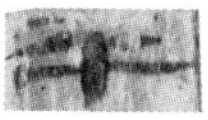
73EJC:479

73EJC:575

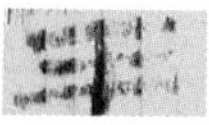
73EJC:615

73EJC:652

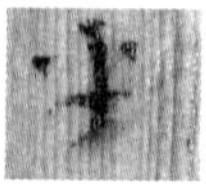
72ECC:15A

T37:960

## 嘗

0649

## 喜

喜

0650

T01:010

T01:171

T02:098

T21:017

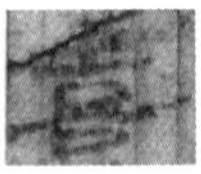
T21:104

T21:385

T24:593

T25:136

H01:033

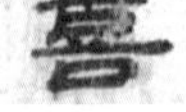
73EJF3:417

73EJF3:510A

73EJD:233

73EJD:244

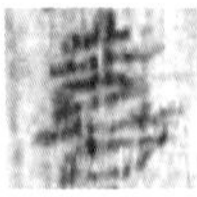
73EJC:531A

## 憙

憙

0651

T01:283

T03:059

T03:070

T08:056

T10:303

T14:004

T21:064

T24:321

T24:921

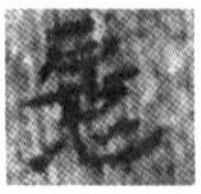
T25:175

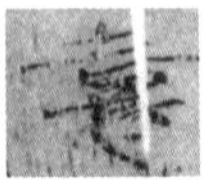
T29:074

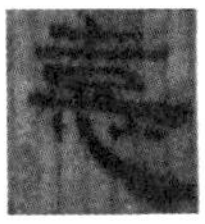
T30:265

T34:012

T37:007

T37:151

# 彭

0652

T37:151

T37:631

T37:702A

T37:704

T37:752A

T37:859

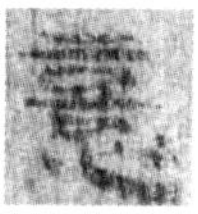
T37:1075A

T37:1227A

T37:1415

73EJF3:35

73EJF3:298

73EJT4H:37

73EJD:37A

73EJD:256

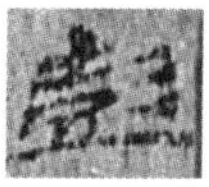
T02:053A

T06:099

T09:233

T21:124

T23:245

T23:335

T23:335

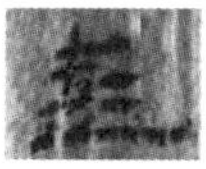
T23:414

T23:727

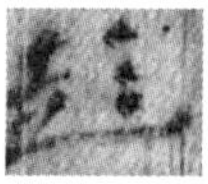
T23:842B

T24:024A

T24:138

T24:212

T24:344

T24:541

T24:901

T24:938

T25:049

T25:105

T25:124

T27:056

T30:170

T31:030

T33:041A

T34:006A

T37:002

T37:419

T37:643

T37:678

T37:828A

T37:1058

T37:1123

T37:1177

73EJF3:115

73EJF3:165

73EJF3:275

73EJF3:373

73EJF3:399

73EJF3:420

73EJF3:558

## 嘉

0653

T03:003

T07:092

T08:087

T09:143

T21:035A

## 鼓

鼓

0654

T21:035B

T22:011A

T23:142

T23:153

T23:307

T23:889

T24:418

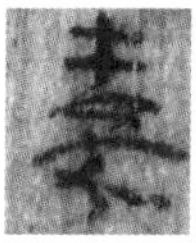
T28:033

T30:020

T30:044

T32:036B

T33:040A

T37:626

T37:645

T37:762

T37:785

T37:1000

T37:1114

T37:1352B

73EJF3:239

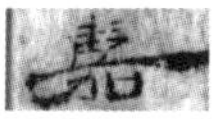
73EJD:45

73EJD:352

72EJC:2A

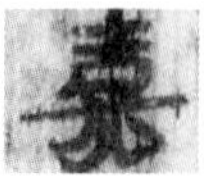
72EJC:14

T07:194

T10:407

T21:007

T30:235

T37:1547

## 豈

0655

T21:131B

## 豆

0656

T08:072

T24:138

T24:537

## 豐

0657

T04:041A

T06:055

T07:115

T21:291

T23:762B

T23:788A

T24:024A

T24:291

T24:597

T30:020

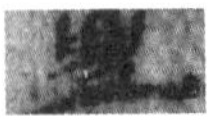
T31:064

T35:003

T37:003A

T37:050

T37:055

T37:057

T37:061A

T37:129

T37:228

T37:308

T37:404

T37:450

T37:636

T37:643

T37:778

T37:785

T37:788A

T37:798

T37:810

T37:940

T37:1105

T37:1107

T37:1168

T37:1451A

T37:1451A

T37:1501

T37:1584

73EJF2:3

73EJF3:415+33

73EJF3:415+33

73EJF3:87

73EJF3:105

73EJF3:111

73EJF3:278

73EJF3:330

73EJF3:385

73EJF3:515

73EJT4H:74A

72EJC:263

73EJC:446B

# 虡

0658

73EJC:480

72ECC:7　按：整理者釋「豊」者四例。T23:1010A左殘，從文意看當是「體」。另三例（T23:762B、T23:788A、T31:080）均用作人名，字形與「豊」實無區別，故并入「豊」字。

T01:020

T21:037

T22:131A

T23:354A

T24:254

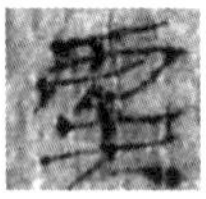
T24:384B

T24:877

T26:039

T29:096

T30:020

T31:093

T37:076

T37:758

T37:758

T37:892

T37:1514

H02:075

73EJF3:183B

虔

0659

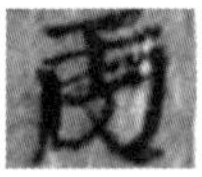
T23:661

T24:808

虖

0660

T23:768

虐

0661

73EJC:607

虡

0662

T37:1573

虎

0663

T07:104

T24:559

73EJD:11

虢

0664

T05:066

## 盛

0665

T01:064

T24:268A

73EJF3:267

## 盧

0666

T21:130A

T37:554

73EJD:37A

## 盆

0667

T08:029

## 益

0668

T01:178B

T04:117

T08:054A

T10:049

T21:131B

T23:778

T24:050

T24:718

T29:114B

T37:496

T37:622

T37:1086

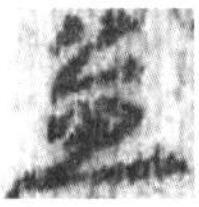

T37:1405

T37:1465

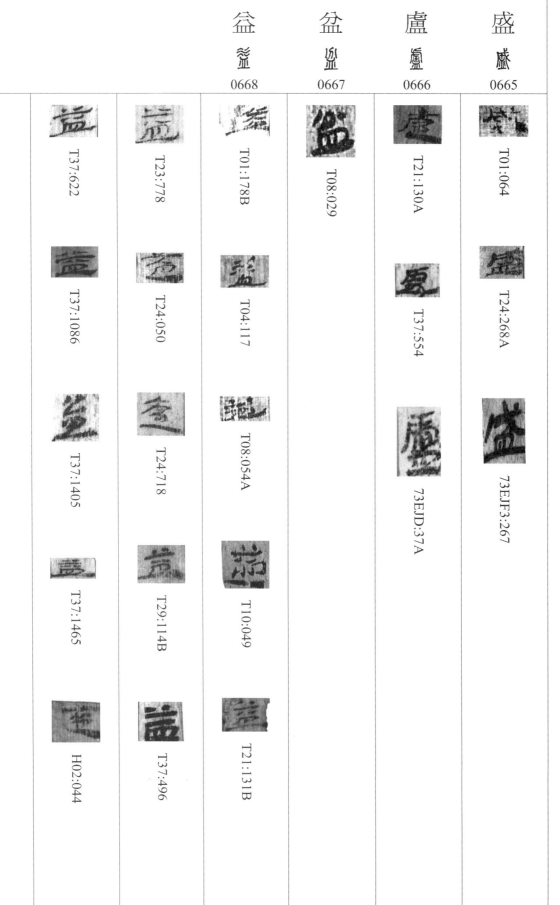

H02:044

# 盡

0669

73EJF3:568A

72EJC:42

72EJC:121

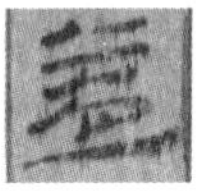
73EJC:441

T04:005

T04:096

T04:100

T06:056

T07:088

T08:034

T10:065

T10:127

T10:318

T21:073A

T21:088

T21:097

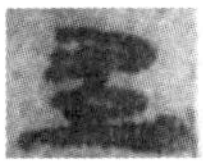
T21:314

T22:027

T22:058

T23:515A

T23:523B

T23:574

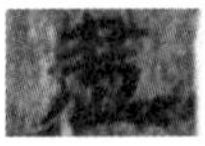
T23:707

T23:787

T23:917A

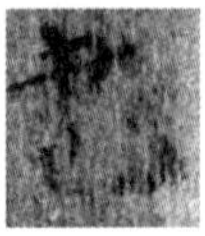
T23:918B

T24:007

T24:245

T24:346

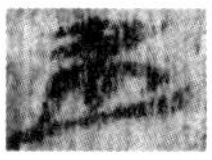
T24:502

T24:534

T26:088A

T28:135
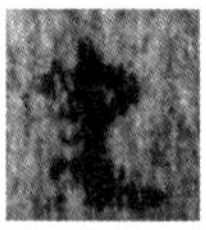
T29:114A

T30:066

T30:103

T31:064

T31:082

T31:160

T37:113

T37:130

T37:176

T37:177

T37:518

T37:658

T37:671

T37:758

T37:762

T37:779

T37:1059

T37:1168

T37:1211

T37:1235

T37:1432

T37:1519

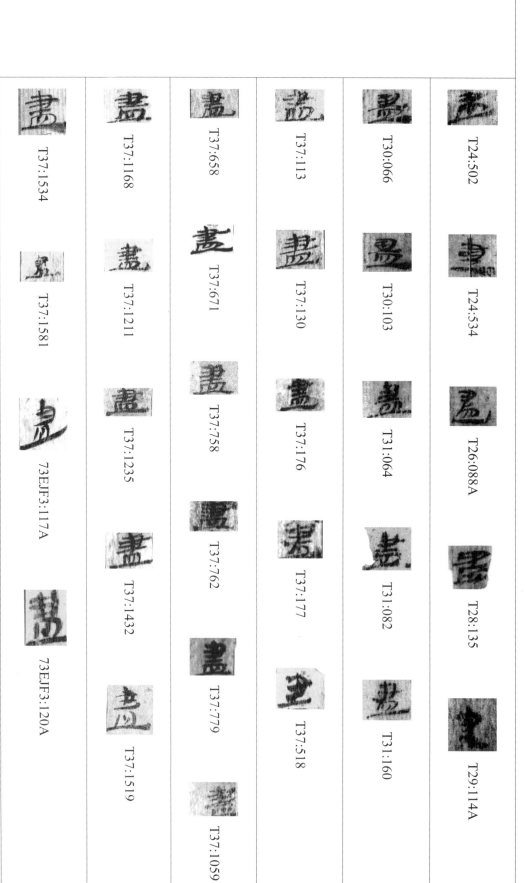

T37:1534

T37:1581

73EJF3:117A

73EJF3:120A

# 去

0670

73EJF3:127B

73EJF3:179B

73EJF3:518+517

73EJD:9

73EJD:154A

73EJD:202

73EJD:211

73EJC:291

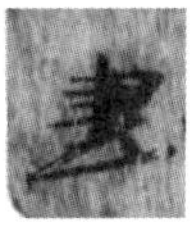
73EJC:444

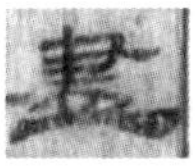
72EDAC:7

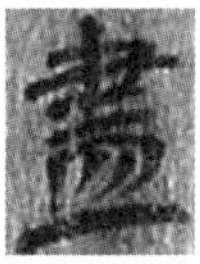
72ECC:1+2B

72ECC:1+2B

72ECC:14A

T01:043

T04:064

T04:108A

T05:078

T06:187

T07:003

T09:029A

T21:212

T23:239

T23:397

T23:727

T23:732

T23:888

T24:010B

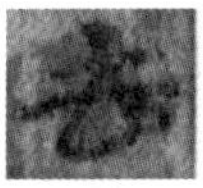
T24:073A

T24:201A

T24:201B

T24:277

T24:521

T24:649

T25:047

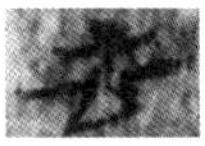
T25:175

T28:028

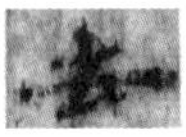
T28:028

T28:028

T28:135

T29:089

T29:118B

T30:094A

T30:215+217

T33:062

T34:001A

T34:004B

T34:027

T37:1125

T37:1151B

H02:071

F01:117

73EJF3:179B

73EJF3:336+324

73EJF3:440

73EJF3:523

73EJF3:525A

73EJD:39A

73EJD:265A

73EJC:300

72ECC:1+2B

## 血

0671

T23:316

T26:091A

T30:070

72EJC:79B

## 主

0672

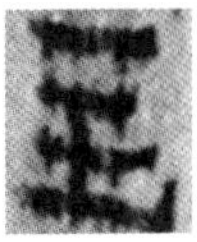
T01:001

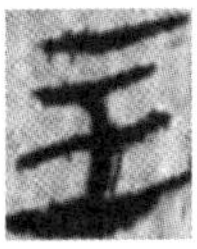
T01:001

T09:087

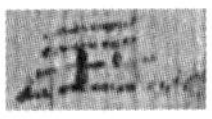
T09:201

T09:215B

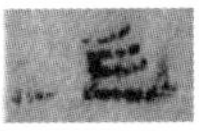
T11:005

T11:005

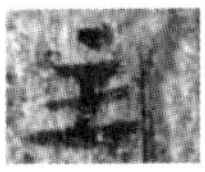
T21:156

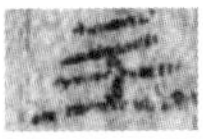
T21:176

T21:379

T22:087

T23:443

T23:489

T23:550

T23:565

T23:658

T23:875

T24:181

T24:201B

T24:264A

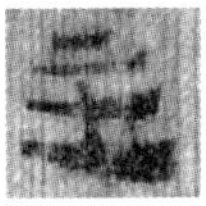
T24:268B

T24:318

T24:843

T24:846

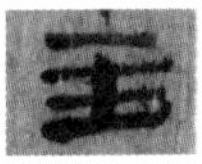
T24:849

## 丶部 主

T30:070

T31:097A

T31:118

T32:061

T33:028

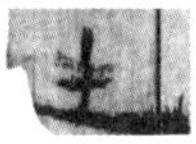
T33:065A

T37:056

T37:226

T37:999

T37:1198

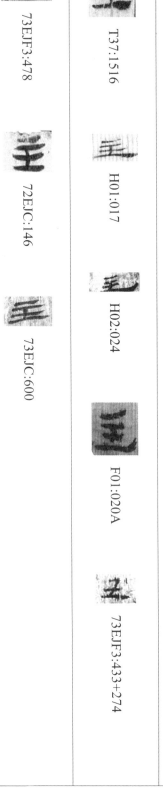

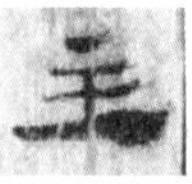
T37:1516

H01:017

H02:024

F01:020A

73EJF3:433+274

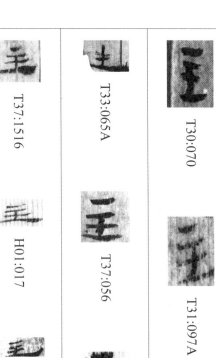

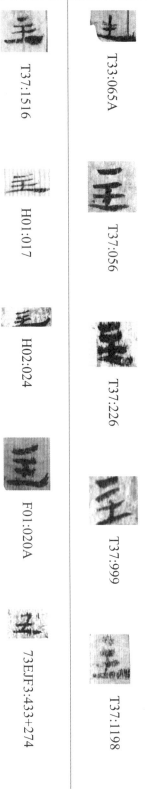

73EJF3:478

72EJC:146

73EJC:600